Guido Knopp

Die Sternstunden der Deutschen

In Zusammenarbeit
mit Claudia und Mario Sporn

Mit 188 Abbildungen

Piper München Zürich

Mehr über unsere Autoren und Bücher:
www.piper.de

Von Guido Knopp liegen bei Piper vor:
Weltenbrand
Das Weltreich der Deutschen
Die Sternstunden der Deutschen
Stauffenberg

MIX
Papier aus verantwor-
tungsvollen Quellen
FSC® C006701

Überarbeitete Taschenbuchausgabe
Februar 2013
© 2009 Piper Verlag GmbH, München
erschienen im Verlagsprogramm Pendo
Lizenz durch: ZDF Enterprises GmbH © ZDFE 2009
Ein Projekt der Montasser Medienagentur
Umschlaggestaltung: Bauer+Möhring, Berlin
Umschlagabbildung:
vorn: Kniefall von Willy Brandt (Picture Alliance), Johann Wolfgang
von Goethe (AKG), Carl-Friedrich Benz (ullstein bild), Brandenburger
Tor (ullstein bild), Jens Lehmann (Picture Alliance)
Rücken: Feuerwerk (Picture Alliance)
hinten: Zeppelin (ullstein bild), Franz Beckenbauer (Picture Alliance),
Sigmund Jähn (Picture Alliance), Conrad Schumann (ullstein bild),
Angela Merkel (Picture Alliance)
Layout: Büro Jorge Schmidt, München
Lektorat und Satz: Heike Gronemeier, München
Lithografie: Lorenz und Zeller, Inning am Ammersee
Papier: LuxoArtSamt von Sappi Gratkorn GmbH, Österreich
Druck und Bindung: CPI – Ebner & Spiegel, Ulm
Printed in Germany   ISBN 978-3-492-30190-9

Inhalt

Die Sternstunden der Deutschen

Über sechzig Jahre nach dem Ende des Zweiten Weltkriegs haben die Deutschen endlich wieder einen guten Ruf in aller Welt. Man glaubt uns, dass wir unsere Lektion aus Diktatur, aus Krieg und Holocaust gelernt haben. Wir wissen aber auch, dass die deutsche Geschichte nicht nur aus zwölf Jahren Naziherrschaft besteht. Es gab eine reiche Geschichte davor und eine gute Geschichte danach. Es gab traurige Momente – und wahre Sternstunden. Doch welches sind die »Sternstunden der Deutschen«? Was sind die bewegendsten Momente unserer mehr als tausendjährigen Geschichte? Die schönsten, spannendsten und identitätsstiftenden Augenblicke, die uns geprägt haben?

Die Antworten auf diese Fragen sind so vielfältig wie die Deutschen selbst. Nicht allein politische Ereignisse wie der Fall der Mauer, Stauffenbergs Attentat auf Hitler oder Brandts Kniefall in Warschau haben sich tief ins kollektive Gedächtnis eingebrannt, sondern auch emotionale Momente wie die »Heimkehr der Zehntausend«, der letzten Kriegsgefangenen aus sowjetischem Gewahrsam, der Besuch von John F. Kennedy in Berlin oder der mutige Widerstand von Hans und Sophie Scholl.

1955

Auch bahnbrechende wissenschaftliche Leistungen – denken wir an Einstein, Planck oder Röntgen – sowie Erfindungen »Made in Germany« wie das Automobil, Gutenbergs bewegliche Lettern oder das Schmerzmittel Aspirin stehen vielen Deutschen vor Augen, wenn sie an die großen Momente ihrer Geschichte denken. Dazu kommen sportliche Höhepunkte wie das »Wunder von Bern«, Schmelings K.-o.-Triumph über Joe Louis oder der Wimbledonsieg von Boris Becker.

2006

Aber auch wenn in diesem Buch viele erlebte Momente versammelt sind, an die sich viele Menschen noch erinnern können – wie die deutsche Wiedervereinigung, die Wahl Kardinal Ratzingers zum Papst oder den fröhlichen Patriotismus im Umfeld der Fußball-Weltmeisterschaft 2006 –, so stellen doch gerade auch Ereignisse aus früheren Jahrhunderten wichtige Ankerpunkte unserer Identität dar.

800

Es beginnt mit Karl dem Großen – kein »Deutscher« im heutigen Sinne, der dennoch eine wichtige Vorstufe dessen schuf, was später zum Reich der Deutschen wurde. Im Jahr 800 ließ sich der Frankenkönig vom Papst zum »Römischen Kaiser« krönen. Er regierte ein Reich, das von der Nordsee bis nach Italien reichte, vom Atlantik bis an die Elbe. Unter seinen Nachfolgern zerfiel das Imperium in ein West- und in ein Ostreich – Kern der heutigen Nationalstaaten Frankreich und Deutschland.

Anderthalb Jahrhunderte später verstanden sich die vier Ur-Stämme auf deutschem Boden – Baiern, Franken, Schwaben und Sachsen – erstmals als eine Schicksalsgemeinschaft: Im Widerstand gegen eine aggressive Macht vereint, schlugen sie unter Führung von Otto I. die Ungarn in der Schlacht auf dem Lechfeld bei Augsburg. Bedrohung von außen eint. Eine wichtige Wegmarke im Jahr 955, denn anders als zum Beispiel den Briten und Franzosen gelang es den Deutschen lange nicht, in einem geeinten Staat zu leben. Immer gab es Kräfte, die mal spalteten, mal einten. Nie aber war der Zentralismus stark. Diese föderale Eigenmacht besteht im Grunde bis heute und ist eine deutsche Besonderheit.

955

Von Anfang an war Deutschland ein Land der Stämme und Regionen, die eifersüchtig auf ihre Eigenständigkeit achteten. Aber die Vielfalt machte eben auch den kulturellen Reichtum Deutschlands aus. So waren es nicht zuletzt die kleineren, wenig mächtigen Fürsten, die durch Förderung der Künste entscheidend dazu beitrugen, dass Deutschland zum Land der »Dichter und Denker« wurde.

Im 16. Jahrhundert war es ein einfacher Mönch, der wie kein anderer die Deutschen geeint und geteilt hat: Martin Luther. Es begann mit einer Revolte im Zeichen des Glaubens. »Hier stehe ich, ich kann nicht anders«, soll er ausgerufen haben, als er 1521 in Worms den Widerruf seiner Thesen verweigerte. Doch auch politisch katapultierte der Reformator die Deutschen in ein neues Zeitalter. Am Ende stand ein neues Selbstgefühl der Deutschen als Nation, aber auch ihre Spaltung im Glauben – katholisch oder evangelisch.

Dass sich Luthers neuartige Gedanken rasend schnell ausbreiten konnten, verdanken wir der wohl wirkungsmächtigsten von zahlreichen in Deutschland gemachten Erfindungen: Gutenbergs Buchdruck mit wiederverwendbaren Bleilettern und Druckformen. Die Reformation war die erste Auseinandersetzung der Weltgeschichte, die von der Publizistik entscheidend bestimmt wurde. Und Johannes Gutenberg selbst wurde von US-Journalisten zum »Mann des Jahrtausends« gekürt.

1848

Ausgerechnet ein fremder Kaiser trieb die Deutschen Anfang des 19. Jahrhunderts schließlich zur Einigung: Frankreichs Jahrhundertherrscher Napoleon – auch wenn dies vor allem geschah, um den Korsen loszuwerden. Doch erst in der Revolution von 1848 hatten die Hoffnungen auf Einheit und Freiheit Chancen auf Verwirklichung. Das Parlament in der Frankfurter Paulskirche war die Geburtsstunde der Demokratie in Deutschland – auch wenn es an seiner selbst gestellten Aufgabe scheiterte.

Nach diesem Versuch der »Einheit von unten« kam es nun zur »Einheit von oben«. Preußens Ministerpräsident Otto von Bismarck ebnete den Weg zum ersten deutschen Nationalstaat – ohne wirkliche Demokratie. Der Kanzler stabilisierte das neue Reich mit seiner Sozialgesetzgebung, der Keimzelle unseres heutigen Sozialstaats. Die »Gründerjahre« um die Jahrhundertwende waren auch eine Zeit der Entdeckungen und Erfindungen, in der deutsche Forscher Weltruf erlangten.

1944

In den folgenden Jahren wurden die »Sternstunden« weniger; der Zusammenbruch der Weimarer Republik, die schwere Wirtschaftskrise, all dies ebnete den Weg für den Beginn der dunkelsten Phase der deutschen Geschichte, der Zeit des »Dritten Reiches«. Doch selbst in dieser Zeit der Schande gab es Tage, die uns heute Halt geben. Der 20. Juli 1944 ist ein solcher Tag. Getragen wurde er von wenigen: Es waren tragisch verkannte Helden ohne Anhänger, angetrieben nur von ihrem eigenen Pflichtgefühl.

Nach dem Selbstmord des Tyrannen waren die meisten Deutschen subjektiv nicht in der Lage, sich als »Befreite« zu empfinden. Die Mehrheit sah den 8. Mai 1945 als Stichtag des Zusammenbruchs, der Niederlage. Doch die Geschichte ist imstande, manchmal erst nach Jahren, subjektive Meinungen, Gefühle und Empfindungen von Zeitgenossen souverän zu überwinden und das Gegenteil zu überliefern. Objektiv gesehen, sagt uns die Geschichte heute, war es eine wirkliche Befreiung.

1945

Im Kalten Krieg war Deutschland ein potentielles Pulverfass. Und dennoch: Die zweite Hälfte des vergangenen Jahrhunderts war trotz der bitteren Teilung ganz gewiss die bislang beste, die glücklichste Phase der deutschen Geschichte. Das mag absurd erscheinen, doch es ist so. Denn ein 25-Jähriger, der 1945 mit heilen Knochen aus dem Krieg kam und im Westen Deutschlands lebte, hatte Chancen wie keine Generation vor ihm: vom Nullpunkt an, aus Trümmern eine neue Welt, ein neues Land zu schaffen, in dem über fünfzig Jahre Frieden, Freiheit und Wohlstand herrschten.

1953

»Freiheitliche Demokratie« und »Westbindung« – keiner seiner Nachfolger stellte die von Adenauer ausgebauten Fundamente der alten Bundesrepublik in Frage. Im Rückblick haben selbst die schärfsten Widersacher eingeräumt, dies sei der einzig mögliche

Weg zur Einheit gewesen – auch wenn die Teilung so für mehr als eine deutsche Generation zur schmerzlichen Tatsache wurde. Wäre der Volksaufstand in der DDR am 17. Juni 1953 geglückt, wäre wohl schon damals die Wiedervereinigung möglich geworden. Doch der Aufstand scheiterte, weil die Sowjetpanzer rollten. Dennoch können wir stolz sein auf die Menschen, die ihr Leben einzusetzen wagten gegen eine Staatsmacht, die die Freiheit unterdrückte. So blieben beide deutschen Staaten an der Nahtstelle der Blöcke mehr als vier Jahrzehnte atomare Geiseln ihrer jeweiligen Vormacht. Ihr Territorium war das potentielle Schlachtfeld eines nuklearen Holocaust. Dass den Deutschen das erspart geblieben ist, dass der Kalte Krieg am Ende überwunden wurde und dass Deutschland 1989/90 neu vereint und frei geworden ist – das ist ein Glück und eine Gnade der Geschichte.

1989/90

Wir, die Bürger des geeinten Deutschland, haben allen Grund zur Dankbarkeit und Freude. An unseren Grenzen stehen heute keine Gegner, keine Feinde, sondern Nachbarn, Partner, Freunde. Wir sind, zum ersten Mal in der Geschichte, umgeben von Verbündeten. Europa funktioniert nicht ohne das geeinte Deutschland. Und genauso wenig ist auch Deutschland ohne das Bekenntnis zu Europa überlebensfähig. Wir, die Europäer, sind am Ende alle aufeinander angewiesen, ob wir wollen oder nicht. Das ist die Botschaft der deutschen Geschichte – und ihrer Sternstunden.

★ 800

Die Kaiserkrönung

Er galt schon bei seinen Zeitgenossen als »König und Vater Europas«
und schuf ein Fundament, das den Kontinent über Jahrhunderte maßgeblich prägte. Deutsche und Franzosen betrachten den legendären
Karolinger gleichermaßen als Stammvater. Am **25. Dezember 800**
wurde er in Rom zum Kaiser gekrönt – die höchste Würde
der damaligen Welt.

Der mächtigste Mann Europas kniete in der Peterskirche in Rom, zu Füßen Papst Leos III. Den eisernen Helm hatte er neben sich auf den Boden gelegt, das Langschwert in seiner rechten Hand zeigte mit der Spitze nach unten – eine Geste der friedlichen Unterwerfung. Nachdem ihm Leo die prächtige Kaiserkrone auf den Kopf gesetzt hatte, brach in der Peterskirche Jubel aus. »Karl, dem von Gott gekrönten, großen, Frieden bringenden Imperator – Leben und Sieg!«, riefen seine fränkischen Krieger. Nicht nur die römische Kaiserwürde ging in diesem Augenblick auf das fränkische Herrscherhaus über, auch die Reichsidee übernahm Karl. Daran konnten später zunächst die ostfränkischen, dann die deutschen Könige anknüpfen. Das Imperium des Kaisers war gewaltig, es reichte von der Nordsee bis nach Mittelitalien, von Ungarn bis nach Spanien.

Doch der Frankenherrscher schuf nicht nur ein Reich, er gab ihm auch eine Ordnung und setzte Ankerpunkte für eine gemeinsame religiöse und kulturelle Identität. Er wollte nicht nur Herrscher der Franken sein, sondern der gesamten römischen Christenheit. Wo er regierte, sollte auch ein Glaube die Teile seines europäischen Reichs verbinden. Die Grundlage für ein späteres großes Reich der Deutschen schuf Karl auch durch seine Eroberungen in der Mitte des Kontinents. Allein dreißig Jahre lang hatte er Krieg gegen die Sachsen geführt, bis er sie schließlich blutig unterwarf und zwang, sich zum Christentum zu bekennen. Mit ihrer Eingliederung verschob sich der Schwerpunkt seines Reiches weiter nach Osten. Nachdem sich

das Imperium Karls des Großen ein Jahrhundert später endgültig in ein West- und in ein Ostreich geteilt hatte, waren es ausgerechnet die Nachfahren der einst von ihm unterworfenen Sachsen, die genügend Macht, Willen und Einfluss besaßen, in die Tradition des berühmten Karolingers zu treten.

Karl der Große schlägt die Sachsen. Buchmalerei aus dem 14. Jahrhundert.

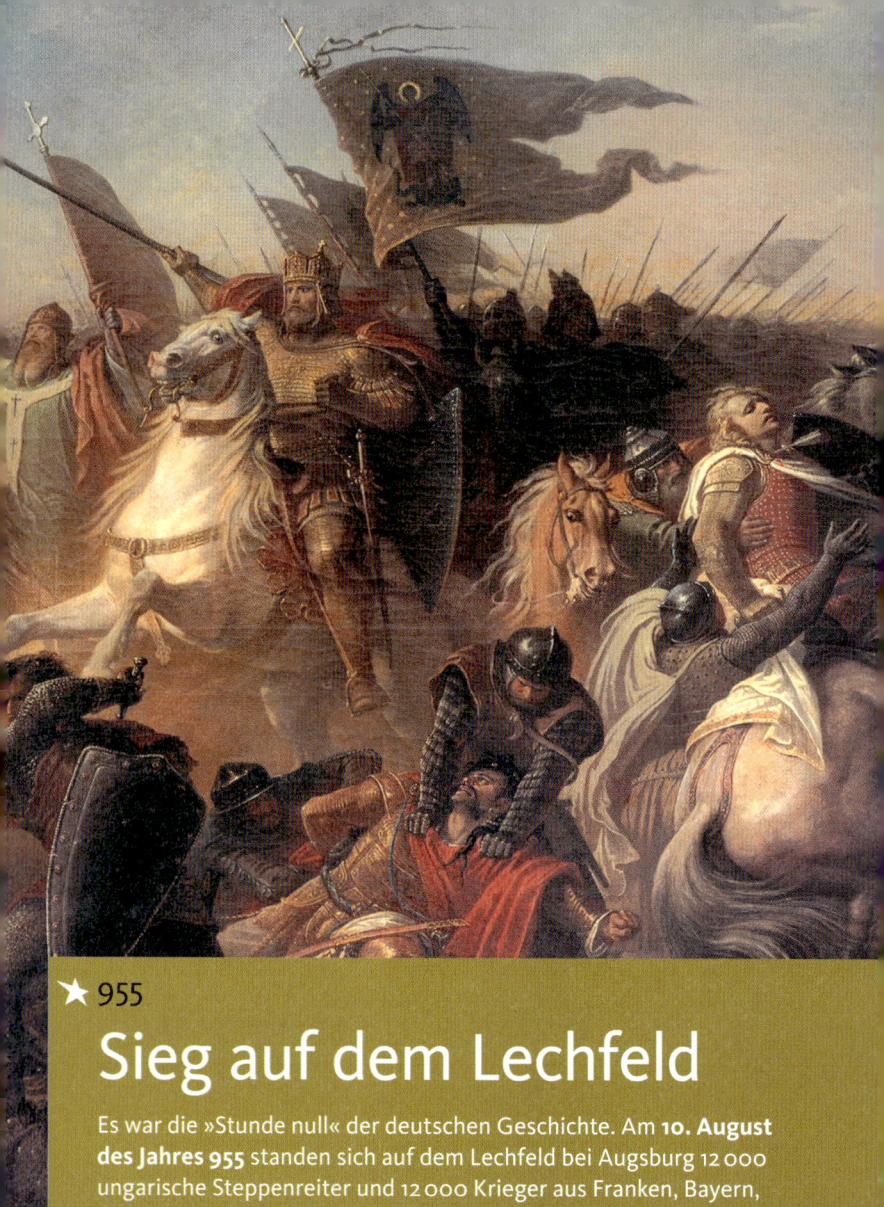

★ 955

Sieg auf dem Lechfeld

Es war die »Stunde null« der deutschen Geschichte. Am **10. August des Jahres 955** standen sich auf dem Lechfeld bei Augsburg 12 000 ungarische Steppenreiter und 12 000 Krieger aus Franken, Bayern, Böhmen und Schwaben gegenüber. Mehr als fünfzig Mal waren die Magyaren schon ins Ostfränkische Reich eingefallen, hatten Städte zerstört, geraubt und gemordet. Auf dem Lechfeld riskierte König Otto I. alles: sein Leben und seine Krone – und seinen Traum.

Karl der Große – das war das Maß, mit dem Otto sich messen wollte, die Tradition, in welcher er sich selbst sah. Den Anspruch auf die Kaiserkrone hatte er 19 Jahre zuvor in Aachen vor aller Welt verkündet. Er war zu diesem Zeitpunkt gerade einmal 23 Jahre alt gewesen. In diesem bis dahin feierlichsten und bedeutsamsten Moment seines jungen Lebens krönten ihn, einen Sachsen, die Fürsten aus Bayern, Schwaben, Franken und Sachsen zum »Rex Francorum«, zum König der Franken. Im Gegensatz etwa zum König von Frankreich, der die Königswürde ererbte, konnte Otto I. nur durch die Wahl der Fürsten seine Krone erlangen. Und so würde es auch bleiben – bis zum Ende des Heiligen Römischen Reiches Deutscher Nation 1806.

Einen »deutschen« König oder gar »König der Deutschen« hatte es vor ihm noch nicht gegeben. Und dass die germanischen Stämme sich einmal zu den »Deutschen« zusammenfinden würden, daran dachte in diesen Tagen niemand. Doch bevor Otto ein Weltreich erschaffen konnte, musste er sich zunächst auf dem Thron der Ostfranken behaupten – mit dem Schwert und gegen Mitglieder seiner eigenen Familie. Da waren Ottos Brüder Thankmar und Heinrich, die ihre Ansprüche geltend machen wollten. Als sie besiegt waren, verbündete sich 954 ausgerechnet Ottos Sohn Liudolf hinter dem Rücken des Vaters mit den Ungarn, um den Regenten vom Thron zu stoßen. Im Roßtal bei Regensburg kämpften die zwei

mit ihren Männern gegeneinander, Auge um Auge, um Leben und Tod. Der König gewann. Allein, barfuß und im Büßergewand, musste sich Liudolf dem Vater unterwerfen. Otto ließ Milde walten und schloss den abtrünnigen Sohn wieder in die Arme. Doch alle anderen Anführer ließ er hinrichten.

Während die Familienstreitigkeiten damit beigelegt wor-

Liudolf, im Büßergewand, bittet seinen Vater Otto um Verzeihung.

955

den waren, nutzten die Ungarn das vermeintliche Machtvakuum und verwüsteten erneut das Land. Otto wusste, dass es kaum möglich war, den Feind in einen offenen Kampf zu zwingen. Die Ungarn führten keine gewöhnlichen Kriegszüge mit großen, schwerfälligen Armeen, sondern kämpften nach Art der Hunnen vom Pferderücken aus und verließen sich auf die Kunst ihrer legendären Bogenschützen. Doch im Gefühl der eigenen militärischen Überlegenheit begingen die Angreifer dieses Mal einen entscheidenden Fehler: Sie ließen sich auf eine offene Feldschlacht ein. Anfang August erreichten die ersten Nachrichten den König, dass die Steppenreiter von ihrer Taktik der schnellen Raubzüge abgelassen hätten und nun Augsburg belagerten.

»Die Feinde Gottes und der Menschen haben das Volk gefangen oder getötet, noch triefen die Straßen vom Blut«, klagte Otto. Waren die heidnischen Magyaren nicht eine Naturgewalt wie Hagel und Sturm, gegen die man nichts ausrichten konnte? Oder konnte man sie sich vielleicht doch mit Tributen vom Leib halten, wie es viele Fürsten taten? Sollte Otto wirklich alles aufs Spiel setzen und gegen die gefürchteten ungarischen Bogenschützen auf ihren schnellen und wendigen Pferden auf offenem Felde in den Krieg ziehen?

»Die Ungarn zündeten Burgen und Städte an und richteten überall ein solches Blutbad an, dass eine totale Entvölkerung drohte.«
CHRONIK WIDUKIND VON CORVEYS

Otto entschloss sich zur Tat. Doch anstatt sich den Ungarn entgegenzustellen, umging er sie, um ihnen den Rückzug an die Donau abzuschneiden. Es war ein großes Risiko, denn durch die Konzentration seiner Truppen stand das ganze Land den magyarischen Reitern offen – bis hinauf nach Sachsen und bis zum Rhein. Otto wusste, er würde alle Kräfte mobilisieren müssen, um zu siegen. Auch die »himmlischen«. Er sei ein Großer im Beten, hieß es damals über ihn. Tief in der Kultur des Mittelalters verwurzelt, bat er um himmlischen Beistand für die Schlacht gegen den heidnischen Feind. Aus diesem Grund führte er auch eine »Wunderwaffe« des Mittelalters mit sich, die »Heilige Lanze«. Zusammen mit dem Reichsapfel, dem Zepter und der Reichskrone zählte sie zu den Reichsinsignien und war eine der bedeutendsten

Reliquien der Christenheit. Der Legende nach hatte ein römischer Legionär mit der Lanze Christus am Kreuz die Seite geöffnet, um zu prüfen, ob er auch tot sei. Auch sollte in die Lanzenspitze ein Nagel vom Kreuz Christi eingearbeitet sein.

»Vor den Pfeilen der Ungarn beschütze uns, o Herr«, hieß das Gebet von Otto und seinen Kriegern. Sie waren gut gerüstet. Ihre Helme, Kettenhemden, Arm- und Beinschienen sowie schwere eisenbeschlagene Holzschilde schützten sie vor dem mörderischen Pfeilhagel der Steppenreiter. Zuletzt kamen Otto auch noch die Naturgewalten zu Hilfe: Ein schweres Sommergewitter ging über dem Lechfeld nieder und machte die hölzernen Bögen der Ungarn unbrauchbar. Erbarmungslos wurden sie nun von Ottos Truppen niedergemacht. Kein Magyare sollte lebend in seine Heimat zurückkehren. Denn zu oft waren sie ins Land eingefallen. Es sollte das letzte Mal gewesen sein – und es war das letzte Mal. Viele der Gefangenen wurden geköpft oder gehenkt.

Nicht nur für Otto war die blutige Schlacht auf dem Lechfeld ein entscheidender Wendepunkt. In der Pannonischen Tiefebene entlang der Donau wurden die ungarischen Steppenreiter, die über Jahrzehnte von ihren kriegerischen Raubzügen durch Europa gelebt hatten, sesshaft. Und sie traten unter ihrem ersten König Stephan sogar zum Christentum über.

Otto hatte viel gewagt und viel gewonnen. Hätte der König mit seinem Aufgebot nicht den

Auf dem Schlachtfeld triumphierten Ottos gepanzerte Truppen über die nur leicht gerüsteten Ungarn.

955

Nach der Schlacht rächten sich Ottos
Truppen grausam an den Unterlegenen.

Sieg erkämpft, die deutsche Geschichte hätte wohl einen ganz anderen Verlauf genommen. Angesichts der tödlichen Bedrohung durch eine Macht von außen gelang es Otto I. auf dem Lechfeld

zum ersten Mal, den bis dahin lockeren Verband der Stämme zusammenzuschmieden. Unter den Stämmen der Bayern, Franken, Schwaben und Sachsen festigte sich erstmals in der Geschichte das Gefühl, einer Gemeinschaft anzugehören.

Für den Sieg auf dem Lechfeld erhielt Otto schon zu Lebzeiten den Beinamen »der Große«. Und das christliche Europa sah in ihm den »Retter der Christenheit«. Nun schien die Zeit reif, die Nachfolge Karls des Großen als Kaiser anzutreten. Die Kaiserkrone erhielt man nur aus der Hand des Papstes in Rom. Mit einem Gefolge von über tausend Kriegern aus allen Stämmen überquerte Otto der Große im August 961 die Alpen. Im Januar 962 hielt er Einzug in Rom. Die Römer allerdings waren nicht gerade erfreut. Wer wollte schon einen Sachsen als Herrscher über das Land? Noch am Grabe des Apostels Petrus, unter den Augen des Papstes, musste Otto um sein Leben fürchten. Und er ahnte, ohne Gegen-leistung war die Kaiserkrone nicht zu haben. Im geheimen Archiv des Vatikans in Rom liegt eine der wichtigsten Urkunden des Mit-telalters, das »Ottonianum«, ein Vertrag zwischen dem Oberhaupt der Christenheit und dem ostfränkischen König. Darin garan-tierte Otto als Schutzherr der Kirche dem Papst die weltliche Herrschaft über den Kirchenstaat, den es im Kleinen als Vatikan-staat noch heute gibt.

Am 2. Februar 962 krönte Papst Johannes XII. Otto den Gro-ßen zum Kaiser – mit der Reichskrone, die heute noch in Wien zu besichtigen ist. Mit der überaus kostbaren Arbeit in Edelstein, Gold und Silber trug Otto sein Selbstverständnis offen zur Schau. So zeigen einige Bildplatten Könige aus dem Alten Testament, die sich Otto zum Vorbild nahm: König David steht für den »ehren-haften König, der den Rechtsspruch liebt«; der weise König Salo-mo für »Gottesfurcht und Gerechtigkeit«; und die »Majestat-Do-mini-Platte« zeigt Christus mit dem Spruchband: »Per me reges regnant, durch mich regieren die Könige.«

Jetzt hatte Ottos Imperium europäische Dimensionen, es um-fasste Germanien und Italien. Dem Herrscher und seiner Gefolg-schaft aus dem kühlen Norden gefiel es in »Bella Italia« ausneh-mend gut. Hier blühten die Zitronen, die Frauen waren rassig, der Wein war nicht so sauer wie da-heim. Politisch indes herrschte kaum eitel Sonnenschein. Um die Herrschaft über Italien zu sichern, führte Otto jahrelang Krieg – gegen italienische Fürs-ten, gegen die Araber, die Nor-mannen und schließlich gegen Byzanz. Am Ende blieb Kaiser Otto der Große mit Tausenden Gefolgsleuten fünfzehn lange Jahre im Land. Als Sachsen, Schwaben, Franken und Bayern wa-ren sie einst gekommen. »Teutonen« oder »Tedeschi«, die »Deut-schen«, wurden sie in Italien genannt. Mit diesem Namen kehrten sie in ihre Heimat zurück.

> »Durch den herrlichen Sieg mit Ruhm beladen, wurde der König von seinem Heer als Vater des Vaterlandes und als Imperator, als Herrscher über die Völker begrüßt. Denn solch eines Sieges hatte sich kein König vor ihm in zweihundert Jahren erfreut.«
>
> CHRONIK WIDUKIND VON CORVEYS

Das Osterfest des Jahres 973 feierte Otto wieder in Sachsen. Zum Hoftag in Quedlinburg kamen Gesandte aus ganz Europa, um ihm zu huldigen. Nur wenige Wochen später, am 7. Mai des Jahres 973, starb Otto der Große. Was er erreichen wollte, hatte er erreicht. Die monarchische Macht der Ottonen war gefestigt, das werdende Reich hatte erste Konturen angenommen. Und aus Italien brachte Otto nicht nur die Kaiserkrone, sondern auch einen Sammelnamen für die Vielzahl der altgermanischen Stämme mit: »Die Deutschen.«

 1356

Die Goldene Bulle

Sie war das erste dauerhafte »Grundgesetz« des Heiligen Römischen Reiches Deutscher Nation, regelte die Wahl und Krönung der deutschen Könige und schrieb die Rechte und Pflichten der Kurfürsten fest: die Goldene Bulle von Kaiser Karl IV. aus dem Jahr **1356** – so genannt wegen der Kapseln aus Goldblech (lateinisch »bulla«), die das Siegel schützten.

Nachdem es immer wieder Machtkämpfe um die Königswürde gegeben hatte, ging es Kaiser Karl IV. mit seinem »Kaiserlichen Rechtsbuch« vor allem darum, die Strukturen seines Reiches zu stabilisieren. Anders als in Frankreich oder England, wo sich Erbmonarchien etablieren konnten, wurden die deutschen Könige, die sich zumeist vom Papst in Rom zum Kaiser des Heiligen Römischen Reiches krönen ließen, von den Reichsfürsten gewählt, die selbst als Landesherren in einem der zahlreichen Mittel- und Kleinstaaten des Reiches herrschten. Ein neues Gesetz sollte nach Karls Willen endlich für alle Zeiten festlegen, wie der deutsche König zu wählen war – und zwar so, dass von nun an kein Streit

mehr entstehen konnte. Daher hatte Karl Reichsfürsten, Erzbischöfe und die Abgesandten wichtiger Städte Ende November des Jahres 1355 nach Nürnberg geladen. Dort konnte er allerdings zunächst nur einen Teil seiner Ziele erreichen. Die Lösung der offenen Fragen vertagte man auf den »Hoftag« in Metz, auf dem am 25. Dezember anno 1356 schließlich die Goldene Bulle verkündet wurde.

Verbindlich festgelegt wurden darin zum Beispiel die sieben Kurfürsten: die Erzbischöfe von Trier, Köln und Mainz, der Pfalzgraf bei Rhein, der Herzog von Sachsen, der Markgraf von Brandenburg und der König von Böhmen. Der deutsche König konnte nun von diesem Kreis mit einfacher Mehrheit gewählt werden –

eine ganz wichtige Neuerung. Der Papst dagegen verlor sein Mitspracherecht bei der Wahl. Penibel wurde auch der rituelle Ablauf der Königswahl geregelt: In Frankfurt wurde gewählt, in Aachen gekrönt. Für ihr Entgegenkommen erhielten die Kurfürsten zahlreiche Rechte, die sogenannten Regalien. Gemäß diesen wurden die Kurfürstentümer unteilbar, nur der erstgeborene eheliche Sohn – sofern er denn kein Geistlicher war –, erbte die Kurwürde.

Mit der Bulle wurde deshalb auch ein wichtiger Grundstein für den bis zum heutigen Tag fortwirkenden und stark ausgeprägten deutschen Föderalismus gelegt. Für Karl IV. war die Goldene Bulle ebenfalls ein voller Erfolg. Hatte es vorher oft Zwist und Hader bei der Königswahl gegeben, war das nun vorbei – für lange Zeit. Das Gesetz war 450 Jahre in Kraft, bis zum Ende des Alten Reiches 1806.

Ein Exemplar der »Goldenen Bulle« mit prachtvollem Siegel.

★ 1450

Gutenbergs Erfindung

»Ohne Gutenberg hätte Kolumbus den Seeweg nach Amerika nicht gefunden, hätte Shakespeares Dichtergenius keine Verbreitung gefunden
und wären Martin Luthers Thesen ohne jede Wirksamkeit geblieben.«
Mit dieser Begründung setzten vier amerikanische Journalisten 1999 den
Mainzer Johannes Gutenberg, der Mitte des **15. Jahrhunderts** den mechanischen Buchdruck mit beweglichen Lettern erfand, auf den ersten
Platz ihres Rankings zum »Mann des Jahrtausends«.

1450

Johannes Gutenberg – der Kupferstich
entstand Ende des 16. Jahrhunderts.

Auf den ersten flüchtigen Blick sind es »lediglich« eine Reihe von technischen Verbesserungen und Entwicklungen, an denen Johannes Gutenberg gearbeitet – und sich damit beinahe an den Rand des Ruins gebracht hat. Doch der Buchdruck, wie der Mainzer ihn entwickelt hat, wurde zu einem ganz entscheidenden Motor für neue Ideen und veränderte schließlich die ganze Welt.

Bis zu jener Erfindung hatte man Texte vervielfältigt, indem man sie per Hand abschrieb: eine zeitaufwendige, teure und sehr exklusive Prozedur. Zwar gab es damals schon den Druck mit Holztafeln, doch war diese Technik langwierig und umständlich, und die schweren Tafeln hatten den Nachteil, dass man sie nur für eine begrenzte Zahl von Drucken einsetzen konnte.

Gutenbergs geniale Idee: Er zerlegte Texte in ihre kleinsten Einzelteile, die Buchstaben. Mit einem speziellen Handgießinstrument konnten die Drucklettern nun einzeln, schnell und in feiner Qualität gegossen werden. Außerdem verbesserte Johannes Gutenberg die Druckerpresse und optimierte die bisher genutzte Druckfarbe. Seine Bleilettern hatten mehrere Vorteile: Da man sie immer wieder verwenden konnte, ließen sich Druckerzeugnisse in großer Zahl und relativ preisgünstig produzieren. Außerdem sahen die Buchstaben auch nach Tausenden von Druckvorgängen noch gestochen scharf aus.

Um 1447 nutzte Gutenberg diese neue Technik wohl erstmals und erstellte einen Kalender, der als das älteste Druckwerk nach diesem Verfahren gilt. Zwischen den Jahren 1450 und 1456 produzierte er dann die berühmte 42-zeilige Bibel. Es war ein wahrhaft monumentales Unterfangen: 100 000 Drucktypen, Häute von 3200 Tieren, 1000 Gulden Materialkosten und allein 230 760 Arbeitsgänge wurden benötigt, um die 180 Exemplare mit jeweils 1282 Seiten anzufertigen. Heute existieren von der Gutenberg-Bibel noch 49 bekannte Exemplare weltweit, teilweise nur noch in Fragmenten. Im Jahr 1987 erzielte eine jener Bibeln den höchsten Kaufpreis, der jemals für ein Druckwerk bezahlt wurde: insgesamt 9,75 Millionen DM (knapp 5 Millionen Euro).

Die gutenbergsche Erfindung kam just zum richtigen Zeitpunkt. Schon im 14. Jahrhundert war das Interesse am Lesen gestiegen, und auch die Vielfalt an Themen hatte beständig zugenommen. Neben der Religion wurden weltliche Themen immer interessanter für die Menschen – eine Tendenz, die der Renaissance-Humanismus weiter beförderte. Zudem gab es gestiegene Ansprüche an Schriftwerke: So hatte Nikolaus von Kues bereits seit dem Konstanzer Konzil (1414 – 1418) eine größere Einheitlichkeit der Gebetbücher gefordert. Technische Vorboten der Umwälzung durch den Buchdruck waren die Einführung des Holzschnitts im Süden Deutschlands um 1380 und die Gründung der ersten deutschen Papiermühle in Nürnberg. In Ostasien wurden zudem bereits Ton- und Kupferstempel zum Druck von Banknoten und Texten genutzt, und manche Buchbinder verwendeten schon metallene Stempel für den Blinddruck von Buchstaben. Unklar ist, ob Johannes Gutenberg von diesen Techniken wusste. Fakt ist, dass er es war, der die Entwicklungen zusammenführte – und die Buchdruckerkunst begründete, die bis zur digitalen Medienrevolution die Grundlage aller Kommunikation darstellte. Sein technisches Verständnis und vor allem auch seine Risikofreude als Unternehmer waren das Fundament, auf dem der immense Erfolg seiner Erfindung aufbaute.

> »Die hohen Wohltaten der Buchdruckerei sind mit Worten nicht auszusprechen. Durch sie wird die Heilige Schrift in allen Zungen und Sprachen eröffnet und ausgebreitet, durch sie werden alle Künste und Wissenschaften erhalten, gemehrt und auf unsere Nachkommen fortgepflanzt.«
> MARTIN LUTHER

1450

Geboren wurde Gutenberg um 1400 als Sohn des Kaufmanns Friele Gensfleisch, der im Mainzer Hof »zum Gutenberg« wohnte – daher der Name, unter dem der Patriziersohn bekannt wurde. Seine ersten Jahre verbrachte Johannes Gutenberg hier im Zentrum der Domstadt, er lernte vermutlich in dem nahe gelegenen St.-Victor-Stift Lesen, Schreiben und Latein. Im Jahr 1411 zog die Familie nach Eltville. Nach dem Tod seines Vaters kehrte Gutenberg 1419 nach Mainz zurück und erhielt Einblick in die Goldschmiedekunst, die er bei einem mindestens zehnjährigen Aufenthalt (gesichert ist die Zeit von 1434 bis 1444) in Straßburg vertiefte. Hier arbeitete er auch bald an der Entwicklung eines neuen Druckverfahrens, an der Herstellung von Lettern und an der Druckerpresse.

So einleuchtend uns heute die Genialität von Gutenbergs Erfindung gegenüber der umständlichen handschriftlichen Vervielfältigung von Schriftwerken erscheint – seinen Zeitgenossen musste der Mainzer erst »beweisen«, dass er große Mengen von Druckwerken mit einer gleichbleibenden und vor allem hohen Qualität herstellen konnte. Dazu brauchte er die Unterstützung von Geldgebern: Zurück in Mainz, schloss Gutenberg deshalb anno 1450 mit dem Verleger und Geldverleiher Johannes Fust einen Vertrag über die Errichtung einer Druckerei und den Druck ebenjener 42-zeiligen Bibel. Damit wollte Gutenberg zeigen, dass seine Erfindung marktreif war. Doch die Produktion der Bibel war viel teurer und langwieri-

Die Gutenberg-Bibel aus dem Jahr 1455.

ger, als Gutenberg es sich vorgestellt hatte. Er schaffte es nicht, die Kredite termingerecht zurückzuzahlen. Kurz nach Fertigstellung der ersten Bibel-Exemplare in der Zeit 1454/1455 kam es deshalb zu einem Rechtsstreit mit Johannes Fust. Gutenberg musste seine Druckerei samt Material und Geräten an den Geldgeber abtreten, der mit einem Gesellen und Mitarbeiter des Erfinders die Werkstatt weiterführte. Gutenberg selbst kehrte in sein Elternhaus zurück und gründete dort offenbar mit neuen liquiden Geschäftspartnern eine eigene Druckerei. Dass er trotz seiner finanziellen Probleme ein geachteter Bürger war, lässt Gutenbergs Ernennung zum Hofedelmann des Erzbischofs von Mainz, Adolf II. von Nassau, anno 1465 vermuten. Als »Hofmann« erhielt er jährlich Kleidung, Korn und Wein und wurde auch von Diensten

> »Mehr als das Blei in den Kugeln hat das Blei in den Setzkästen die Welt verändert.«
> GEORG CHRISTOPH LICHTENBERG

und Steuern befreit. Doch große Reichtümer brachte ihm seine Erfindung nicht ein. 1468 starb Gutenberg in Mainz: »Anno Domini 1468 uf Sankt-Blasius-Tag starb der ehrsam Meister Henne Gensfleisch, dem Gott gnade.« (Notiz von unbekannter Hand in einem frühen Mainzer Druck.)

Gleichwohl entwickelte sich die »Schwarze Kunst«, die Johannes Gutenberg aus der Taufe gehoben hatte, in rasantem Tempo weiter: Gab es im späten 15. Jahrhundert in Europa erst einige Dutzend Druckereien, waren es im Jahr 1500 schon etwa tausend. Die Ausbreitung des Buchdrucks war maßgeblich und grundlegend für die Verbreitung neuer Ideen in der Gesellschaft – und sie ist an deren Auflagenhöhen messbar: So sollen anno 1521 bereits eine halbe Million Nachdrucke der lutherschen Schriften im Umlauf gewesen sein. Die spätere Bibelübersetzung hatte 1523 eine Auflage von 5000 Exemplaren erreicht, 15 Jahre später umfasste sie schon 200000. Damit war die Reformation die erste Auseinandersetzung der Weltgeschichte, die von der Publizistik entscheidend bestimmt wurde.

Der Buchdruck war zur rechten Zeit gekommen: Im 15. Jahrhundert förderten vor allem neue wissenschaftliche und religiöse Ansichten und Erkenntnisse seine Verbreitung. Nun wurden nicht

1450

Die »Buchdrücker« – Holzschnitt aus
einer Ständebeschreibung anno 1568.

mehr nur Schriften, die der Obrigkeit nach dem Mund redeten,
veröffentlicht. Auch kritische Gedanken fanden ihren Weg in
eine breitere Öffentlichkeit: Neben Protestantismus und Refor-

mation ist auch die Aufklärung
ohne diese Möglichkeit, Texte
schnell und einfach zu verviel-
fältigen, undenkbar. Die Bür-
gerschaft, die sich schrittweise
emanzipierte, und ein weit ver-
breiteter Wunsch nach geisti-
ger »Neuorientierung« führten
zu einem gesteigerten Informa-
tionsbedürfnis. Die allgemeine
Bildung erfuhr ebenfalls einen
Aufschwung: Waren Lesen und
Schreiben lange Zeit kleinen,
hauptsächlich geistlichen Eliten vorbehalten gewesen, musste
jetzt, wer informiert sein wollte, das Lesen lernen. Gutenbergs Erfindung eröffnete Chancen, die man nutzen wollte. Im Zuge dessen wurde auch die zeitgenössische Dichtung von ihren mittelal-
terlichen Fesseln befreit: Hans Sachs, Ulrich von Hutten und
William Shakespeare konnten
so ihre Werke einem breiteren
Publikum zugänglich machen,
das ihnen ohne die Erfindung
Gutenbergs versagt geblieben
wäre. Alles in allem ist die Erfindung des Buchdrucks mit
beweglichen Lettern epochal:
Wie kaum eine andere Entwicklung repräsentiert sie das Ende des
Mittelalters, hat sie die Welt verändert. Gutenberg selbst profitierte davon zu Lebzeiten wenig. Die Verehrung seiner Person
setzte erst im 18./19. Jahrhundert ein: In seiner Heimatstadt errichteten ihm die Bürger 1837 ein Denkmal. Und heute wissen
wir: Als »Mann des Jahrtausends« wird Gutenberg auch in Zukunft als Wegbereiter von Aufklärung und moderner Kommunikation geehrt werden – und das nicht nur in Deutschland.

> »Diese Erfindung ist das größte
> Ereignis der Geschichte, die Mutter
> allen Umsturzes, eine Erneuerung
> menschlicher Ausdrucksmittel von
> Grund auf.«
>
> VICTOR HUGO

★ 1516

Das Reinheitsgebot

Eine wahrhaft deutsche Sternstunde wurde am **23. April 1516** aktenkundig – sagt man den Deutschen doch nicht ganz zu Unrecht den steten Hang zur Regulierung in allen Lebensbereichen ebenso nach wie die Liebe zum schäumenden Gerstensaft: An diesem Tag erließ der bayerische Herzog Wilhelm IV. das erste Reinheitsgebot für Bier.

1516

Bis ins späte Mittelalter war Brauen weitgehend Privatsache gewesen – jeder konnte in der heimischen Kemenate so ziemlich alles zusammenmixen, was Feld, Wald und Wiese hergaben. So war zwar schon in der Antike die Verwendung von Gerste als Mälzstoff weit verbreitet, beliebt waren aber auch Weizen oder Hafer. Da man den Gärprozess ohnehin kaum im Griff hatte, wurde dem nicht selten abscheulich schmeckenden Gebräu alles zugesetzt, was diesem eine besondere Note verleihen konnte: so etwa Eichenrinde, Lorbeer, Wacholder, Rosmarin, Kümmel oder Enzian. Gleichermaßen beliebt wie berüchtigt waren halluzinogene Ingredienzien wie Sumpfporst oder Bilsenkraut, deren Wirkung die des Alkohols mitunter übertraf. Das Bilsenkraut etwa verursachte derart gewaltige und gewalttätige Räusche, dass sich daneben manch heutige Bierzeltrauferei wie eine friedvolle Tai-Chi-Übung ausnimmt.

Irgendwann wurde es der Obrigkeit doch zu bunt. Zu Georgi 1516 bestimmte Herzog Wilhelm für Bayern, dass »füran allenthalben in Städten, Märkten und auf dem Lande zu keinem Bier mehr Stücke als allein Gersten, Hopfen und Wasser genommen und gebraucht sollen werden« – das Reinheitsgebot war geboren. Erst später, als man ihre heilsame Wirkung entdeckte, kam die Hefe als weitere erlaubte Zutat hinzu. Dem Herzog war es nicht allein um die Lebensmittelqualität gegangen. Dank seiner Verfügung blieben Weizen und Roggen nun für das Brotbacken reserviert und wurden nicht länger für das Bierbrauen verschwendet. Und auch brautechnisch machte die Sache Sinn: Die Inhaltsstoffe des Hopfens verliehen dem Bier den angenehm herben Geschmack, verbesserten seine Haltbarkeit und stabilisierten den Schaum. Eine durchaus willkommene Nebenwirkung des herzoglich präferierten Hopfenbiers war zudem dessen besänftigende Wirkung. Das Reinheitsgebot ist die älteste, heute noch gültige lebensmittelrechtliche Vorschrift der Welt – und gilt nahezu unverändert im deutschen Biersteuergesetz fort.

> »Wer diese Anordnung wissentlich übertritt und nicht einhält, dem soll von seiner Gerichtsobrigkeit dieses Fass Bier, sooft es vorkommt, unnachsichtig weggenommen werden.«
>
> AUS DEM REINHEITSGEBOT WILHELMS

D. Mart. Luth. In Pathmo

WORMS

★ 1521

Luther in Worms

Am 17. April 1521 kam es in Worms zu einem Schlüsselmoment deutscher Geschichte. Es war der klassische Kampf David gegen Goliath: Martin Luther, der Mönch aus Wittenberg, Aug in Aug mit einem der mächtigsten Männer der Welt, dem Habsburgerkönig Karl V. Luther trotzte den höchsten Autoritäten und widerrief nicht.

1521

»Mönchlein, Mönchlein, du gehst einen schweren Gang« – mit diesen Worten hatte der Landsknechtführer Ritter Georg Frundsberg Luther auf dem Reichstag zu Worms begrüßt. In der Stadt am Rhein hatten sich die damals mächtigsten Männer auf deutschem Boden versammelt, um den als Ketzer gebrandmarkten Prediger aus Sachsen zum Widerruf seiner umstrittenen Auffassungen zu zwingen. Vier Jahre zuvor hatte Martin Luther seine berühmten 95 Thesen verfasst. Sie prangerten zahlreiche Missstände in der römischen Kirche an, vor allem den florierenden Ablasshandel. An die Tür der Wittenberger Schlosskirche dürfte er sie, anders als es die Legende besagt, zwar nicht genagelt haben – dennoch geriet alsbald eine Lawine ins Rollen, die selbst den späteren Reformator erstaunte. Die lateinisch abgefassten Thesen waren auf Deutsch erschienen und bei vielen Menschen auf fruchtbaren Boden gefallen. Luthers »Reformation« wurde zu einer Massenbewegung, die weit über den kirchlichen Bereich hinausging.

Als der Delinquent in Worms vor die Versammlung trat, dachte er deshalb auch gar nicht daran, der Aufforderung zum Widerruf Folge zu leisten. Luther verteidigte vielmehr seine Schriften, in denen er an der Papstkirche kein gutes Haar gelassen hatte. Er betonte, dass keine Macht der Welt zwischen Gott und den Menschen stehe und dass allein der Herr im Himmel Gnade spenden könne. Seine Verteidigungsrede schloss er mit dem Stoßgebet: »Gott helfe mir, amen« – dem spätere Generationen noch den markanten Satz »Hier stehe ich, ich kann nicht anders« voransetzten. Manch einer der anwesenden Fürsten hätte ihn daraufhin wohl am besten gleich auf den Scheiterhaufen gewor-

> »Mit dem gnädigen Beistand Christi in Ewigkeit werde ich keinen Buchstaben widerrufen.«
>
> LUTHER IN WORMS, 17. APRIL 1521

fen. Doch Karl V. gewährte ihm zunächst freies Geleit, ehe er über ihn die »Reichsacht« verhängte. Der Rest der Geschichte ist bekannt. Als »Junker Jörg« übersetzte Luther auf der Wartburg die Bibel ins Deutsche und setzte damit Maßstäbe nicht nur für die Entwicklung der deutschen Sprache. 1522 kehrte er nach Wittenberg zurück und trieb die Reformation voran, die – anders als von ihm gewollt – letztlich zur Spaltung der Kirche führte.

★ 1648

Der Westfälische Frieden

Er gilt bis heute als Vorbild internationaler Konfliktlösung und als Meisterwerk der Diplomatie. Der Westfälische Frieden von **1648** schuf die Grundlagen für ein künftiges Völkerrecht und setzte Regeln für eine internationale Konfliktbewältigung. Vor allem jedoch beendete er einen Krieg, der an Grausamkeit bis dahin ohne Beispiel war.

1648

Dieser »Krieg der Kriege« war durch eine Posse ausgelöst worden: Teilnehmer einer böhmischen Ständeversammlung in Prag hatten im Mai 1618 zwei kaiserliche Statthalter und einen Schreiber aus dem Fenster geworfen – die Tat ging als »Prager Fenstersturz« in die Geschichtsbücher ein. Die drei Männer hatten dank eines Misthaufens im Burggraben überlebt, doch die Lunte war ans Pulverfass gelegt worden. Es ging um Religionsfreiheit und politische Eigenständigkeit, um die Machtbalance zwischen Kaiser und Landesfürsten. Ein Kampf, ausgetragen unter dem Deckmantel der Religion. Das Nebeneinander der Konfessionen, wie es der Augsburger Religionsfriede aus dem Jahr 1555 festgeschrieben hatte, erwies sich immer mehr als äußerst fragiles Gebilde, das jetzt endgültig zerbrach. Als die mehrheitlich protestantischen Böhmen den katholischen König Ferdinand II. kurzerhand absetzten, kam es zum offenen Konflikt. Es folgte eine Spirale der Gewalt, die immer weitere Kreise zog. Nachdem die protestantische Seite mehrere bittere Niederlagen einstecken musste, traten Dänemark und Schweden auf den Plan, schließlich auch Frankreich. Längst ging es nicht mehr um »evangelisch« oder »katholisch«, sondern allein um die Macht in Mitteleuropa.

Über Jahre zogen die bunt zusammengewürfelten Söldnerscharen beider Seiten plündernd durchs Land und beuteten die Bevölkerung hemmungslos aus, ganze Landstriche wurden buchstäblich kahl gefressen. Seuchen und Hungersnöte brachen aus, die in vielen Teilen des Reiches mehr Opfer forderten als die eigentlichen Kampfhandlungen. Erst sehr spät setzte sich bei den beteiligten Mächten die Erkenntnis durch, dass eine Entscheidung auf dem Schlachtfeld letzten Endes wohl nicht zu erzwingen war. Doch erst nach jahrelangen, zähen Verhandlungen rangen sich die Kriegsparteien dazu durch, dem Hauen und Stechen tatsächlich ein Ende zu setzen.

Das komplizierte Regelwerk, das schließlich am 24. Oktober des Jahres 1648 in Münster und Osnabrück unterzeichnet wurde, schuf eine Balance der Mächte in Mitteleuropa, die für die nächsten 150 Jahre Bestand haben sollte. Es stärkte die Rechte der Landesfürsten und schwächte die Rolle der Zentralgewalt. Die Konfessionen traten wieder in ein vertraglich geregeltes Miteinander.

Als die Urkunden schließlich feierlich unterzeichnet waren, läuteten im ganzen Reich und vielen Teilen Europas die Glocken. Die Menschen bejubelten das Ende der mörderischen Zeit und hofften auf einen dauerhaften Frieden.

 1734

Die Uraufführung des Weihnachtsoratoriums

»Jauchzet, frohlocket!« – wer kennt sie nicht, die ersten Worte des Weihnachtsoratoriums von Johann Sebastian Bach. Am **Christfest des Jahres 1734** wurde das Werk in Leipzig erstmals aufgeführt. Obwohl es zwischenzeitlich in Vergessenheit geriet, gehört es heute zu Weihnachten wie der geschmückte Baum mit Krippe und Geschenken.

Die Zeit drängte. Das Christfest stand bevor, und sechs neue Festtags- und Sonntagskantaten für die Gottesdienste zwischen Weihnachten 1734 und dem Dreikönigsfest des folgenden Jahres wurden von ihm erwartet: Johann Sebastian Bach, Thomaskantor und Musikdirektor in Leipzig, stand gehörig unter Druck. Die Lösung seines Problems: Nur zum Teil würde er die Musik neu komponieren und stattdessen auf bereits vorhandene Stücke zurückgreifen. Auf Kantaten, die er als Gratulations-Musik aufgesetzt hatte. Sie erhielten, gemäß dem zu Bachs Zeiten gängigen »Parodieverfahren«, neue Texte mit geistlichem Inhalt. So wurde aus »Tönet, ihr Pauken«, komponiert zu Ehren des sächsischen Kurfürsten, in der ersten Kantate des Weihnachtsoratoriums das bekannte »Jauchzet, frohlocket«. Zusätzlich zum Text änderte Bach auch Tonarten und Instrumentierung, sodass es ihm tatsächlich gelang, der Musik einen ganz anderen Sinn und Inhalt zu geben.

So genial das solcherart geschaffene Werk auch war – man empfand die Entstehungsweise des Oratoriums bald schon als peinlich. Denn von der zweiten Hälfte des 18. Jahrhunderts an herrschte ein neues Verständnis von Kunst und Künstlertum vor. Man erwartete, dass »einmalige« Werke spontan inspiriert entstehen sollten und nicht aus einer Umarbeitung bereits da gewesener Stücke. Das negative Urteil über die Wiederverwendung der Gratulations-Kantaten hielt lange an und noch heute wird das Weihnachtsoratorium zuweilen als »Flickwerk« bezeichnet. Doch begeisterte Dirigenten, Sänger, Musiker und Zuhörer sprechen für sich: Nachdem die Sing-Akademie zu Berlin das Oratorium 1857 zum ersten Mal seit Bachs Tod wieder aufführte, startete der Zyklus einen verspäteten Siegeszug um die Welt. Heute gilt es als populärstes und am häufigsten aufgeführtes größeres Werk des genialen Komponisten.

★ 1740

Die Abschaffung der Folter

Als er den preußischen Thron übernahm, waren die Erwartungen der Zeitgenossen hoch: Friedrich II. galt als Schöngeist, spielte Flöte und verkehrte mit Komponisten und Malern. Die in ihn gesetzten Hoffnungen schienen sich zu erfüllen: Schon vier Tage nach seinem Amtsantritt schaffte er am **3. Juni 1740** mit einem Federstrich die Folter ab.

Zu dieser Zeit war es in ganz Europa gang und gäbe, Delinquenten zur Erlangung von Geständnissen zu foltern. Ein Urteilsspruch bedurfte damals entweder zweier glaubwürdiger Augenzeugen oder des Geständnisses eines Beschuldigten. Eine Verurteilung nur aufgrund von Indizien kannte man nicht. Folter war zwar eigentlich nur bei kapitalen Verbrechen wie Mord oder schwerem

Diebstahl zulässig. Doch scheinen – wie es im Wissenschaftsdeutsch heißt – »Gesetzesnorm und Gerichtspraxis häufig nicht übereingestimmt« zu haben. Im Klartext: Es wurde ohne Rücksicht auf Verluste gefoltert. Besonders bei den Hexenverfolgungen des 16. und 17. Jahrhunderts oder den sogenannten Ritualmordprozessen gegen Juden ging es weniger um Wahrheitsfindung, als vielmehr um falsche Geständnisse.

Die Sicht der Gesellschaft auf die Folter änderte sich erst mit der beginnenden Aufklärung. Die »peinliche Befragung« wurde jetzt zunehmend als barbarisch, unmenschlich und ungerecht empfunden. Friedrich, der auch mit dem französischen Philosophen Voltaire korrespondierte, sah sich als humaner, aufgeklärter Herrscher und setzte mit dem Folterverbot als erster deutscher Landesherr ein klares Zeichen. Wirklich abgeschafft war die Folter mit seiner Weisung jedoch keineswegs. Bei schwerer Majestätsbeleidigung, Landesverrat und Massenmord durfte sie nach wie vor angewandt werden – noch bis 1754. Auch das barbarische »Spießrutenlaufen« der häufig zwangsrekrutierten Soldaten des Preußenkönigs – »bis ihnen die blutigen Fetzen vom Rücken hingen« – wurde länger beibehalten.

Nur wenige Monate nach seiner Thronbesteigung zeigte Friedrich jedoch sein anderes Gesicht. Er fiel in Schlesien ein und raubte die Provinz von Österreich. Preußen wurde damit zur Großmacht. Erst am Ende seiner Amtszeit wurde aus dem Schöngeist Friedrich wieder ein Mann des Friedens. Als »Alter Fritz« war er da bereits zur Legende geworden.

Noch im 18. Jahrhundert waren Folterungen zur Erzwingung von Geständnissen alltäglich.

★ 1791

Die Uraufführung von Mozarts »Zauberflöte«

Am **30. September 1791** ertönten sie zum ersten Mal: die Arie der Königin der Nacht, die Flötenklänge des Vogelfängers Papageno, der getragene Bass des Fürsten Sarastro. Schnell sorgte Mozarts Oper »Die Zauberflöte« für volle Opernhäuser in ganz Europa. Heute, mehr als 200 Jahre später, zählt sie zu den weltweit meistgespielten Werken überhaupt.

Einige Monate lang, seit dem Frühjahr 1791, hatte Mozart an der Komposition der Oper gearbeitet. Der Schauspieler und Sänger, Dichter und Komponist Emanuel Schikaneder, der ein Volkstheater in Wien betrieb, hatte das Libretto, den Text der Oper, verfasst und Mozart beauftragt, die Musik dazu zu komponieren. Nur zwei Tage vor der Uraufführung schrieb Mozart noch schnell die Ouvertüre zur »Zauberflöte«, am 30. September des Jahres 1791 schwang er selbst den Dirigentenstock in Herrn Schikaneders Theater. Falltüren, Feuer und jede Menge Attrappen sorgten für knallige Effekte bei der Uraufführung. Mit der aufwendigen Bühnentechnik wurde das bunte Werk illustriert: eine ernsthafte Liebesgeschichte mit schweren Prüfungen und drolliges Geturtel von lustigen Vogelmenschen, Liebe und Rachsucht, Weisheit und Versöhnung, Gut und Böse, Zauberei und Magie. Schon bei der Erstaufführung der Oper rätselte das Publikum über Sinn und Botschaft dieses Werkes, das seither von den unterschiedlichsten Spekulationen, Interpretationen und allerlei Legenden begleitet wird. Doch die Oper hatte auch vom ersten Tag an begeisterte Anhänger. Bereits im Oktober 1791 wurde sie in Schikaneders Volkstheater noch zwanzig Mal gegeben, in den zehn Jahren nach der Uraufführung insge-

> »Das alles, bei der Tiefe, der bezaubernden Lieblichkeit und Seele der Musik, weitet und erfüllt die Phantasie und erwärmt das Herz.«
>
> GEORG WILHELM FRIEDRICH HEGEL

samt mehr als 220 Mal. Und die »Zauberflöte« wurde schnell ein Exportschlager: Schon ein Jahr nach der Uraufführung war sie erstmals in Prag zu sehen, 1793 unter anderem in Augsburg, Leipzig, Frankfurt am Main, Hamburg, Budapest und Warschau, 1797 in Sankt Petersburg, 1801 in Paris.

Mozart selbst hat den Erfolg seiner Oper nicht mehr miterlebt: Er starb, verarmt, nur wenige Wochen nach der Uraufführung. Heute ist sein Name einer der weltweit bekanntesten Begriffe – Wolfgang Amadeus Mozart kennen mehr Menschen als Jesus Christus, geschlagen wird er nur von Coca-Cola. Mozart verdankt dies seinen vielen genialen Werken – und zu einem guten Teil der verwirrenden, bunten, lustigen und wunderschönen, der einmaligen »Zauberflöte«.

★ 1824

Beethovens »Neunte«

Der **7. Mai 1824** markiert eine wahre Sternstunde – die Uraufführung eines unsterblichen musikalischen Werkes: Zum ersten Mal erklang Beethovens 9. Symphonie mit der bewegenden »Ode an die Freude«. Heute ist sie eine weltweite Hymne für Frieden und Völkerverständigung, von der UNESCO geadelt als Teil des Welterbes.

Den frenetischen Beifall nahm er nicht wahr: Völlig ertaubt, stand Ludwig van Beethoven mit dem Rücken zum Publikum, das ihn nach der Uraufführung seiner 9. Symphonie bejubelte. Erst als eine Sängerin ihn an der Schulter fasste und zum Publikum drehte, sah er die begeisterte Menge. Das letzte vollendete Orchesterwerk Beethovens war vom ersten Tag mehr als nur ein großer Erfolg. Während die ersten drei Instrumentalsätze mit ihrer grandiosen Architektur, Instrumentierung und Themenverarbeitung eine Zäsur in der Musikgeschichte markierten und richtungweisend für die Romantik waren, ist der vierte Satz heute weltweit eines der populärsten klassischen Werke und ein Symbol friedlichen Miteinanders aller Menschen.

Hier hatte Beethoven erstmals die menschliche Stimme in ein symphonisches Werk eingebracht – und tatsächlich ist es die chorale Version von Friedrich Schillers »Ode an die Freude«, mit der sich die Komposition zu allen Zeiten ins Gedächtnis der Menschheit eingebrannt hat. Dabei zweifelte Beethoven lange an dieser Idee und dachte selbst gegen Ende des Jahres 1823 über ein »finale instromentale« nach. Selbst nach der begeistert aufgenommenen Uraufführung soll der Komponist noch erwogen haben, das Chorfinale gegen einen rein instrumentalen Schlusssatz auszutauschen. Heute undenkbar, denn das Hauptthema des letzten Satzes ist seit dem Jahr 1972 die offizielle Europahymne.

Noch mehr Bedeutung erlangte das Werk mit dem Ende des Kalten Krieges: In den rauschhaften Wochen zwischen Mauerfall und Wiedervereinigung führte der weltbekannte Dirigent Leonard Bernstein mit hochkarätigen Musikern aus der ganzen Welt die 9. Symphonie in Berlin auf, einmal im Osten und einmal im Westen der Stadt. Mehr noch: Bernstein änderte den Text, sodass im Finale der Symphonie nun anstatt der »Freude« die »Freiheit« als »schöner Götterfunken« gepriesen wurde. Dieser Eingriff in das Original hob den Gedanken der weltumspannenden Brüderlichkeit hervor und machte ihn hochaktuell, gab der Symphonie eine Symbolkraft in ganz Osteuropa. Diese Bedeutung war auch ein Grund dafür, warum die UNESCO die Handschrift der Symphonie im Jahr 2001 sogar in das Weltdokumentenerbe aufnahm: als nur eines von zehn Dokumenten aus Deutschland.

★ 1829

Die Uraufführung von Goethes »Faust«

Als »Faust. Eine Tragödie« am **19. Januar 1829** in Braunschweig urauf-
geführt wurde, existierte das Stück bereits mehr als zwanzig Jahre.
Genauso lange sollte das Publikum nur die gekürzte und zensierte
Fassung zu sehen bekommen: Erst 1849 kam schließlich der originale
»Faust I« auf die Bühne.

In Goethes Werk schließt der Universalgelehrte Heinrich Faust einen Pakt mit dem Teufel Mephisto: Verzweifelt als ruheloser Wissenschaftler wie als unzufriedener Mensch, verspricht Faust dem Teufel seine Seele, wenn er ihn aus dieser Lage befreit. Mephisto führt den Gelehrten auf eine Reise durch die Welt, verschafft ihm Einblick in Räusche und Lustbarkeiten und verstrickt ihn in die schließlich tragisch endende Liebschaft mit Gretchen.

Goethe hatte sich schon seit seiner Kindheit mit dem »Faust«-Stoff beschäftigt und mehrere Werke geschaffen, die um das Thema kreisten: Der seit 1887 bekannte »Ur-Faust« entstand zwischen 1772 und 1775, 1790 veröffentlichte der Dichter »Faust, ein Fragment«. »Der Tragödie erster Teil« schließlich entstand zwischen den Jahren 1797 und 1806. Schon kurz nach Fertigstellung des Dramas dachte Johann Wolfgang von Goethe über eine Aufführung nach. 1810 schrieb er: »Schließlich melde, dass uns ein seltsames Unternehmen bevorsteht, nämlich den Faust aufzuführen, wie er ist, sofern er nur einigermaßen möglich werden will.« Dies zeigte: Er zweifelte selbst an der Bühnentauglichkeit des Stücks. So wurden in Weimar und später in Berlin nur einige Szenen gebracht – zwanzig Jahre lang galt der »Faust« als unspielbar.

August Klingemann, der es dann im Januar 1829 wagte, die Tragödie auf die Bühne des Braunschweiger Hoftheaters zu bringen, fragte Goethe vorab um Rat. Doch der Dichter winkte nur resigniert ab: »Machen Sie mit meinem Faust, was Sie wollen.« Tatsächlich war es nicht das Original von Goethe, das in der Löwenstadt gezeigt wurde: Der Text war radikal zusammengestrichen und mit dem Zensor abgestimmt worden, man verzichtete auf alle Angriffe gegen die Kirche. Im Mittelpunkt stand nicht die Gelehrten-, sondern die Gretchentragödie.

Dennoch war die Inszenierung ein großer Erfolg. In Goethes Wahlheimat Weimar wurde »Faust I« bereits einige Monate später gezeigt, auch hier um sämtliche anzüglichen und kirchenkritischen Passagen sowie Verweise auf Gott bereinigt. Goethe war verärgert und blieb den Vorbereitungen ebenso fern wie den zwei Aufführungen im August und im November 1829. Bis zu seinem Tod drei Jahre später sollte er keine Vorstellung des ganzen Stücks erleben, denn erst im Jahr 1849 wurde »Faust I« weitgehend original in Dresden gezeigt. Heute gilt der Text als literarischer Höhepunkt der deutschen Klassik – und als eines der bedeutendsten Werke der gesamten deutschsprachigen Literatur.

 1832

Einheit und Freiheit – das Hambacher Fest

Im **ersten Drittel des 19. Jahrhunderts** war Deutschland zersplittert. Freiheitliche Regungen wurden unterdrückt, der Wille des Volkes von den Mächtigen ignoriert. Zunächst waren es nur wenige, die ihrem Unmut über diese Zustände Luft machten – darunter die Journalisten Philipp Jakob Siebenpfeiffer und Johann Georg August Wirth, »Bürgerrechtler« des Vormärz.

Die Einladung der »Querulanten« zum ersten »Nationalfest der Deutschen« auf dem Hambacher Schloss erregte größtes Aufsehen. Als die bayerische Regierung, die Pfalz gehörte damals noch zu Bayern, die Zusammenkunft verbot, steigerte sie damit ungewollt die Popularität der Aufrührer. Den behördlichen Anordnungen zum Trotz versammelten sich Ende Mai des Jahres 1832 30000 Männer und Frauen aus allen Teilen Deutschlands in Hambach – für damalige Verhältnisse eine riesige Zahl. Bürgerliche Freiheit und deutsche Einheit waren die zentralen Themen der zahlreichen Reden, in denen es auch um die Freiheit anderer Völker ging und um die weitsichtige Forderung nach einem vereinten Europa. Siebenpfeiffer etwa ließ am Ende seiner Rede nicht nur das »freie, das einige Deutschland« hochleben, sondern auch die Polen, deren Revolution 1830 gescheitert war; und die Franzosen – »der Deutschen Brüder«.

1832

Der spätere Bundespräsident Theodor Heuss auf der Hundertjahrfeier des Hambacher Festes im Mai 1932.

Patriotismus ohne Überheblichkeit, mitfühlendes Denken und Empfinden für andere Völker – das war das Nationalbewusstsein, das sich in den Reden in Hambach äußerte. Die Grenze zwischen dieser Art des Nationalbewusstseins und einem arroganten und übersteigerten Nationalismus wurde dabei streng gewahrt. Diese Lauterkeit der politischen Absichten machte das Hambacher Fest zu einem Höhepunkt deutscher und europäischer Geschichte.

»Während des Hambacher Festes hätte die allgemeine Umwälzung in Deutschland versucht werden können. Jene Tage waren der letzte Termin, den die Göttin der Freiheit uns gewährte.«

HEINRICH HEINE

Wenn auch den politischen Forderungen der Festteilnehmer noch lange der Erfolg versagt bleiben sollte: Hambach hatte den politischen Willen breiter Volksschichten bewegt. Die bürgerliche Demokratie war unter den Farben Schwarz-Rot-Gold als neue aktive Kraft hervorgetreten. Und der Traum von deutscher Einheit und politischer Freiheit zeigte als politische Zielsetzung weg-

weisend in die Zukunft. Doch auf das demokratische Hochgefühl folgte zunächst restaurativer Katzenjammer: Viele der Hambacher, darunter Wirth und Siebenpfeiffer, wurden verhaftet. Andere gingen in die Emigration. Und doch – der Samen der deutschen Demokratie war gelegt. Und er sollte schon wenige Jahre später aufgehen.

 1835

Die erste Eisenbahn des Landes

Am **7. Dezember 1835** läutete man ein neues Zeitalter ein: Die »Adler« zog als erste dampfbetriebene Lokomotive in Deutschland einen Zug von Nürnberg nach Fürth. Zunächst mit Skepsis aufgenommen, erwies sich die Eisenbahn als Motor der rasanten Industrialisierung, die das Land aus seiner Rückständigkeit führte.

Im Schneckentempo fuhr das vierzig PS starke, schnaufende Dampfross über die rund sechs Kilometer lange Trasse, gesteuert von William Wilson, der als Ingenieur und Lokführer samt der Maschine aus England geholt worden war. »Hoch lebe unser König!«, jubelte die begeisterte Menge, als die »Adler« an ihr vorbeistampfte, Journalisten aus dem In- und Ausland berichteten über das Ereignis. Und die Begeisterung hielt an: Fast eine halbe Million Passagiere wurden im ersten Jahr gezählt, die 207 Aktionäre der lokalen Betreibergesellschaft konnten sich über eine stattliche Dividende von 20 Prozent freuen. Hinter der Eisenbahngesellschaft standen technikbegeisterte Kaufleute aus Nürnberg und Fürth. Binnen kürzester Zeit trieben sie mehr als das nötige Kapital in Höhe von 175 000 Gulden auf – heute fünf bis sechs

Schlagzeilenträchtig – Bericht über die
erste Eisenbahnfahrt in Deutschland.

Millionen Euro. Das Königreich Bayern beteiligte sich nur mit
zwei Aktien im Wert von insgesamt 200 Gulden und zeigte sich
auch noch als säumiger Zahler. König Ludwig I. hatte zwar die
Konzession zum Bahnbau erteilt, sein Interesse galt aber den Was-
serstraßen, speziell dem Main-Donau-Kanal. Doch angesichts des
Erfolgs dachte er um: In Bayern wie in den anderen deutschen
Gebieten wurden Strecken geplant und rasend schnell gebaut.

Der Eisenbahn schlug aber
auch von anderer Seite Skepsis
entgegen: Man munkelte, dass
Kühe, die nahe der Strecke gras-
ten, keine Milch mehr geben
und Vögel tot vom Himmel fallen würden. Und manche Ärzte
forderten:»Ortsveränderungen
mittels Dampfmaschinen sollten im Interesse der öffentlichen Gesundheit verboten werden.« Dichter wie Heine und
Eichendorff beklagten den Ver-
lust der Muße und die Zerstörung der Natur. Doch auch sie
konnten die einmal in Gang
gesetzte Dynamik nicht mehr
aufhalten, das ganze Land war
im Eisenbahnfieber. Das Schie-
nennetz wuchs von rund 500
Kilometern im Jahr 1840 bis
auf fast 34 000 Kilometer 1880.

Allerorten wurden Trassen aufgeschüttet, Brücken gebaut, Tun-
nels gegraben. Die Produktion von Schienen, Wagen und Loko-
motiven sorgte für Tausende von neuen Arbeitsplätzen in deutschen Fabriken. Die Eisenbahn beschäftigte 1870 in Deutschland
fast 160 000 Menschen, drei Jahre später waren es schon 234 000.
Damit wirkte sie maßgeblich als Motor der Industrialisierung und
der wirtschaftlichen Entwicklung in Deutschland – und sie führte
das Land mit Volldampf in eine neue Epoche.

★ 1847

Das Kommunistische Manifest

»Ein Gespenst geht um in Europa – das Gespenst des Kommunismus«: So beginnt eine der wirkungsmächtigsten wie umstrittensten politischen Kampfschriften, deren Botschaft weit über Deutschland hinausreichte – das »Kommunistische Manifest«, das Karl Marx und Friedrich Engels im **Winter 1847 / 48** verfassten.

1847

Die beiden Gründerväter des »wissenschaftlichen Kommunismus« formulierten ihre Erkenntnisse verständlich und mitreißend: »Die Geschichte aller bisherigen Gesellschaft ist die Geschichte von Klassenkämpfen« – Freier gegen Sklave, Patrizier gegen Plebejer, Baron gegen Leibeigener. Im 19. Jahrhundert stünden sich Bourgeois und Proletarier unversöhnlich gegenüber. Die Proletarier hätten in dieser Gesellschaftsordnung »nichts zu verlieren als ihre Ketten«, dafür aber eine Welt zu gewinnen.

Das nur dreißig Seiten starke Manifest war eine Auftragsarbeit des »Bundes der Kommunisten«, eines Zusammenschlusses von deutschen Arbeitern und Handwerksgesellen, die wegen »revolutionärer Umtriebe« ausgewiesen worden waren und nun im Exil lebten. Anfang Dezember des Jahres 1847 waren die beiden Autoren auf einem Kongress des Bundes in London aufgefordert worden, eine programmatische Schrift der kommunistischen Bewegung zu verfassen. Doch sonderlich eilig schienen sie es damit nicht zu haben. Ende Januar 1848 drohte die Bundesführung der Kommunisten ihrem »säumigen Bruder Marx« sogar mit der Ergreifung »weiterer Maßregeln«, wenn das Manuskript nicht in Bälde vorliege.

> »Das Manifest hat eine ungeheure analytische Kraft und Weitsicht. Die entfaltet sich gerade vor dem Hintergrund der gegenwärtigen Verhältnisse, weil die Welt heute weit eher dem darin Beschriebenen entspricht, als damals.«
>
> Eric Hobsbawm, britischer Historiker

Als das Kommunistische Manifest schließlich Ende Februar 1848 in London publiziert wurde, schien der Text die Lunte gewesen zu sein, die nur noch an ein Pulverfass gelegt werden musste: Kaum eine Woche später brach in Paris die sogenannte Februarrevolution aus, kurz darauf die deutsche Märzrevolution.

Doch in Wahrheit ging damals nicht etwa das Gespenst des Kommunismus in Europa um, sondern der Geist der Demokratie, der freilich von den Mächtigen der Zeit nicht weniger brutal unterdrückt wurde. Das Kommunistische Manifest selbst hat seine eigentliche Wirkung erst entfaltet, als es in den Siebzigerjahren des 19. Jahrhunderts neu herausgegeben wurde. Jetzt wurde es mit seinem programmatischen Kampfruf »Proletarier aller Länder, vereinigt euch« zum Gründungsdokument des politischen Marxismus, das in manchen Passagen bis in unsere globalisierte Gegenwart nichts von seiner Brisanz eingebüßt hat.

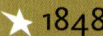 1848

Die Paulskirche – das erste deutsche Parlament

Am 18. Mai 1848 trat in der Frankfurter Paulskirche zum ersten Mal eine frei gewählte Nationalversammlung zusammen, um über Grundrechte und die deutsche Einheit zu beraten – eine politische Sensation. Das zersplitterte und monarchisch verfasste Deutschland hatte aus der Mitte des Volkes ein gemeinsames Parlament geschaffen, in dem Volksvertreter aus allen Landesteilen über die Schicksalsfragen der Nation berieten.

Wie in ein Festtagsgewand gehüllt, empfing die schwarz-rot-gold ausstaffierte Paulskirche am Premierentag 330 der insgesamt mehr als 600 gewählten Abgeordneten, die durch die freie Wahl (zumindest des männlichen, nicht fronabhängigen Teils) der deutschen Bevölkerung bestimmt worden waren. Unter ihnen waren zahlreiche Prominente wie der Dichter Ludwig Uhland, der »Turnvater« Friedrich Ludwig Jahn oder der Germanist Jacob Grimm. Einige Wochen zuvor war das Undenkbare geschehen: eine Revolution in Deutschland, der Wille zur Einigkeit in einem zerrissenen Land. Und zwar keineswegs, wie Lenin den Deutschen später süffisant nachsagte, mit einer ordnungsgemäßen Bahnsteigkarte in der Tasche.

Die Märzrevolution des Jahres 1848 hatte aus braven Untertanen entschiedene Barrikadenkämpfer gemacht. Es war ein Volks-

1848

In ganz Deutschland brachen im März 1848 Aufstände aus – wie hier in Berlin.

aufstand ohne Beispiel in der deutschen Geschichte. Binnen weniger Tage waren die eher braven deutschen Biedermeier-Reiche nicht mehr wiederzuerkennen gewesen. Es herrschte Aufruhr im Land: Bauern verbrannten in der allgemeinen Krawallstimmung Grundbücher. Gesellen stürmten neuartige Maschinen, Handwerker verlangten die alte Zunftordnung zurück, Tagelöhner rebellierten gegen ihre Ausbeutung. Erhebliches Drohpotenzial erhielten die Forderungen und Petitionen dabei durch den Druck der Straße. Vielerorts verschanzten sich aufstandsbereite Kleinbürger, Handwerker oder Studenten hinter rasch errichteten Barrikaden. Kämpfe entbrannten mit Soldaten, die zum Schutz der Landesherren aufmarschierten. Zurück blieben jede Menge Tote, Verwundete, zerstörte Gebäude.

Häufig war es allein die Furcht vor unkontrollierbarer Gewalt, die die Machthaber zum Einlenken brachte. In der Hoffnung, die aufgebrachte Bevölkerung zu besänftigen, bewilligten die meisten Könige und Fürsten in ihren Herrschaftsbereichen elementare Grundrechte und ersetzten ihre konservativen Regierungsbeamten durch reformbereite »März«-Minister. Nie zuvor war die Macht der Einzelstaaten so geschwächt, nie war die Aussicht auf eine Verwirklichung des Traums der Demokratie in einem »vereinten« Deutschland greifbarer als in jenen Tagen des Frühjahrs 1848.

Noch bedeutsamer war ein anderes Ergebnis der Unruhen: Zum ersten Mal in der Historie sollte eine demokratische Verfassung für ganz Deutschland beschlossen werden. Frankfurt am Main wurde zum Versammlungsort erkoren. Dort waren schon im Mittelalter die Kaiser des Heiligen Römischen Reiches gekrönt worden, und dort hatte der Deutsche Bund seinen Hauptsitz. Das Parlament stand vor Herausforderungen, die gewaltige Kräfte erforderten. Es wollte nicht nur eine Staatsform mit allen Rechten und Regeln neu erfinden und durchsetzen, die diesem Land bis dahin vollkommen fremd war.

Die Parlamentarier waren angetreten, eine einheitliche Verfassung auszuarbeiten, die allen Deutschen Grundrechte und Mitbestimmung garantieren sollte. Doch wie konnte diese Verfassung aussehen? Sollte ein Monarch an der Spitze stehen oder das Volk als Souverän in einer Demokratie gleichberechtigter Bürger? Wie föderal oder zentral sollte das Staatsgebilde beschaffen sein? Außerdem musste zunächst definiert werden,

> »Wenn über manches Zweifel besteht und Ansichten auseinandergehen – über die Forderung der Einheit ist kein Zweifel. Es ist die Forderung der ganzen Nation.«
>
> HEINRICH VON GAGERN

was dieses Deutschland überhaupt war. Gerade die Vormachtstaaten Österreich und Preußen regierten über große Gebiete, die nicht-deutschen Landsmannschaften wie Tschechen oder Polen Heimat waren. Sollten Regionen, in denen Deutsche zahlenmäßig nicht die Mehrheit stellten, auch zum neuen Reich gehören?

In der neuen deutschen Nationalversammlung gruppierten sich die Abgeordneten gemäß ihrer jeweiligen Weltsicht. Königstreue, Verfassungsverfechter, radikale Republikaner, gemäßigte Freiheitsfreunde oder welche Richtung auch immer – sie alle formierten sich zu einzelnen Fraktionen, die die Sitzordnung aller künftigen Parlamente prägten. Vom Rednerpult aus betrachtet, umrahmten am linken Rand die Demokraten und am rechten die Monarchisten ihre Abgeordnetenkollegen aus dem politischen Mittelfeld. Das Plenum in der Paulskirche war insoweit mehr als nur ein maßstabsgetreues Abbild des damaligen politischen Spektrums: Es war auch die Urzelle unseres späteren Parteiensystems.

Die Wahl Heinrich von Gagerns zum ersten Parlamentspräsidenten offenbarte die politischen Kräfteverhältnisse in der Nationalversammlung. Von Gagern, auf den mehr als drei Viertel der Stimmen entfielen, war ein weithin anerkannter und aufrechter Liberaler. Doch als Verfechter einer durch Verfassungsregeln gezähmten Monarchie stand er für einen eher behutsamen Umgang mit den alten Gewalten.

61

1848

Reichsverweser Erzherzog Johann von Österreich sollte als provisorisches Staatsoberhaupt amtieren.

Nicht viele konnten sich damals vorstellen, die in Jahrhunderten gewachsenen monarchischen Staatsverfassungen überhaupt auch nur in Frage zu stellen. Nach einer beinahe zwei Wochen währenden Debatte einigte sich die Versammlung auf den »kühnen Griff«, den ihr von Gagern als Lösung nahegelegt hatte: Die provisorische Zentralgewalt sollte nicht von fürstlichen Gnaden, sondern vom Parlament selbst geschaffen werden. Als Entgegenkommen sollte der mehrheitsfähige Kandidat dem monarchischen Establishment entstammen: Die Wahl fiel auf den habsburgischen Erzherzog Johann, einen halbwegs aufgeklärten

Mann, der aber als Onkel des österreichischen Kaisers Ferdinand I. im habsburgischen Traditionsgefüge sehr fest verankert war. Als »Reichsverweser« sollte Erzherzog Johann bis zur Entscheidung über die endgültige Staatsform die Regierungsgeschäfte der zu schaffenden Nation führen. Die Kür des betagten Fürsten war somit eine Vorentscheidung zugunsten der »konstitutionellen Monarchie«. Nach 42 Jahren hatte Deutschland damit wieder ein gemeinsames Oberhaupt.

Der Einzug von Erzherzog Johann in Frankfurt wurde zu einem triumphalen Ereignis. Er selbst schien sich dabei in der Hoffnung zu wiegen, eine Art »Volkskaiser« eines wiedervereinten deutsch-österreichischen Reiches werden zu können. Das sogenannte »Reichsgesetz über die Einführung einer provisorischen Zentralgewalt«, das die Nationalversammlung außerdem verabschiedet hatte, verlieh Erzherzog Johann den militärischen Oberbefehl und die völkerrechtliche Vertretung Deutschlands. Wie es das Gesetz vorsah, berief

Eine Sitzung der Nationalversammlung
in der Frankfurter Paulskirche, 1948.

der Reichsverweser ein Reichsministerium ein – die erste gesamt-
deutsche Regierung. Über die Frage der Grenzen des neuen Nationalstaats aller Deutschen kam es jedoch bald zum Streit mit Österreich, das im »Zerreißen der Monarchie« eine eklatante
Schwächung des Vielvölkerstaats befürchtete. Mit diesem Kon-

flikt begannen sich die Abgeordneten der Nationalversammlung
in zwei politische Lager aufzusplitten: auf der einen Seite standen
die »Großdeutschen«, auf der anderen die »Kleindeutschen«. Die
»Kleindeutschen« wollten einen Staat ohne Österreich mit einem
preußischen Erbkaiser, aber ergänzend einen völkerrechtlichen
»ewigen« Bund mit dem österreichischen Kaiserstaat.

1848

Am 27. März 1849 kam es in der Nationalversammlung zur Abstimmung über eine Reichsverfassung, die Österreich nebst seinen deutschen Gebieten ausschloss. Damit war nicht nur der Traum, sondern auch die große Chance gescheitert, alle Deutschen in einem gemeinsamen Staat zu vereinen.

> »Ich sage es Ihnen rundheraus: Soll die tausendjährige Krone deutscher Nation, die 42 Jahre geruht, wieder einmal vergeben werden, so bin ich es und meinesgleichen, die sie vergeben werden; und wehe dem, der sich anmaßt, was ihm nicht zukommt.«
>
> FRIEDRICH WILHELM IV.

Tags darauf wurde die Wahl des preußischen Königs Friedrich Wilhelm IV. zum erblichen deutschen Kaiser beschlossen. Wenige Tage später – genauer gesagt am 3. April 1849 – bot eine Abordnung der Nationalversammlung dem Regenten in Berlin die Kaiserkrone an. Doch dieser lehnte den aus »Dreck und Letten (d. h. aus Lehm) gebackenen Reif«, wie er später unter Berufung auf sein »Gottesgnadentum« sagte, kategorisch ab. Der »Ludergeruch der Revolution«, der dieser Krone angeblich anhänge, war ihm Grund genug, sich nicht an die Spitze eines deutschen Nationalstaats zu stellen. Somit war auch die »kleindeutsche« Lösung gescheitert. Zwar erkannten schließlich insgesamt 28 deutsche Staaten die Reichsverfassung an, doch da die vier größten und stärksten Länder – Österreich, Preußen, Sachsen und Hannover – ihr die Anerkennung verweigerten, war der Traum von der deutschen Einheit vorerst ausgeträumt.

Aus Empörung über das Wiedererstarken der Monarchien kam es im Mai des Jahres 1849 in Sachsen, in der Pfalz und in Baden erneut zu bewaffneten Aufständen. In Baden übernahm eine provisorische Regierung die Staatsgewalt. Doch auch diese Revolution scheiterte am Ende. Viele Aufständische wurden nach dem Fall der Festung Rastatt, des letzten Bollwerks der Aufrührer, gleich erschossen oder später hingerichtet.

Mit andern Worten: Keine Einheit, keine Freiheit – Hunderttausende enttäuschter Deutscher verließen in den folgenden Jahren und Jahrzehnten ihre Heimat. Baden verlor sogar ein Fünftel seiner Bevölkerung. Die meisten der Auswanderer gingen nach Nordamerika und versuchten dort ihr Glück.

★ 1861

Die Erfindung des Telefons durch Philipp Reis

Telefon und Handy sind heute Alltagsgut. Eine wichtige Grundlage für die heutige Telekommunikationswelt lieferte der Tüftler Johann Philipp Reis: Am **26. Oktober 1861** stellte er in Frankfurt am Main erstmals öffentlich sein »Telephon« vor. Zu seinen Lebzeiten erntete er dafür allerdings weder Ruhm noch Geld.

1861

Johann Philipp Reis, 1834 in Gelnhausen geboren, wirkte seit 1858 als Lehrer am renommierten Institut von Louis Frédéric Garnier in Friedrichsdorf, wo er selbst einen Teil seiner Schulzeit verbracht hatte. Um seinen Schülern physikalische Vorgänge anschaulich erklären zu können, baute er in seiner Freizeit Modelle. Auf diese Weise entstand aus dem Modell des menschlichen Ohrs ein Apparat, der die Menschheitsgeschichte nachhaltig beeinflussen sollte: Reis selbst nannte den Aufbau, der unter anderem aus einer Membran, einer Metallzunge, einer Stricknadel, etwas Kupferdraht und einer Spule mit galvanischem Strom bestand, »Telephon«. Zwischen seiner Werkstatt und seinem Haus verlief die erste Telefonverbindung. Bei einem entscheidenden Versuch sangen Kollegen des Erfinders zunächst in den Apparat hinein und lasen dann Texte aus einem Buch vor. Dass Reis die Passagen am anderen Ende des Verbindungsdrahts exakt wiedergab, machte sie misstrauisch. Daraufhin schickten die Herren einige sinnlose Sätze, zum Beispiel »Das Pferd frisst keinen Gurkensalat«, durch die Leitung. Mit dem gleichen Ergebnis.

Die erste öffentliche Vorführung folgte am 26. Oktober 1861 in Frankfurt vor dem Physikalischen Verein. Reis sprach »über die Fortpflanzung von Tönen auf beliebige Entfernungen durch Vermittlung des galvanischen Stroms«. Nach diesem Auftritt war der Physiker sicher: Seine revolutionäre Erfindung würde für Furore sorgen. »Man wird die menschliche Stimme gerade so über das Meer senden können wie die Schrift durch den Schreibtelegraphen«, prophezeite er. Doch seine Kollegen erkannten dieses Potenzial nicht. Reis wiederum hinderte eine tückische Krankheit an der Weiterentwicklung der Erfindung: Er starb als armer Mann im Alter von vierzig Jahren an Lungentuberkulose. Kurz zuvor sagte er zu Garnier: »Ich habe der Welt eine große Erfindung geschenkt, anderen muss ich überlassen, sie fortzuführen.«

Auch hier erwies sich seine Vision als zutreffend: Der Brite Alexander Graham Bell, der bereits 1862 in Edinburgh ein frühes Modell des reisschen Apparats kennengelernt und von der Grundlagenforschung des Deutschen profitiert hatte, reichte 1876 ein Patent für »sein« Telefon ein und startete damit eine wirtschaftliche Entwicklung, deren Dynamik bis heute nicht abreißt.

★ 1871

Die Gründung des deutschen Kaiserreichs

Vor den Toren von Paris, im Schloss von Versailles, jubelten deutsche Fürsten, Minister und Militärs dem preußischen König Wilhelm I. zu. Noch während deutsche Geschütze die französische Hauptstadt beschossen, feierten sie am **18. Januar 1871** im prunkvollen Spiegelsaal von Versailles die Geburtsstunde des zweiten »Deutschen Reiches«.

1871

Der entscheidende Schrittmacher dieses aus »Blut und Eisen« geschmiedeten Reiches hieß Otto von Bismarck. Als preußischer Ministerpräsident hatte er die Vormachtstellung Preußens im Deutschen Bund durchgesetzt. 1867 hatte er den »Norddeutschen Bund« gegründet, der fast alle Gebiete nördlich des Mains umfasste und als Etappenziel auf dem Weg zu einem geeinten »kleindeutschen Reich« – unter Ausschluss Österreichs – galt. Mit den süddeutschen Staaten schloss er Verträge zum gegenseitigen Beistand im Kriegsfall ab.

Frankreich sah diese preußisch dominierten Einheitsbestrebungen mit wachsender Sorge. Vor allem der französische Kaiser Napoleon III. wollte die neue Macht der deutschen Nachbarn wieder einschränken. Mit einem Trick, einem verkürzt an die Presse gegebenen Telegramm – der berühmt gewordenen »Emser Depesche« –, brachte Bismarck Frankreich dazu, am 19. Juli 1870 Preußen den Krieg zu erklären. Bismarcks Kalkül ging auf: Da Preußen mit allen anderen deutschen Staaten Beistandsverträge hatte, stand Frankreich plötzlich mit allen Deutschen im Krieg. Überall in Deutschland fühlte man sich als Nation einig – war man doch überzeugt, im Recht zu sein.

Weil die deutschen Truppen rasch angriffen, wurden die entscheidenden Schlachten auf französischem Boden geschlagen. Schon am 2. September 1870 kapitulierte die französische Armee, Napoleon III. wurde gefangen genommen. Im Friedensvertrag mussten die Franzosen Gebiete abtreten und eine Entschädigung von fünf Milliarden Francs zahlen. Diese maßlosen Forderungen sollten die deutsch-französischen Beziehungen noch lange belasten. Noch unter dem Eindruck des Krieges beschlossen die süddeutschen Staaten, Gespräche über einen Beitritt zum »Norddeutschen Bund« aufzunehmen. Bismarck verhandelte geschickt, die deutsche Einheit wurde Wirklichkeit. Die Krönungszeremonie im berühmten Spiegelsaal von Versailles schuf das Deutsche Kaiserreich und machte Wilhelm I. zum deutschen Kaiser.

Das neue Kaiserreich hatte gute Startchancen: Die hohen Kriegsentschädigungen brachten viel Geld ins Land, eine einheitliche Währung und die Abschaffung der Zollschranken innerhalb Deutschlands machten den Handel leichter und schufen neue Absatzmärkte. Doch das Kaiserreich war keine moderne Demokratie. Der Reichstag hatte wenig Einfluss – und Bismarck regierte als »Eiserner Kanzler«.

 1873

Schliemann findet den »Schatz des Priamos«

Als Kaufmann hatte er international Karriere gemacht, doch sein großer Traum war ihm wichtiger: die von dem Dichter Homer beschriebene, sagenumwobene Stadt Troja zu finden. Und tatsächlich schien er im **Juni 1873** endlich am Ziel zu sein.

Im Morgengrauen des 15. Juni 1873: Metall blinkt in den Fugen der Bastion von Troja. Der Archäologe Heinrich Schliemann klettert näher, erkennt Gold: »In größter Eile schnitt ich den Schatz mit einem großen Messer heraus, was nicht ohne die allergrößte Kraftanstrengung und die furchtbarste Lebensgefahr möglich war; denn die große Festungsmauer drohte jeden Augenblick über mir einzustürzen. Aber der Anblick machte mich tollkühn, und ich dachte nicht an Gefahren.« Schliemann hob Schilde, Prunkgefäße, Diademe, Armbänder, Ketten und Zeremonialäxte – insgesamt 8830 Objekte aus Gold, Elektron, Silber und Bronze. Er war überzeugt, auf den »Schatz des Priamos« und damit auch auf das Troja des legendären Dichters Homer gestoßen zu sein. Ein unglaubliches Glück, denn fast drei Jahre hatte der Abenteurer mit 150 Arbeitern gegraben, ein Vermögen investiert und den Spott der Wissenschaftselite auf sich gezogen – nun endeten die Grabungen anstatt mit der sich abzeichnenden Enttäuschung mit einer Sensation.

69

Die Umstände der Entdeckung wiesen freilich Ungereimtheiten auf. Obwohl Schliemann regelmäßig Tagebuch führte, findet sich kein detaillierter Bericht über den Fund des Priamos-Schatzes. Auch die Angaben über den genauen Fundort und das Datum wurden mehrfach von ihm verändert. Um den unglaubwürdig gewordenen Heinrich Schliemann kreisten fortan Spekulationen und Gerüchte. Etwa, dass er selbst den Schatz bei Juwelieren habe anfertigen lassen – zu Unrecht, wie sich später herausstellte.

Dennoch warfen all diese Halbwahrheiten einen Schatten auf Schliemanns archäologische Leistung – ebenso wie die Kritik an seinen, zumindest aus heutiger Sicht, eher unvorsichtigen Grabungsmethoden: Berüchtigt ist der »Schliemann-Graben«, den er auf der Suche nach Troja durch den Stadthügel des türkischen Ortes Hisarlik trieb und bei dem er einige hellenistische Bauten zerstörte.

Dabei war der Autodidakt aus Deutschland seiner Zeit voraus, indem er zum Beispiel Ingenieure auf dem Grabungsfeld einsetzte. Und auch wenn der »Schatz des Priamos« nicht aus der Zeit des Dichters Homer stammte, ist Heinrich Schliemann doch die Entdeckung Trojas ebenso zu verdanken wie das Wissen um die zuvor unbekannte vorgriechische mykenische Kultur. Der Pionier seiner Zunft starb am 26. Dezember 1890 in Neapel. In seinem Elternhaus in Ankershagen befindet sich heute ein Museum, auch Fernsehformate folgen seinen Spuren.

Sophie Schliemann, die Frau des Ausgräbers, mit Goldschmuck aus dem vermeintlichen »Schatz des Priamos«.

★ 1876

Die ersten Festspiele auf dem »Grünen Hügel«

Richard Wagner, der mit seinen Opern die Musik des 19. Jahrhunderts erneuert hat, musste lange auf die Verwirklichung seines Traums warten: ein eigenes Festspielhaus, maßgeschneidert für seine Musikdramen. Erst die Unterstützung König Ludwigs II. ließ diesen Traum endlich wahr werden: Am **13. August 1876** begannen die ersten Festspiele auf dem »Grünen Hügel«.

Bereits 1863 hatte der Komponist Pläne für ein Festspielhaus zur Aufführung seines »Ring«-Zyklus gehegt. Doch Wagner war an einem Tiefpunkt: Trotz künstlerischen Erfolgs blieben seine Einnahmen gering. Um seine Idee zu realisieren, brauchte er einen Mäzen. Zum Glück ließ dieser nicht lange auf sich warten: Der frisch gekrönte König Ludwig II. von Bayern sollte Richard Wagner bis zu dessen Tod unterstützen. In München wollte der »Kini« dem bewunderten Komponisten das Theater ursprünglich bauen lassen. Aber das Vorhaben zerschlug sich: Wagner schwebte eher ein Zweckbau vor, Ludwig dagegen ein prachtvolles Monumentaltheater – und dann drehte auch noch das Kabinett den Geldhahn zu. Der Komponist hielt trotzdem weiter an seiner Vision fest. Nach einem Besuch im Jahr 1871 entschied er sich für Bayreuth als Festspielort. Schon am 22. Mai 1872 wurde der Grundstein gelegt. Doch dann gerieten die Arbeiten, finanziert aus Wagners Mitteln und Spenden, ins Stocken. Diesmal sprang Ludwig II. ein, mit einem Kredit in Höhe von mehr als 200000 Mark.

Im Jahr 1876 war der Bau schließlich fertig: In seiner Schlichtheit ein bewusstes Gegenmodell zu den Luxus-Opernhäusern der Zeit, die in Wagners Augen »dekadent« waren und von der Kunst ablenkten. In Bayreuth sollten sich die Zuschauer einzig auf die dramatische Handlung konzentrieren, selbst die Musik würde durch den verborgenen Orchestergraben nur akustisch wahrnehmbar sein. Das Musiktheater ohne Foyers und Freitreppen erinnerte mit seiner Fachwerk-Fassade tatsächlich eher an eine Scheune. Kein Zufall: Jahrzehnte zuvor hatte sich Richard Wagner von der Akustik des scheunenartigen Theaters in Riga begeistert gezeigt. Im oberfränkischen Bayreuth ahmte er genau dies nach: Viel Holz, der Verzicht auf Logen sowie einfache Holz-Klappstühle ohne Sitzpolster sorgten und sorgen bis heute für eine besondere Klangqualität.

Es war ein durchaus ungewöhnliches Ambiente für den hohen Besuch, der sich am 13. August des Jahres 1876 auf dem »Grünen Hügel« in Bayreuth einfand: In Anwesenheit Kaiser Wilhelms I. begannen die ersten Festspiele. Drei vollständige »Ring«-Zyklen wurden damals gegeben. Finanziell – einmal mehr – ein Desaster; Richard Wagner blieb auf einem Defizit von rund 148000 Mark sitzen. Doch der Grundstein für eine Festspieltradition, die auch heute noch fasziniert und eine illustre Besucherschar aus Prominenz und Wagner-Fans aus aller Welt anlockt, war gelegt.

 1880

Die Vollendung des Kölner Doms

»Wenn der Dom fertig ist, geht die Welt unter« – so scherzten die Kölner über die jahrhundertelange Bauzeit ihres Doms. Als am **15. Oktober 1880** endlich seine Vollendung gefeiert wurde, verfolgte ganz Deutschland das Ereignis. Mit 157 Metern war der Dom damals das höchste Gebäude der Welt. Noch heute wollen ihn jährlich rund sechs Millionen Besucher sehen.

Die zweithöchste Kirche Deutschlands und Europas, die dritthöchste in der Welt, die weltweit drittgrößte gotische Kathedrale,

»Ersehnter Tag! Inmitten lichten Glanzes erheben sich Pfeilerwand und Schiff und Chor; aus der Umgrenzung eines Zinnenkranzes ins Unbegrenzte steigt der Knauf empor, aus Teil und Stückwerk endlich ward ein Ganzes.«

THEODOR FONTANE,
»ZUM KÖNIGLICHEN DOMFEST«, 1880

die unübertroffen riesige Fläche der Westfassade, das längste Kirchenschiff Deutschlands, das vierthöchste Gewölbe der Welt – der Kölner Dom wartet mit etlichen Superlativen auf. Doch auch die kulturgeschichtliche Bedeutung und die kostbare Innenausstattung haben ihm 1996 zum Titel »UNESCO-Welterbestätte« verholfen.

Einmalig ist auch seine Baugeschichte: Von 1248 bis zur Mitte des 16. Jahrhunderts schritt der Bau zügig voran – dann fehlte es

plötzlich an Geld, die Arbeiten wurden eingestellt. Immerhin: der innere Teil war auch in unvollendetem Zustand nutzbar. Erst zu Beginn des 19. Jahrhunderts regten sich wieder Stimmen, die die Vollendung des Doms forderten.

Tatsächlich aber ermöglichten erst zwei Ereignisse in den Jahren 1814 und 1816 den Weiterbau: Der mittelalterliche Fassadenplan wurde wiedergefunden – zunächst eine Hälfte in Darmstadt, dann die andere in Paris. Nur mithilfe dieser Pläne konnte man die ursprünglich geplante Architektur umsetzen und den Dom nach einer Unterbrechung von fast 300 Jahren im rein gotischen Stil fertigstellen. 1842 (die Finanzierung brachten Preußen und der Zentral-Dombau-Verein auf) legte der preußische König Friedrich Wilhelm IV. den Grundstein für den Weiterbau und sprach ganz im Geist der Zeit: »Der Dom von Köln, das bitte ich von Gott, rage über diese Stadt, rage über Deutschland, über Zeiten, reich an Menschenfrieden, reich an Gottesfrieden bis an das Ende der Tage.« Knapp vierzig Jahre später, 1880, wurde der Dom schließlich fertiggestellt. Im Zweiten Weltkrieg wurde er schwer beschädigt, heute leidet das jahrhundertealte Material unter Umwelteinflüssen. Mit rund sechs Millionen Euro pro Jahr schlägt der Erhalt zu Buche, knapp hundert Menschen sind in der Dombauhütte beschäftigt. Es droht also kein Weltuntergang: Der Dom bleibt eine »ewige Baustelle«.

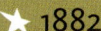 1882

Koch entdeckt den Erreger der Tuberkulose

Noch vor hundert Jahren starben in Deutschland jedes Jahr Hunderttausende von Menschen an Infektionskrankheiten – Cholera, Tuberkulose, Diphtherie. Behörden und Ärzte standen dem Massensterben meist hilflos gegenüber. Doch dann widmete ein junger Arzt sein Leben dem Kampf gegen diese heimtückischen Geißeln der Menschheit: Robert Koch. Seine am **24. März 1882** öffentlich gemachten Forschungen zum Erreger der Tuberkulose waren ein Durchbruch bei der Bekämpfung von Infektionskrankheiten.

Robert Koch konnte erstmals nachweisen, dass Tuberkulose (Tbc) durch ein Bakterium ausgelöst wird. Eine medizinische Sensation: Bis dahin hatten Ärzte noch an sogenannte »Miasmen« geglaubt – mysteriöse giftige Ausdünstungen des Bodens. Nun gab es endlich Hoffnung, ein wirksames Mittel gegen die im Volksmund auch »Schwindsucht« genannte Krankheit zu finden. Tuberkulose galt damals als Geißel der Armen. Vor allem in städtischen Ballungsgebieten, wo viele Menschen auf engem Raum und in schlechten sanitären Verhältnissen zusammenlebten, forderte die Seuche immer wieder zahlreiche Opfer. Jedes Jahr wur-

den Hunderttausende von der hochansteckenden Krankheit dahingerafft. Noch 1880 war allein im Deutschen Reich jeder zweite Todesfall in der Altersgruppe der Fünfzehn- bis Vierzigjährigen auf Tbc zurückzuführen.

Keinem anderen als Koch hätte die Fachwelt eine derart bahnbrechende Entdeckung zugetraut. Binnen weniger Jahre war der Mediziner vom einfachen Provinzdoktor zur Lichtgestalt der medizinischen Forschung in Deutschland, ja weltweit avanciert. Arzt war er geworden, nachdem ihm seine aus dem Harz stammende Bergmannsfamilie den Plan ausgetrieben hatte, als Kaufmann nach Übersee zu gehen. Unter schweren Entbehrungen ermöglichten ihm die Eltern das Medizinstudium. Der junge Mann erfüllte die in ihn gesetzten Erwartungen und schloss mit 22 Jahren das Studium ab.

Bereits als Student faszinierte ihn die Forschung, jede freie Minute verbrachte er im Labor. Schon damals, so will es wenigstens die Legende, soll ihn die Erforschung mysteriöser Infektionskrankheiten besonders gereizt haben. Aus seinen ersten Wanderjahren als Landarzt riss ihn 1870 der Deutsch-Französische Krieg. Er wurde Militärarzt. Erneut erwachte sein Forschergeist: Viele Verwundete kamen mit Blutvergiftung (Sepsis) in der Heimat an. Wie entstand die Infektion? Nur durch Gifte in der Luft oder durch lebende Organismen? Doch erst nach dem Krieg, als er sich als Landarzt in der Provinz Posen niederließ, konnte er mit systematischen Untersuchungen beginnen.

Zu seinem ersten Forschungsobjekt wurde indes nicht die Sepsis, sondern eine andere Krankheit: Unter seinen Patienten waren viele Bauern, die ein schwerwiegendes Problem hatten: Immer wieder raffte Milzbrand ihr Vieh dahin. Mit Elan machte er sich an die Erforschung dieser Seuche, vervollständigte sein Labor mit Fotoapparat, chemischen Farben und optischen Geräten. Koch wollte den Erreger der Tierkrankheit entdecken – und damit die Möglichkeit schaffen, ihn zu bekämpfen. 1876 gelang ihm der Durchbruch: In Tierkadavern entdeckte er unter dem Mikroskop stäbchenförmige Gebilde. Niemand vermutete in ihnen Seuchenerreger, doch der Forscher wollte es genauer wissen. Robert Koch entwickelte in diesem Zusammenhang die Methode, Bakterien

1882

In seinem Labor in Wollstein (Posen)
entdeckte Koch den Milzbranderreger.

auf Nährböden zu züchten, die seitdem in der gesamten bakteriologischen Forschung angewendet wird. Es war eine große Genugtuung, als sie Sporen bildeten, zu Fäden auswuchsen. Inmitten
der ländlichen Idylle war ihm die größte Entdeckung auf dem Gebiet der Mikroorganismen gelungen: Er hatte Lebewesen, sogenannte Anthrax-Bakterien, als Erreger einer Infektionskrankheit
nachgewiesen.

Koch hatte seine Berufung gefunden. Fortan widmete er sich
der Untersuchung und Bekämpfung ansteckender Krankheiten.
Und steckte sich ein neues Ziel: Er wollte Menschen heilen. 1880
wurde er an das neugegründete Kaiserliche Gesundheitsamt nach
Berlin berufen, wo er die Leitung der Bakteriologischen Abtei-
lung übernahm und seine Arbeit unter sehr viel besseren Bedingungen fortführen konnte. Zu seinem bevorzugten Forschungsobjekt wurde jetzt die Tuberkulose. Dass er zwei Jahre später den
Tuberkulose-Erreger entdecken konnte, reichte ihm nicht: Koch
wollte die Krankheit nicht nur erkennen – er wollte sie besiegen.

Er arbeitete fieberhaft, trieb seine Mitarbeiter zu immer neuen
Leistungen an. Mittlerweile war er zum international gefragten
Experten geworden. Die britische Regierung rief ihn 1883 nach

Ägypten und Indien, wo Chole-
raepidemien wüteten. Auch deren Erreger spürte der Besesse-
ne auf. Bald galten abgekochtes
Wasser, Isolierung der Cholera-
kranken sowie die Desinfektion
ihrer Kleidung und Bettwäsche
als entscheidende Schutzmaß-
nahmen gegen die Seuche.

Der Erfolg führte zu einem
nächsten Karriereschritt: Koch
wurde zum Direktor des Uni-
versitäts-Instituts für Hygiene

in Berlin berufen. Dennoch war er unzufrieden – seine Welt war
das Labor, nicht der Hörsaal. Als 1889 Gerüchte auftauchten, sein
französischer Rivale Louis Pasteur arbeite an einem Impfstoff gegen Milzbrand, packte Robert Koch wieder der Forscherehrgeiz:

Jetzt endlich wollte er sein Mittel zur Heilung der Tuberkulose finden. Er schloss sich im Labor ein und »war tagelang für niemanden zu sprechen«, so sein Mitarbeiter Martin Kirchner später. »Hekatomben von Meerschweinchen« seien in den darauffolgenden Monaten den medizinischen Versuchen Kochs zum Opfer gefallen – Versuchen, die schließlich ein vorgebliches Wundermittel hervorbrachten: »Tuberkulin«. Es sollte der größte Misserfolg im Leben des angesehenen Forschers werden. Denn viel zu früh hatte er sich dazu entschlossen, sein neues Medikament der Öffentlichkeit vorzustellen.

Die Wirksamkeit des Präparats war in Tierversuchen noch nicht eindeutig nachgewiesen, geschweige denn am Menschen getestet worden. Wie groß der medizinische Nimbus Kochs in dieser Zeit jedoch war, zeigte sich, als er im August des Jahres 1890 staunenden Fachkollegen auf dem Internationalen Medizinischen Kongress in der deutschen Hauptstadt von diesem Mittel berichtete: Die Neuigkeit löste Begeisterungsstürme aus, weil »von dem Moment an, wo Robert Koch über eine Tatsache dieser Tragweite berichtet, dieselbe existieren müsse«, so ein Zeitzeuge. Es folgte ein wahrer »Tuberkulin«-Rausch: Die Weltpresse erging sich in regelrechten Lobeshymnen auf die kochsche Wunderessenz, der Forscher selbst wurde postwendend zum Ehrenbürger von Berlin ernannt. In Massen drängten Tbc-Kranke in die deutsche Hauptstadt, wo sie sich rasche Heilung erhofften.

Doch der Rausch mündete schnell in ein Desaster: Das Mittel war kaum wirksam, verschlechterte gar in nicht wenigen Fällen

1882

den Krankheitsverlauf noch – was vielfach zum Tod der behandelten Patienten führte. Bis heute ist unklar, was Koch zu dieser verfrühten Bekanntmachung seiner »Tuberkulin«-Forschungen veranlasst hatte. War es der Druck der preußischen Regierung, die wollte, dass der Sieg der Medizin im Kampf gegen die »Schwindsucht« auf ewig mit dem Namen der deutschen Hauptstadt verbunden werden sollte? Oder vielmehr der Geschäftssinn von Koch, der den selbstinszenierten Hype um das Tuberkulin nutzen wollte, um sein Medikament am Markt zu platzieren?

In der Tat forderte der Mediziner vom Preußischen Staat ein eigenes Forschungsinstitut, genau wie es Pasteur in Paris besaß. Dort wollte er das Heilmittel selbst produzieren. Vertrauliche Briefe zeigen, dass Koch den zu erwartenden Profit auf 4,5 Millionen Mark jährlich schätzte; in heutiger Währung wäre das ein Vielfaches dieses Betrages.

> »Sein Forschungstrieb und seine reine Wahrheitsliebe werden nur erreicht von seiner Uneigennützigkeit und seiner Liebe zur Menschheit.«
>
> GUSTAV VON GOSSLER, PREUSSISCHER KULTUSMINISTER, NOVEMBER 1890

Doch als nach nur wenigen Monaten die »Tuberkulin«-Blase endgültig platzte, war guter Rat teuer. Die »Affäre Koch« beschäftigte sogar die Reichsregierung in Berlin. Schließlich einigte man sich auf einen Kompromiss: Koch bekam im Jahr 1891 zwar sein Institut, aber nicht wie gewünscht ausschließlich für das »Tuberkulin«, sondern für die allgemeine Erforschung von Infektionskrankheiten. Das international bekannte Institut trägt seinen Namen: »Robert-Koch-Institut«.

Als Wissenschaftler voll und ganz rehabilitiert wurde Koch indes erst wieder 1905, als ihm in Stockholm für seine Entdeckung des Tuberkelbazillus der Nobelpreis für Medizin verliehen wurde. Zu dieser Zeit hatte

Während einer Afrika-Expedition zapfte Robert Koch selbst einem Krokodil Blut ab.

sich zudem herausgestellt, dass »Tuberkulin« zwar nicht als Heilmittel taugte, jedoch unverzichtbare Dienste als Diagnostikum bei Tbc-Erkrankungen leistete. Außerdem hatten die entscheidend von Koch angestoßenen gesundheitspolitischen Maßnahmen – etwa die Pflicht zur Meldung von Erkrankungen, die Einrichtung von Diagnostikzentren, die Isolierung von Kranken sowie bessere Lebensbedingungen in den Arbeitervierteln – dazu beigetragen, die Tuberkulose weltweit schrittweise erfolgreich zurückzudrängen. Heute gilt Robert Koch als einer der größten Ärzte und Forscher Deutschlands, ja sogar der Welt. Seine bahnbrechenden Entdeckungen haben Millionen von Menschen vor dem Tod bewahrt.

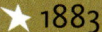 1883

Die Einführung der Krankenversicherung

Es läutete die Geburtsstunde des deutschen Sozialstaats ein: das »Gesetz betreffend die Krankenversicherung der Arbeiter«, das der Reichstag am **15. Juni 1883** verabschiedete. Doch dem »Eisernen Kanzler« Otto von Bismarck ging es mit diesem Gesetz nicht allein um die Verteilung von Wohltaten für das »gemeine Volk«.

Mit Zuckerbrot und Peitsche wollte Bismarck die Arbeiterschaft an den Staat binden. Die Peitsche – das war das sogenannte Sozialistengesetz von 1878, das jegliche sozialistische und sozialdemokratische Betätigung unter Strafe stellte. Das Zuckerbrot sollte die Einführung der allgemeinen Krankenversicherung für Arbeiter sein. Kaum jemand zweifelte damals daran, dass auf sozialem Gebiet Handlungsbedarf bestand. Die vielfach rücksichtslose Aus-

beutung in den meisten Industriebetrieben jener Zeit hatte derart viele Arbeiter – samt ihren Familien – so sehr in Not gestürzt, dass Selbsthilfeorganisationen oder die herkömmliche Armenfürsorge längst nicht mehr ausreichten, dem Massenelend wirksam zu begegnen.

»Geben Sie dem Arbeiter Arbeit, solange er gesund ist, sichern Sie ihm Pflege, wenn er krank ist, sichern Sie ihm Versorgung, wenn er alt ist, dann glaube ich, dass die Herren vom Wydener Programm ihre Lockpfeife vergebens blasen werden« – mit diesen Worten begründete Otto von Bismarck vor dem Reichstag seine Gesetzesvorlage. Die etwas despektierlich als »Herren vom Wydener Programm« Bezeichneten waren natürlich die vom Kanzler zu »Reichsfeinden« gestempelten Sozialdemokraten.

Das Gesetz zwang alle Arbeiter, sich zu versichern. Im Gegenzug erhielten sie ab dem vierten Krankheitstag für zunächst insgesamt 13 Wochen (später wurde dies auf 26 erhöht) die Hälfte ihres Lohns als »Krankengeld«. Auch deckte die neue Versicherung die Kosten für Arztbesuche und Arzneimittel. Der Beitrag von 1,8 Prozent des Lohns musste zu einem Drittel von den Arbeitgebern und zu zwei Dritteln von den Arbeitern selbst getragen werden.

> »Die Versicherungsgesetze der staatlichen Politik in der Bismarckzeit besaßen einen bahnbrechenden Charakter.«
>
> HANS-ULRICH WEHLER, HISTORIKER

Mitte des Jahres 1884 rundete die gesetzliche Unfallversicherung die bismarckschen Sozialreformen fürs Erste ab. Fünf Jahre darauf folgte schließlich die Invaliditäts- und Altersversicherung. Sie ist der Kern der heutigen Rentenversicherung, auch wenn damals nur wenige Beitragszahler das zu jener Zeit biblische Eintrittsalter von siebzig Jahren erreicht haben dürften.

Sein Ziel, durch die Reformen auch den Vormarsch der Sozialdemokratie aufzuhalten, verfehlte Otto von Bismarck indes – die SPD wurde im Jahr 1890 mit 20 Prozent stärkste Fraktion. Sein die Jahrzehnte überdauernder Verdienst bleibt es, die Grundlagen des Systems der sozialen Sicherung geschaffen zu haben. Ein Modell, um das Deutschland nicht nur lange beneidet wurde, sondern das längst global Schule gemacht hat.

★ 1885

Die Erfindung des Automobils

Das Automobil hat das Leben ganzer Völker stärker geprägt als irgendeine andere technische Neuerung. Es hat die Zeiten verkürzt, die Räume erweitert und die Gesellschaft verändert. Erfunden wurde das Auto jedoch nicht in Amerika, wie Barack Obama in einer seiner ersten Reden als US-Präsident forsch behauptete, sondern im deutschen Südwesten. Unabhängig voneinander entwickelten Gottlieb Daimler in Cannstatt und Carl Benz in Mannheim im Jahr **1885** die ersten funktionstüchtigen Kraftwagen.

Wem von diesen beiden die Ehre des Automobilpioniers letztlich gebührt, darüber streiten sich bis heute die PS-Historiker. Beiden Erfindern gemeinsam war die Erkenntnis, dass in den seit Anfang des 19. Jahrhunderts entwickelten Gasmotoren mehr Potenzial steckte als nur die stationäre Nutzung in der Industrie. Während Daimler mit seinem Partner Wilhelm Maybach vor allem an kleinen, leichten Ottomotoren tüftelte, die er in verschiedenartige Fahrzeuge einbaute, ging es Benz um ein ganz neuartiges, ganzheitliches »Straßenfahrzeug ohne Pferde«.

Als Geburtsstunde des Automobils gilt deshalb gemeinhin der 29. Januar 1886. Es war der Tag, an dem Benz seinen »Motorwagen Nummer 1« zum Patent anmeldete – ein dreirädriges kutschenartiges Gefährt, angetrieben von einem knapp 1 PS starken Viertaktmotor, der den Wagen bei 250 Umdrehungen auf rasante 16 Stundenkilometer beschleunigte. Obwohl die Verwandtschaft zur Pferdekutsche optisch unverkennbar war, hatte der Erfinder die meisten Teile aus der Fahrradfertigung entlehnt: die Räder, die Vollgummireifen, die Speichen, die Lager, die Vorderradgabel und sogar die Rahmenrohre. Damit war der Patent-Motorwagen grazil und leicht. Er wog nur gut 265 Kilogramm – allein 100 davon entfielen auf den Motor. Das Fahrzeug wurde mit Ketten über die Hinterräder angetrieben. Der Riemen zwischen Motor und Vorlegewelle wirkte, dank einer Leerlaufscheibe, auch als Kupplung. Gestartet wurde das Gefährt mit einem recht großen Schwungrad am Heck.

> »Ich glaube an das Pferd. Das Automobil ist eine vorübergehende Erscheinung.«
>
> KAISER WILHELM II.

Im Jahr zuvor hatte Benz die ersten Fahrversuche mit seinem »Triycle« unternommen: »Es war das Spätjahr 1885 und ich war stolz wie ein König, dass der Traum meiner Jugend endlich verwirklicht vor mir stand«, berichtet Benz später über die Jungfernfahrten auf dem Hof seiner Werkstatt im Mannheimer Quadrat T 6. »Nun aber kam das Wichtigste: das Fahren des Wagens und die gleichzeitige Bedienung des Motors. Die ersten Versuche gingen, wie vorauszusehen, gegen die Hofmauern ... erst, als ich die Lenkung einigermaßen beherrschte, wagte ich mich auf die freie

Straße.« Am 3. Juli des Jahres 1886, einem Sonntag, führte Benz den Motorwagen erstmals öffentlich in Mannheim vor. Da Benzin als hochexplosives Teufelsgemisch galt und sich im Vergaser – einen Tank hatte das »Triycle« nicht – aus diesem Grund nicht mehr als anderthalb Liter davon befanden, musste Sohn Eugen mit einer Flasche neben dem Wagen herlaufen, um nachzuschütten, wenn der Treibstoff zu Ende war. Die Reaktionen des Publikums in der Quadratestadt schwankten zwischen Ablehnung und Belustigung. Der Mannheimer »Generalanzeiger« prognostizierte immerhin, »dass dieses Fuhrwerk eine gute Zukunft haben wird, weil dasselbe ohne viele Umstände in Gebrauch gesetzt werden kann und weil es, bei möglichster Schnelligkeit, das billigste Beförderungsmittel für Geschäftsreisende, eventuell auch für Touristen werden wird«. Bis es so weit war, sollten freilich noch einige Jahre vergehen.

Carl Benz war geradezu der Prototyp des deutschen Erfinders im 19. Jahrhundert. Als Halbwaise war ihm der Aufstieg aus eher bescheidenen Verhältnissen gelungen. Er arbeitete zunächst als Schlosser, Zeichner und Konstrukteur in wechselnden Firmen, ehe er 1871 mit 27 Jahren eine eigene Werkstatt in Mannheim eröffnete. Schon damals träumte der junge Tüftler davon, eines Tages »ein Fahrzeug herzustellen, das sich ohne Pferde – ähnlich wie die Züge auf den Schienen –, auf der Landstraße schienenlos bewegte«. Der Durchbruch kam nach jahrelangen mühseligen und vor allem kostspieligen Tüfteleien. Die Einrichtung seiner Firma war schon verpfändet, als er 1879 mit einem selbst entwickelten Zweitaktmotor den ersten Erfolg hatte.

Zu dieser Zeit war der Schwabe Gottlieb Daimler noch Angestellter der Gasmotorenfabrik Deutz, deren damaliger Inhaber Nikolaus Otto den nach ihm benannten Viertaktmotor entwickelt hatte. Gottlieb Daimler hatte als Leiter der Konstruktionsabteilung das Produkt zur Serienreife gebracht, doch bald kam es zu

>»Den Gedanken, ein selbstlaufendes Fahrzeug als bequemen Wagen mit Motorantrieb zu erbauen, konnte ich von jetzt ab nicht mehr loswerden, da ich pferdelos gefahren war, und mein Geist beschäftigte sich damit fast Tag und Nacht.«
>
> CARL BENZ

ersten Auseinandersetzungen mit dem Firmenchef. Während es Otto zu genügen schien, dass seine Motoren in der damals boomenden Industrie reißenden Absatz fanden, erkannte sein Konstrukteur in ihnen weitaus mehr Potenzial: Nicht nur große Maschinen könnten die neuen Motoren antreiben, sie könnten gar zum Schrittmacher einer noch viel umfassenderen Mobilität werden: zu Lande, zu Wasser, in der Luft. Für den Augenblick allerdings schienen die riesigen, tonnenschweren, langsam laufenden und gasbetriebenen Stationärantriebe fürs Erste gänzlich ungeeignet für mobile Einsätze.

Als es 1882 zum endgültigen Bruch zwischen Otto und seinem widerspenstigen Konstrukteur kam, machte sich dieser, ausgestattet mit einer fürstlichen Abfindung, an die Verwirklichung seines Lebenstraums. In Cannstatt bei Stuttgart richtete sich Daimler eine Versuchswerkstatt ein und tüftelte gemeinsam mit Wilhelm Maybach an einem kompakten und schnell laufenden Viertaktmotor. Den Konstrukteuren gelangen rasch eine Reihe von bahnbrechenden Erfindungen: Die Verwendung eines Vergasers erlaubte es erstmals, flüssigen Brennstoff statt Gas einzusetzen – eine entscheidende Voraussetzung für die mobile Anwendung. Das Problem der Zündung lösten sie mit einem von außen beheizten Glührohr. Spätestens als ihm im April 1885 ein Patent auf einen benzinbetriebenen Motor erteilt wurde – seiner aufrecht stehenden Form wegen »Standuhr« genannt –, wollte Gottlieb Daimler beweisen, dass man mit dem Aggregat tatsächlich ein Fahrzeug antreiben konnte.

Unverzüglich machte er sich an die Konstruktion eines hölzernen Zweirads, des sogenannten »Reitwagens«. Das wundersame Veloziped mit Stützrädern, metallbeschlagenen »Reifen« und einem Auspuff, der sich direkt unter dem wie ein Reitsattel geformten Ledersitz befand, war das erste benzinbetriebene Fahrzeug der Welt. Und gewissermaßen das erste »Motorrad«, das die deutschen Straßen unsicher machte. Mit dieser Konstruktion trat Daimlers 14-jähriger Sohn Adolf im November des Jahres 1885 die erste »Fernfahrt« der Kraftfahrtgeschichte an: von Cannstatt nach Untertürkheim, rund drei Kilometer lang. Das an die 90 Kilogramm schwere Gefährt ließ sich zwar kaum lenken, doch der

1885

Beweis der Funktionstüchtigkeit des neuartigen Daimler-Motors war damit erbracht.

Schlag auf Schlag ging es weiter: Schon 1886 statteten Daimler und Maybach eine vierrädrige Kutsche mit einem Motor aus – das erste »Auto« im heutigen Sinne, vorgestellt freilich ein paar Monate nach dem benzschen Motorwagen. Im selben Jahr wurde das Aggregat in ein Boot eingebaut. 1887 trieb es eine Straßenbahn an, die von Stuttgart zum Cannstatter Volksfest pendelte: eine Mischung aus Volksbelustigung und PR-Aktion. 1888 folgte ein propellergetriebener Lenkballon, und ein Jahr später schließlich fuhr die erste von einem Daimler-Motor angetriebene Straßenbahn durch Paris.

Während die Geschäfte der Konkurrenz offenbar wie geschmiert liefen, tat sich Carl Benz schwerer. Er hatte sich nicht auf den Motoren-, sondern auf den Fahrzeugbau konzentriert. Nur, es fehlten die Interessenten für sein Produkt: »Überall in Stadt und Land wird der Kraftwagen zum sensationellen Ereignis.

Der Patent-Motorwagen von Carl Benz aus dem Jahr 1886.

Aber ein Käufer findet sich nirgends im deutschen Vaterlande«, brachte er das Dilemma auf den Punkt. Dies hatte freilich auch etwas mit seinem zögerlichen Wesen zu tun. Es war Carls resolute Ehefrau Bertha, die den Erfinder von der Alltagstauglichkeit seines Motorwagens überzeugen musste.

Ohne Wissen ihres Mannes begab sie sich eines Tages im August des Jahres 1888 mit ihren beiden Söhnen Richard und Eugen auf große Fahrt. Das Ziel war die Heimat ihrer Eltern, Pforzheim, mehr als hundert Kilometer entfernt.

Tatsächlich erreichten die drei nach zahlreichen Abenteu-

Schon 1896 baute Gottlieb Daimler
(hinten links) den ersten Lastkraftwagen.

ern ihr Ziel: So wurde ein verstopfter Vergaser mit einer Hutnadel
wieder flottgemacht, eine größere Steigung nur mit Hilfe zweier
Bauernjungen bewältigt. Flickschuster hatten unterwegs die
Bremsen mit Leder zu beschlagen. Auch das Treibstoffproblem
löste Bertha auf elegante Weise – mit »Ligroin«, einem Waschben-
zin, das normalerweise in kleinen Dosen als Fleckenwasser verkauft wurde. Die Apotheke in Wiesloch kam so zu der großen
Ehre, die erste Tankstelle der Welt geworden zu sein.

Berthas beherzte Werbetour
verfehlte ihre Wirkung nicht.
Zwar konnte von Massenferti-
gung noch immer keine Rede
sein, doch fanden sich in den
folgenden Jahren immerhin
zwei Dutzend Käufer für das
abenteuerliche Gefährt. Die nächsten Jahre brachten schließlich
den endgültigen Durchbruch: Vom »Benz Velo«, dem ersten Seri-
enauto der Welt, wurden ab 1894 immerhin schon beeindruckende 1200 Stück abgesetzt – eine enorme Steigerung.

»Sie war wagemutiger als ich und hat
eine für die Weiterentwicklung des
Motorwagens entscheidende Fahrt
unternommen.«
CARL BENZ ÜBER SEINE FRAU

Im Gegensatz zu Gottlieb Daimler, der im Jahr 1900 starb, erlebte Carl Benz noch den endgültigen Durchbruch seiner Idee. Und auch wenn die Erfolgsgeschichte des Automobils immer wieder herbe Dämpfer hinnehmen musste, so gilt doch eines immer noch: die Liebe des Deutschen zu »seinem« Automobil ist ungebrochen.

 1887

Die Erfindung der Schallplatte

Vom Tellerwäscher zum Millionär: Diese atemberaubende Karriere machte ein deutscher Erfinder tatsächlich im Land der unbegrenzten Möglichkeiten. Den Aufstieg von Emil Berliner (1851 – 1929) ermöglichte **1887** eine flache schwarze Scheibe mit einem Loch in der Mitte: die Schallplatte.

Emil Berliner, Spross einer angesehenen und traditionsreichen jüdischen Kaufmannsfamilie aus Hannover, wanderte 1870 als junger Mann in die USA aus. Hier grassierte damals das Elektrizitätsfieber: Wie etliche andere Tüftler versuchte also auch er, die neue Energie für akustische Erfindungen zu nutzen. So steuerte der Autodidakt Berliner schon ein Jahr später eine wesentliche Verbesserung zum Telefon bei: die Sprechmuschel.

Im gleichen Jahr erfand Thomas Alva Edison den Phonographen, mit dem aufgezeichneter Schall erstmals wiedergegeben werden konnte. Allerdings war das Verfahren, mit dem die Tonspur in eine Walze geritzt wurde, sehr aufwendig. Berliner dachte sich etwas anderes aus: 1887 meldete er ein Patent auf einen scheibenförmigen Tonträger an, in den von außen nach innen schne-

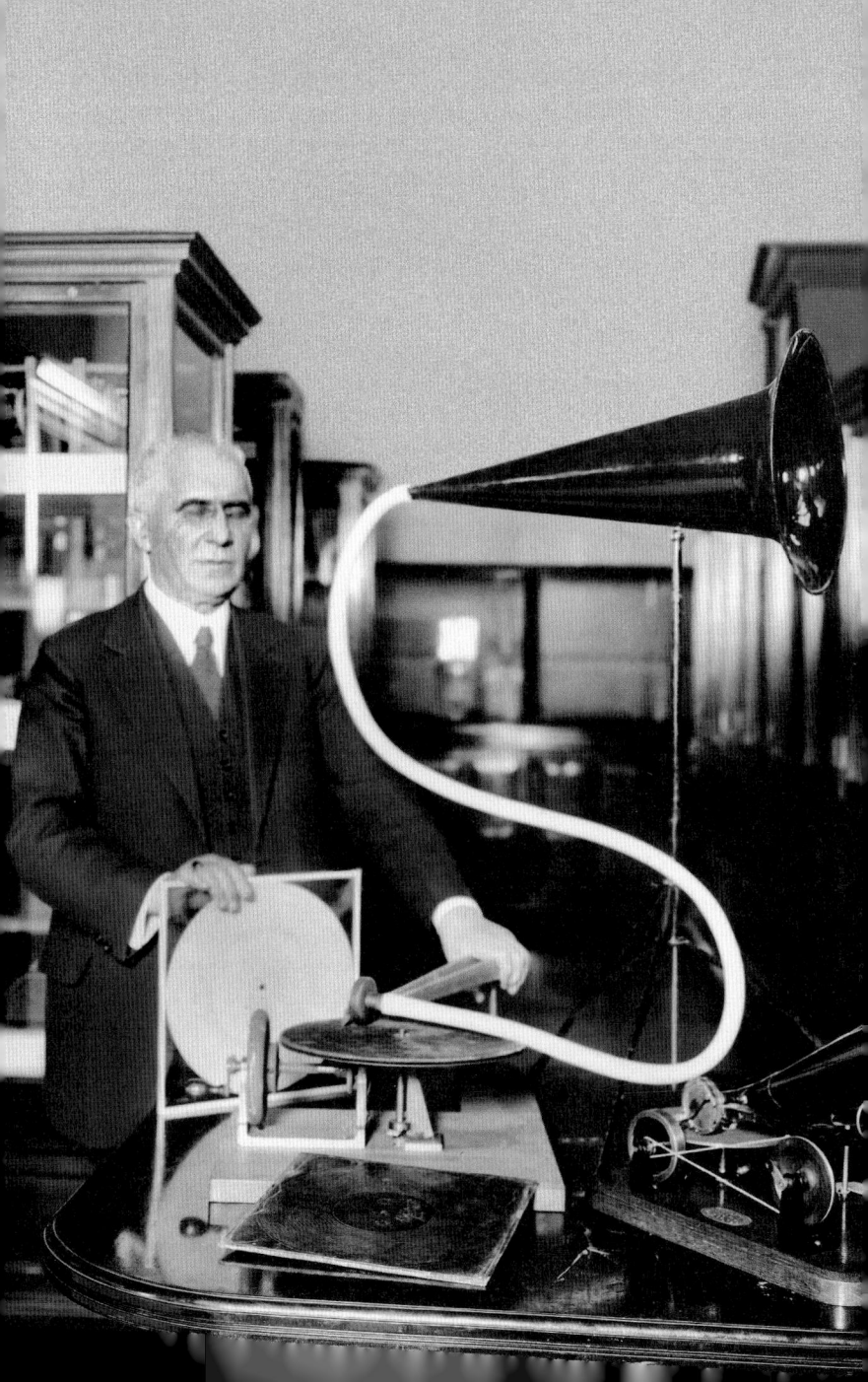

ckenförmig eine Rille geritzt wurde, um die Schwingungen der Aufnahme-Membran zu konservieren – die Schallplatte. Der Vorteil gegenüber Edisons Technik: Die Platten ließen sich gut reproduzieren. Bestandteil des Patents war auch ein Aufnahme- und Abspielgerät, der Vorläufer des Grammophons.

In Serienproduktion gingen Berliners Erfindungen zunächst aber nicht in den USA, sondern in Thüringen: Die Waltershäuser Puppenfabrik stattete sprechende Puppen mit der neuen Technik aus und brachte auch die ersten Grammophone in die Läden. Doch der Erfolg blieb aus – zu schlecht der Klang, zu umständlich die Bedienung. Berliner gab nicht auf: Wieder in Amerika, entwickelte er seine Erfindungen weiter, suchte Investoren, gründete Firmen, ging pleite. Dann gelang ihm endlich der Durchbruch: Ein Federwerk-Motor verhalf dem Grammophon ab 1896 zu einer enormen Umsatzsteigerung, und der Wechsel von Hartgummi zu Schellack machte die Platten haltbarer und sorgte für deutlich bessere Klang. 1898, nur zwei Jahre später, konnte Emil Berliner bereits eine Dreiviertelmillion Scheiben verkaufen.

Eine neue Industrie war geboren, die bis heute fortbesteht und das Erbe des Schallplattenpioniers weiterführt: Nach den Vinylplatten, die das Schellack Mitte der 1950er-Jahre ablösten, folgen auch die CDs Berliners Grundprinzip. Die einst von ihm gegründeten Firmen sind zwar in modernen Unterhaltungskonzernen aufgegangen – aber der Hund »Nipper«, der in den Trichter des Berliner-Grammophons lauscht, gehört auch heute noch zu den international bekanntesten Markenzeichen der Welt.

Edison 1887 mit seinem »Phonographen«.

★ 1891

Der Traum vom Fliegen

Im **Sommer 1891** wurde der alte Menschheitstraum endlich Wirklichkeit – sich einmal wie ein Vogel in die Lüfte erheben. Zwar war der erste Flug eines Menschen kaum mehr als ein weiter Hüpfer, doch Otto Lilienthal wurde gleichwohl als Pionier des Flugzeugbaus und Begründer der experimentellen Aerodynamik zum Vater der modernen Luftfahrt.

1891

Er hatte es tagelang immer wieder versucht, war angelaufen, abgesprungen, schließlich ein Stück weit geschwebt. Irgendwann im Juni 1891 klappte es dann: Vom Windmühlenberg beim Dörfchen Derwitz in der Nähe Potsdams hob Lilienthal ab, flog für ein paar Sekunden durch die Luft – und landete auch wieder sicher. »Der Tag, an dem Lilienthal die ersten 15 Meter in der Luft durchmessen hat, gilt für mich als der Augenblick, in dem die Menschheit das Fliegen erlernte«, schrieb der französische Flugpionier Ferdinand Ferber später begeistert. In der Tat waren es Lilienthals Hängegleiter, die ein Jahrzehnt später von den Gebrüdern Wright in den USA zu den heute bekannten Motorflugzeugen weiterentwickelt wurden. Schon als Jugendlicher hatte Otto Lilienthal mit diversen Fluginstrumenten experimentiert. Eine mit Pedalen betriebene Gerätschaft, die wie ein aufgescheuchtes Huhn mit den Flügeln flatterte, war freilich ein Reinfall – sie bewegte sich keinen Zentimeter von der

> »Eine Flugmaschine zu erfinden, bedeutet wenig; sie zu bauen schon mehr; aber sie zu fliegen, das ist das Entscheidende.«
>
> OTTO LILIENTHAL

Stelle. Dennoch machte er weiter und entdeckte beispielsweise, dass Flügel oben leicht gewölbt sein müssen, um das Prinzip des Auftriebs nutzen zu können. Otto Lilienthals Gleiter sahen fortan aus wie überdimensionierte Fledermäuse. Sie waren aus Weidenstäben und wachsgetränktem Baumwollstoff gefertigt. Mit ihnen verfeinerte er seine Technik immer weiter und erreichte schließlich Flugweiten von 250 Metern. Sogar Kurven gelangen ihm dann und wann. Der Tüftler war kein Phantast. Er stand – im übertragenen Sinne – mit beiden Beinen auf der Erde. In Berlin betrieb er eine gut gehende Maschinenfabrik. Gemeinsam mit seinem Bruder Gustav erfand er unter anderem das Nebelhorn und den Modellbaukasten. Fünf Jahre nach seinem ersten Gleitflug stürzte er bei einem seiner zahlreichen weiteren Flugexperimente aus etwa 15 Metern Höhe ab. Schwer verletzt wurde er mit einem Pferdewagen in einen Gasthof gebracht, später mit einem Güterwagen nach Berlin transportiert. »Opfer müssen gebracht werden«, sagte Otto Lilienthal noch, kurz bevor er am 10. August des Jahres 1896 seinen Verletzungen erlag.

★ 1895

Die Entdeckung der Röntgenstrahlen

Am **8. November 1895** traute der Würzburger Physikprofessor Wilhelm Conrad Röntgen seinen Augen kaum: Beim Experimentieren mit einer Entladungsröhre im abgedunkelten Labor bemerkte er eine unsichtbare Strahlung, die durch feste Gegenstände »hindurchleuchtete«. Seine Entdeckung revolutionierte die Medizin.

1895

Schon längere Zeit hatte sich Röntgen experimentell mit sogenannten Kathodenstrahlröhren beschäftigt, die von Physikern wie etwa Johann Hittorf oder William Crookes entwickelt worden waren. In diesen Röhren wurde durch Gasentladungen eine elektromagnetische Strahlung aufgebaut. Als Röntgen diese Strahlung auf einen fluoreszierenden Schirm richtete, leuchtete dieser wie erwartet auf. Doch dann folgte die Überraschung: Auch wenn er die Röhre vollständig mit dickem schwarzen Karton umkleidete, reagierte der Schirm. Das konnte nur eines bedeuten: Eine unbekannte Strahlung, eine Art »nicht sichtbares Licht«, drang durch den Karton.

Röntgen war elektrisiert: Er ließ sich umgehend sein Bett im Labor aufstellen und schloss sich ein. Sechs Wochen lang experimentierte er herum, bis er die Wirkung seiner sensationellen Entdeckung genau erprobt hatte. Später erzählte er einem Freund: »Ich hatte von meiner Arbeit niemandem etwas gesagt; meiner Frau teilte ich nur mit, dass ich etwas mache, von dem die Leute, wenn sie es erfahren, sagen würden: ›Der Röntgen ist wohl verrückt geworden.‹« Bei seinen Versuchen fand er schnell heraus, dass verschiedene Materialien die Strahlen unterschiedlich gut hindurchließen. Er durchleuchtete Glas und Holz, Aluminium und Zink, Hartgummi oder Stanniolpapier – und seinen eigenen Körper: »Hält man die Hand zwischen den Entladungsapparat und den Schirm, so sieht man die dunkleren Schatten der Handknochen in dem nur wenig dunklen Schattenbild der Hand«, notierte er. Damit hatte er bereits den wichtigsten Anwendungsbereich der Strahlen skizziert, die Röntgen selbst »X-Strahlen« – unbekannte Strahlen – nannte. Sie sollten bald die Welt der Medizin revolutionieren.

Der damals fünfzig Jahre alte Röntgen war bis zu diesem Zeitpunkt als Wissenschaftler kaum mit originären Forschungsergebnissen in Erscheinung getreten. Geboren im Bergischen Land, hatte er seine Jugendjahre im niederländischen Apeldoorn ver-

> »Es ist angesichts einer so sensationellen Entdeckung schwer, phantastische Zukunftsspekulationen im Stile Jules Vernes von sich zu weisen.«
>
> »DIE PRESSE«, WIEN, 5. JANUAR 1886

bracht, wo ihm das Abitur wegen eines harmlosen Schülerstreichs versagt blieb. Trotz des fehlenden Schulabschlusses konnte er in Zürich Maschinenbau und Physik studieren. Nach erfolgreicher Promotion schlug er die wissenschaftliche Laufbahn ein. Nach Stationen in Straßburg, Stuttgart-Hohenheim und Gießen erhielt Röntgen im Jahr 1888 einen Ruf als Physikprofessor an die Universität Würzburg, wo er fünf Jahre später für einige Semester sogar den Rektorenposten übernahm. Trotz der Verpflichtungen in Verwaltung und Lehre blieb ihm in der fränkischen Stadt genügend Zeit für die Forschung, was nicht zuletzt zur sensationellen Entdeckung der Röntgenstrahlen beitrug.

Als der Forscher am 28. Dezember 1895 sein Manuskript »Über eine neue Art von Strahlen« bei der Physikalisch-Medizinischen Gesellschaft in Würzburg einreichte, wusste er wohl, dass er damit eine Lawine lostreten würde. Tatsächlich war schon bald, wie er bemerkte, »der Teufel los«. Die Wiener »Presse« druckte bereits am 5. Januar 1896 auf ihrer ersten Seite einen ausführlichen Artikel über die Entdeckung Röntgens. Der Wiener Korrespondent der englischen Zeitung »Daily Chronicle« telegrafierte die Sensation nach London. Und von dort wurde die Nachricht in alle Welt verbreitet. Am 16. Januar war die Kunde von den mysteriösen »X-Strahlen« in New York angekommen.

Sogar der deutsche Kaiser Wilhelm II. hatte mit »tiefstem Erstaunen in der Zeitung« von »Röntgens weltbewegender Entdeckung« gelesen und den Würzburger Professor begeistert zu einem Vortrag nach Berlin eingeladen. Seine »sensationellen« Forschungsergebnisse legte der Physiker in insgesamt drei Publikationen dar. Aber nur zweimal hielt er einen Vortrag über die neuartige Strahlung: Vor der Physikalisch-Medizinischen Gesellschaft in Würzburg und vor dem Kaiser in Berlin.

> »Wie Röntgen die Röntgenstrahlen erforschte, ist uns bekannt. Wie er sie entdeckte, ist und bleibt ein Geheimnis.«
>
> WALTER GERLACH, PHYSIKER

Furore machten damals vor allem die ersten Röntgenbilder der Geschichte. Am 22. Dezember 1895 hatte Röntgen erstmals die Hand seiner Frau Bertha fotografiert. Die Aufnahmen der

1895

Die erste Röntgenaufnahme zeigt die Hand von Röntgens Ehefrau Bertha.

Hand, »um deren Finger die Ringe frei zu schweben scheinen«, wie ein zeitgenössischer Pressebericht schwärmte, waren die Sensation der Saison. Dass die Aufnahme erst nach einer Durchleuchtungsphase von geschlagenen zwanzig Minuten entstanden war, regte niemanden auf: Von den schädlichen Nebenwirkungen der Strahlung war zu dieser Zeit noch nichts bekannt.

Die Sensationsnachricht von den unsichtbaren, mysteriösen Strahlen, mit deren Hilfe man durch Materie »sehen« konnte, beflügelte rasch die Phantasie von Röntgens Zeitgenossen. So war in den Monaten nach der Entdeckung in den Medien immer wieder zu lesen, dass man per Röntgenstrahlung durch Wände und Türen sehen oder gar verschlossene Briefe lesen könne. Selbsternannte Wahrsager reisten mit allerhand geheimnisvollen Röhren quer durchs Land und behaupteten, mittels »röntgenscher X-Strahlen« Gedanken lesen und die Zukunft voraussagen zu können.

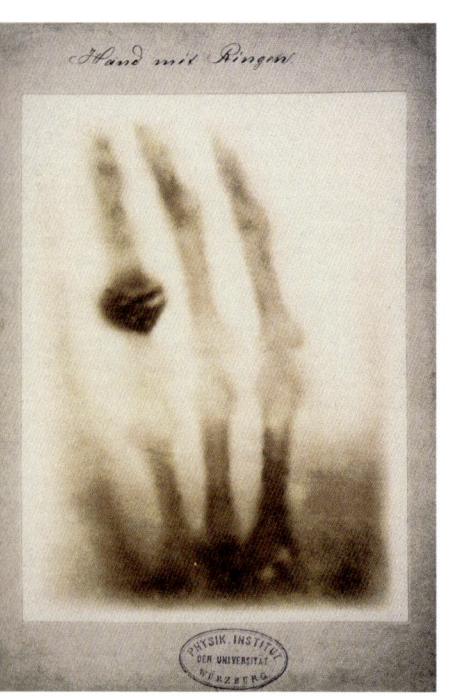

Weit unangenehmer als solche Trittbrettfahrer waren für Röntgen jedoch Anfeindungen anderer Wissenschaftler, die behaupteten, schon lange vor ihm vergleichbare Experimente angestellt und die von ihm beschriebenen Strahlen entdeckt zu haben. Dies war wenig verwunderlich, gehörte der von Röntgen benutzte Röhrentyp damals doch zur Grundausstattung jedes anständigen physikalischen Labors. Dass sich Röntgen zeitlebens weder mündlich noch schriftlich über die genauen Umstände seiner Jahrhundertentdeckung äußerte, verstärkte dahingehende Spekulationen. Ebenso die Tatsache, dass der Forscher testamentarisch verfügte, dass sein gesamter wissenschaftlicher Nachlass verbrannt werden sollte – was auch geschah.

Röntgen selbst setzte seine Forschungsarbeit fort, widmete sich aber fortan anderen Themen. Im Jahr 1900 folgte er einem Ruf an die Universität München, wo er bis zu seiner Emeritierung blieb. Die theoretische Durchdringung und weitere wissenschaftliche Auswertung seiner bahnbrechenden Entdeckung überließ er fortan seinen Kollegen, die rasch die Bedeutung der »X-Strahlen« in ihrer ganzen Tragweite erkannten. So führten diese zur Identifizierung des Atoms und zur Entdeckung der Radioaktivität durch Henri Becquerel im April des Jahres 1896.

Typisch war Röntgens Reaktion auf die Glückwünsche und Ehrungen, die ihm zuteil wurden: Auf dem Höhepunkt der allgemeinen Euphorie entzog sich der verschlossene Professor dem Trubel, indem er mit seiner Frau Bertha kurzerhand nach Italien reiste. Eine Patentierung seiner Entdeckung, die ihm und den Seinen ein wohlhabendes Leben garantiert hätte, lehnte er ganz entschieden ab. Auf eine entsprechende Anfrage des AEG-Konzerns entgegnete Röntgen kurz und bündig, »dass Erfindungen und Entdeckungen stets der Allgemeinheit gehören und nicht durch Patente, Lizenzverträge und dergleichen mehr einzelnen Unternehmungen vorbehalten sein dürfen«. Die Menschheit sollte wissenschaftliche Errungenschaften so schnell und umfassend wie möglich nutzen können.

Die außerordentliche wissenschaftliche Leistung Röntgens wurde fünf Jahre später mit der höchsten Auszeichnung für Naturwissenschaftler honoriert: Am 10. Dezember des Jahres 1901 erhielt er »als Anerkennung des außerordentlichen Verdienstes, das er sich durch die Entdeckung der nach ihm benannten Strahlen erworben hat«, den Nobelpreis für Physik. Es war der erste Nobelpreis in der Geschichte, der vergeben wurde. Der von seinem plötzlichen Ruhm zutiefst verschreckte Röntgen verließ die feier-

> »Da die Feier sich auf drei oder vier Leute verteilte und ich nur anderthalb Tage mitmachte, ließ sich das Gefeiertwerden noch aushalten.«
>
> RÖNTGEN IN EINEM BRIEF AN SEINE FRAU NACH DER NOBELPREISVERLEIHUNG

Die Entdeckung beflügelte die Phantasie der Zeitgenossen.

THE NEW ROENTGEN PHOTOGRAPHY, "LOOK PLEASANT, PLEASE"

liche Veranstaltung allerdings, ohne den Vortrag zu halten, der von ihm erwartet wurde. Das Preisgeld stiftete er umgehend nach seiner Rückkehr der Würzburger Universität.

Nach dem Tod seiner Frau im Jahr 1919 vereinsamte Röntgen zunehmend. Sein Vermögen war durch die Wirren des Ersten Weltkriegs dahingeschmolzen. Ein gänzlich sorgenfreies Leben blieb ihm deshalb am Ende seiner Tage verwehrt. Am 10. Februar 1923 starb er in München an einem Darmkarzinom, möglicherweise infolge seiner zahlreichen Strahlenversuche. Von der krebserregenden Wirkung der Strahlung hatte der Forscher zeit seines Lebens nichts gewusst.

Bis heute ist die medizinische Diagnostik das wichtigste Anwendungsgebiet der Strahlen, die man im deutschen Sprachraum zu Ehren ihres einstigen Entdeckers »Röntgenstrahlen« nennt, wohingegen sie in anderen Ländern weiterhin »X-Strahlen« heißen. Röntgenaufnahmen sind die maßgebliche Grundlage aller bildgebenden medizinischen Untersuchungen geblieben, auch wenn sie inzwischen zunehmend durch weniger belastende Verfahren wie Ultraschall oder Kernspin-Tomographie ergänzt werden. Aber nicht nur in der Medizin, auch bei der Erforschung des Mikrokosmos und des Weltalls sowie in der Werkstoffprüfung oder im Sicherheitsbereich werden Röntgenaufnahmen eingesetzt. Das alles hätte sich Wilhelm Conrad Röntgen, der widerwillig zu Ruhm gekommene Forscher und Wissenschaftler, wohl nicht träumen lassen.

 1897

Kopfweh ade – die Erfindung des Aspirins

Kopfschmerzen und Fieber plagten die Menschen seit jeher – und trieben sie zur Suche nach Linderung versprechenden Mitteln. Im Jahr **1897** schließlich schuf eine bahnbrechende Entwicklung nicht nur die Basis für den Welterfolg des Unternehmens Bayer: die Synthetisierung der Acetylsalicylsäure, Wirkstoff des Medikaments Aspirin.

Gegen Fieber, Schmerzen und Epilepsie kannten schon Römer und Griechen, Kelten und Germanen ein Heilmittel: den Saft der Weidenrinde. Aber erst die Wissenschaft der späteren Jahrhunderte fand den Grund heraus. Die Rinde enthält das nach ihr benannte Salicin (von lateinisch »Salix« für Weide).

Auf der Suche nach einem Medikament gegen Schmerzen wurde 1828 erstmals das Salicin aus Weidenrindenextrakten isoliert, 1853 erfolgte dann die Synthetisierung unreiner Acetylsali-

cylsäure (ASS). Der bittere Geschmack und Nebenwirkungen wie Magenbeschwerden schränkten die Einsatzmöglichkeiten der frühen medizinischen Produkte auf dieser Basis allerdings erheblich ein. Dies änderte sich im Jahr 1897: Am 10. August stellte Felix Hoffmann im Wuppertaler Bayer-Labor ASS zum ersten Mal in chemisch reiner Form her – damit war das Produkt reproduzierbar und haltbar. Es erhielt den Namen »Aspirin«, abgeleitet vom salicylhaltigen Rosengewächs Echtes Mädesüß oder Spire.

1899 zum Patent angemeldet, wurde zunächst nur pulverförmiges Aspirin in den Apotheken verkauft. Ein Jahr später bot Bayer das Schmerzmittel in Tablettenform an – ein Quantensprung, denn zum ersten Mal war eine Arznei standardisiert und exakt dosierbar. Aspirin wurde für Bayer zum internationalen Verkaufsschlager: Nur zehn Jahre nach der Einführung machte das Unternehmen schon rund 30 Prozent seines weltweiten Umsatzes allein mit Aspirin in den USA. Und nach einigen Jahrzehnten reichte die Bekanntheit des Medikaments gar über den Erdball hinaus: 1969 flog Aspirin an Bord der Raumfähre »Apollo 11« bis zum Mond. Aspirin wurde zum »Medikament des Jahrhunderts«.

Die Kehrseite der Medaille: Bis heute ist umstritten, wer die Acetylsalicylsäure wirklich erfunden hat. Der jüdische Chemiker Arthur Eichengrün, angeblich Hoffmanns Vorgesetzter, hat dies für sich beansprucht – allerdings erst 1949, rund fünfzig Jahre nach der Synthese des Stoffes. Der Bayer-Konzern hält dagegen bis heute an Hoffmann als Erfinder fest: Sein Name gehe aus der Eintragung ins Laborbuch am 10. August 1897 ebenso hervor wie aus der amerikanischen Patentschrift für ASS aus dem Jahr 1899. Die Diskussion um die Urheberschaft des bekanntesten Medikaments der Welt ist eine »Nebenwirkung«, die wohl noch lange nicht abklingen wird.

Weltweiter Verkaufsschlager – amerikanische Werbung um 1900.

Der erste Zeppelin steigt in den Himmel

Am **2. Juli 1900** tat sich am Ufer des Bodensees in der Nähe von Friedrichshafen etwas Erstaunliches: Mit knatternden Motoren erhob sich eine Riesenzigarre von 128 Metern Länge in die Luft und schwebte über dem Wasser davon – der erste Zeppelin. Zwar musste er schon nach 18 Minuten notlanden, doch ein Anfang war gemacht.

12 000 erwartungsfrohe Zuschauer waren damals erschienen, um dem groß angekündigten Spektakel beizuwohnen – doch nicht wenige von ihnen zeigten sich nach der Jungfernfahrt enttäuscht. »Technischer Unsinn in Kolossalform«, urteilte ein Sachverständiger. Auch die eigens angereisten Offiziere der preußischen »Luftschiffer-Abteilung« senkten den Daumen. In ihrem Bericht für Kaiser Wilhelm II. schrieben sie, das Luftschiff sei »weder für militärische noch für zivile Zwecke tauglich«.

Aber die klugen Herren aus Berlin irrten gewaltig. Zwar wurden die bald nach ihrem Erfinder Ferdinand Graf von Zeppelin genannten Luftschiffe anfangs tatsächlich häufig zu Schrott geflogen, doch der Graf ließ sich trotz zahlreicher Rückschläge nicht entmutigen. Erst als 1908 der Zeppelin LZ-4 in Stuttgart-Echterdingen in Flammen aufging, war auch Zeppelin mit seinem Latein – und seinem Kapital – am Ende. Sein Lebenswerk schien endgültig zerstört. Doch die Zuschauer stimmten,

> »Die erste Fahrt hat einwandfrei erwiesen, dass das lenkbare Luftschiff Graf Zeppelins geschaffen war.«
>
> LUDWIG DÜRR, CHEFKONSTRUKTEUR

wie der Augenzeuge und spätere britische Premierminister David Lloyd George berichtete, »mit geradezu fanatischem Patriotismus ›Deutschland, Deutschland über alles‹ an«.

Zeppelins Luftschiffe waren längst zu einem nationalen Gut geworden. Nach dem Desaster wurde für den Grafen gesammelt, Firmen und Privatleute spendeten die enorme Summe von sechs Millionen Goldmark, sodass der Konstrukteur weiterarbeiten konnte. Im Ersten Weltkrieg machten die Luftschiffe – ganz im Sinne ihres Erfinders – zunächst eine militärische Karriere. Sie wurden zu Aufklärungsflügen eingesetzt, manche warfen auch Bomben ab. Nicht wenige von ihnen aber endeten einmal mehr als Feuerbälle am Himmel. Zeppelin, der 1917 starb, erlebte die größten Erfolge seiner Erfindung nicht mehr. Der noch von ihm zum Nachfolger bestimmte Hugo Eckener forcierte die friedliche Nutzung der Luftschiffe und unternahm 1928 die erste Atlantiküberquerung mit einem Zeppelin. Das machte ihn weltbekannt. Erst die Explosion der »Hindenburg« am 6. Mai 1937 in Lakehurst beendete mit einem Schlag die Ära der fliegenden Zigarren.

Plancks Quantensprung in der Physik

Lange überlegte der junge Max Planck, ob er Physiker oder Musiker werden sollte. Von der Naturwissenschaft wurde ihm abgeraten: Hier sei doch schon alles erforscht. Doch Planck entschied sich anders – und stellte die bisherige Physik auf den Kopf. Sein Strahlungsgesetz, das er am **14. Dezember 1900** vorstellte, war die Basis für die moderne Quantenphysik.

Max Planck präsentierte seine revolutionäre »Theorie des Gesetzes der Energieverteilung im Normalspektrum« während einer Sitzung der Deutschen Physikalischen Gesellschaft in Berlin. Auf Grundlage neuer Messergebnisse hatte er eine Strahlungsformel entwickelt, in der es um die spektrale Verteilung der von einem glühenden Körper ausgehenden Strahlung ging. Dabei hatte Planck »diskrete Energieelemente« der Größe $E = h \cdot v$ eingeführt: v bezeichnete dabei die Frequenz der Strahlung, h das später nach Max Planck benannte Wirkungsquantum. Diese Energieelemente gelten als erste Manifestation der Diskontinuität der Natur in der theoretischen Physik: Die Quantenphysik, in den folgenden Jahrzehnten weiterentwickelt und heute die Grundlage unzähliger Alltags-Anwendungen, war geboren.

Dabei hätte Plancks Lebensweg auch anders aussehen können: Johann von Jolly, ein Freund der Familie, hatte dem 16-jährigen Abiturienten gesagt, es gebe zwar »vielleicht im einen oder anderen Winkel noch ein Stäubchen oder ein Bläschen zu prüfen«, ansonsten sei jedoch in der Physik alles erforscht. Er solle sich lieber der Musik widmen. Glücklicherweise entschied Planck sich anders. Doch dass er die Physik revolutionierte, widersprach im Grunde seinem konservativen Naturell – er wollte eigentlich nur bestehende Naturgesetze bestätigen.

Jahrelang versuchte Planck erfolglos, das Wirkungsquantum irgendwie in die klassische Theorie einzugliedern. Die Sprunghaftigkeit der Natur, die sich in der Quantentheorie zeigte, missfiel ihm. Die Fachwelt aber würdigte seine Leistung: Max Planck erhielt für die bahnbrechende Strahlungsformel den Physik-Nobelpreis des Jahres 1918. Als er ihn zwei Jahre später in Stockholm nachträglich entgegennahm, hob er die »sehr unerfreulichen Konsequenzen« heraus, die sich aus den Quanten für den physikalischen Theoretiker ergäben.

Diese wissenschaftliche Tragik trug Planck ebenso mit Pflichtgefühl und Gottergebenheit wie persönliche Schicksalsschläge: den Tod seiner ersten Frau sowie der vier Kinder aus dieser Ehe, darunter die Hinrichtung seines Sohnes Erwin als Widerstandskämpfer im Januar 1945, und schließlich die Zerstörung seines Hauses durch Fliegerbomben. Mit fast 87 Jahren übernahm er nach dem Krieg den Neuaufbau der Forschungsorganisation, der Kaiser-Wilhelm-Gesellschaft, die nach seinem Tod 1947 in »Max-Planck-Gesellschaft« umbenannt wurde.

 1905

Alles ist relativ – Einsteins Theorie

Er war ein Superstar der Wissenschaft und wurde zur Ikone des zwanzigsten Jahrhunderts: der Physiker Albert Einstein. Im **September 1905** erschien ein Aufsatz aus seiner Feder, in dem er zum ersten Mal die heute wohl bekannteste physikalische Formel der Welt beschrieb: $E = mc^2$. Mit seiner Relativitätstheorie begründete Einstein ein ganz neues Weltbild.

Einstein war damals als »Experte 3. Klasse« beim Schweizer Patentamt in Bern angestellt – eine eher unauffällige Existenz. Doch dann schrieb er 1905, in diesem »Wunderjahr«, gleich drei Artikel für die Zeitschrift »Annalen der Physik« – jeder für sich nobelpreiswürdig, urteilte später Carl Friedrich von Weizsäcker. Und der Physiker Louis Broglie verglich die Texte mit »fauchenden Raketen, die im Dunkel der Nacht plötzlich für einen kurzen Augenblick eine völlig unbekannte riesige Region beleuchteten«. Albert Einsteins Artikel setzten Meilensteine der Moderne. Energie ist Masse mal

> »Wenn ich recht behalte, werden die Deutschen sagen, ich sei Deutscher, und die Franzosen, ich sei Weltbürger. Erweist sich meine Theorie als falsch, werden die Franzosen sagen, ich sei Deutscher, und die Deutschen, ich sei Jude.«
>
> ALBERT EINSTEIN

1905

Einstein im Observatorium
von Mount Wilson, um 1930.

Geschwindigkeit hoch zwei – mit seiner Erkenntnis, dass Lichtge-schwindigkeit unabhängig vom Bezugssystem immer ein kon-stanter Wert ist, revolutionierte er sämtliche Vorstellungen von Raum und Zeit. Seine Theorien schufen die Grundlagen für Com-

puter, Kosmologie und Kern-kraft. Und das zu einer Zeit, als viele Wissenschaftler noch be-haupteten, Atome seien Hirn-gespinste. $E = mc^2$ lieferte frei-lich auch die Grundformel der Atombombe.

Zum Star wurde Einstein al-lerdings erst 1919. Da hatte sich eine Voraussage bestätigt, die er aufgrund der Relativitätstheorie getroffen hatte: Das Licht eines Sterns wurde von der Sonne ab-gelenkt. Von diesem Tag an war nichts mehr wie vorher.

Hatte die breite Öffentlich-keit bis dahin kaum Notiz von dem Gelehrten genommen, gab es binnen kurzer Zeit fast nie-manden mehr, der von ihm noch nichts gehört hatte. »Alles ist relativ« wurde zu einem re-gelrechten Modewort – wenn-gleich schon damals kaum je-mand Albert Einsteins Thesen wirklich verstand.

Ungewöhnlich war, wie souverän der so jäh auf den Schild Ge-hobene mit Presse, Funk und Film umging. Über die Medien ver-kündete er seine Ideen: Frieden, Abrüstung, Menschenrechte. Früh musste Einstein jedoch auch mit den Schattenseiten des Ruhms leben. Schon 1919 registrierte der »konfessionslose« Jude »starken Antisemitismus als Reaktion« auf seine Popularität. 1933 emigrierte er nach Amerika.

★ 1907

Putzmunter – die Erfindung der Zahnpasta

»Nach dem Essen Zähneputzen nicht vergessen!« – mit diesem Spruch werden seit Generationen schon die Kleinsten zur Mundhygiene angehalten. Heute findet jeder eine Reinigungscreme nach seinem Geschmack. Doch das war nicht immer so: Erst **seit gut hundert Jahren** gehört die Zahnpasta zu unserem Alltag.

1907

Geburtsort des heutigen Massenartikels war der Dachboden der Dresdener Löwen-Apotheke: Im Jahr 1907 mischte der Apotheker Ottomar Heinsius von Mayenburg dort Zahnpulver, Mundwasser und ätherische Öle.

Mittel zur mechanischen Zahnreinigung waren damals nicht neu: Im alten Ägypten hatte man eine Paste aus gemahlenem Bimsstein und Weinessig genutzt, und 1852 hatte ein anderer sächsischer Apotheker die Zahnseife erfunden. Doch zu Beginn des 20. Jahrhunderts waren diese Mittel wenig populär – und übel riechende Zahnruinen weit verbreitet. Mit einer unschlagbaren Idee sollte der findige von Mayenburg dies ändern: Er füllte seine neue Zahnpasta in Metalltuben. In Amerika hatte die Firma Colgate zwar schon ein Jahrzehnt früher eine Tubenzahnpasta hergestellt. Doch geschickte und massive Werbung pries die Chlorodont-Zahncreme als Weltneuheit. Die Zahncreme bildete fortan die Basis für ein florierendes Unternehmen: Von Mayenburg beschäftigte 1917 schon sechzig Laboranten. Um Importe zu umgehen, stellten seine Leo-Werke auch Tuben, Verschlüsse und Pappschachteln für die Zahnpasta her. Die Firma betrieb zudem eine eigene Pfefferminzplantage nebst Destillationsanlage und einen Kalksteinbruch.

>»Ich bin klein, ich bin blond und putze meine Zähne nur mit Chlorodont.«
>
> CHLORODONT-WERBEPLAKAT

Chlorodont war weltweit ein Verkaufsschlager. In den 1920er-Jahren betrieb von Mayenburg mehr als zwanzig Filialen in Deutschland, Europa und Amerika mit insgesamt über 1000 Beschäftigten. Der Gewinn kam nicht nur der Unternehmerfamilie zugute, sondern auch der Belegschaft: Neben Werksarzt und Kantine gab es einen firmeneigenen Sportplatz und ein Erholungsheim für die Mitarbeiter im Erzgebirge.

Ebenso wie der Odol-Erfinder Karl-August Lingner trug Ottomar von Mayenburg mit der Vermarktung seines Produkts stark zur allgemeinen Hygiene-Aufklärung bei, denn die Bedeutung des regelmäßigen Reinigens für die allgemeine Gesundheit war Teil der Chlorodont-Werbebotschaft.

Zu DDR-Zeiten wurden die Leo-Werke verstaatlicht, die Marke Chlorodont an den Westen verkauft und dort bis 1989 vertrieben, ohne an ihre Erfolge anknüpfen zu können. Doch heute wird in Dresden wieder mit Stolz an Chlorodont erinnert: Sie gab den Startschuss für die moderne Mundhygiene.

 1918

Die Ausrufung der Republik

9. November 1918: Die wenige Jahre zuvor als »vaterlandslose Gesellen« gebrandmarkten Sozialdemokraten waren an der Regierung, rote Fahnen wehten auf den Straßen Berlins. Bedeutete das Revolution? Es hätte eine werden können. Doch der SPD-Vorsitzende Friedrich Ebert, der sich an die Spitze der Bewegung stellte, setzte auf die evolutionäre Demokratisierung des maroden Kaiserreichs – mit seiner Partei als Garant des moderaten Wechsels.

»Das deutsche Volk hat auf der ganzen Linie gesiegt. Das Alte und Morsche, die Monarchie, ist zusammengebrochen. Es lebe das Neue! Es lebe die deutsche Republik!« Die riesige Menschenmenge, die sich am 9. November des Jahres 1918 um die Mittagszeit vor dem Reichstagsgebäude versammelt hatte, konnte es kaum glauben: Der SPD-Parlamentarier Philipp Scheidemann hatte von einem Fenster aus nicht nur die Abdankung des Kaisers verkündet, sondern gleich noch ein neues Staatsgebilde proklamiert! Der Überraschung folgte tosender Jubel.

Der Umbruch war ein Kind der Niederlage. Seit dem Sommer 1918 war das deutsche Heer am Ende, und die kaiserlichen Generäle wussten es. Während man sich in der Heimat noch die Mär von deutscher Unbesiegbarkeit vorgaukeln ließ, verlangte der im Feld besiegte Feldherr Erich Ludendorff am grünen Tisch ver-

115

zweifelt Frieden – jenen Frieden, den er den Politikern, die in die Pflicht genommen wurden, später vorwarf: »Sie sollen die Suppe jetzt essen, die sie uns eingebrockt haben!« Angerichtet aber hatte sie ganz alleine Ludendorff – mit dem Vabanquespiel seiner Offensiven 1918.

Nach vier Jahren millionenfachen Sterbens ging es auf einmal ganz schnell. Am 3. Oktober des Jahres 1918 wurde Max von Baden zum neuen Reichskanzler ernannt. Auch die SPD ließ sich am Portepee packen. Gemeinsam mit dem Zentrum und den Liberalen trat sie in die letzte kaiserliche Reichsregierung ein. Schon bald nach ihrem Amtsantritt schickten die neuen Machthaber auf wiederholtes Drängen der Heeresleitung ein Friedens- und Waffenstillstandsgesuch an den amerikanischen Präsidenten Thomas Woodrow Wilson. Sie hofften auf dessen 14-Punkte-Plan und damit auf einen milden Frieden. Wilson aber gab sich mit den ersten Schritten einer Demokratisierung Deutschlands nicht zufrieden. Er wollte, dass der Kaiser, für ihn Sinnbild einer dünkelhaften Offiziers- und Adelskaste, von der Bühne abtrat. »Abdanken!« geriet zur Forderung der Stunde.

Das deutsche Volk war kriegsmüde. Als Folge der alliierten Blockade hungerte Jung und Alt, Grippeepidemien führten zum Tod Tausender. Trotz der Ausgabe von Lebensmittelkarten hatte sich am Ende in vielen Städten das Nahrungsangebot auf Kohlrüben reduziert. Selbst an der Front wurden im letzten Kriegsjahr die Rationen der Soldaten halbiert. Doch bei allem Elend, die revolutionären Wirren löste am Ende erst die deutsche Flotte, das Lieblingskind des Kaisers, aus.

Am 29. Oktober 1918 erging der Befehl »Auslaufen«. Bei den Matrosen verbreitete sich schnell das Gerücht, die Marineleitung plane in einer offenen Seeschlacht gegen die Briten einen heroischen Untergang. Doch jetzt, so kurz vor dem absehbaren Ende des Krieges, lag den Matrosen wenig daran, »ehrenvoll« zu sterben. Sie streikten. Als die Meuterer verhaftet wurden, ihnen die Erschießung drohte, Tausende für ihre Freiheit demonstrierten, eine Militärpatrouille in die Menge schoss, neun Menschen starben – da brach der Aufstand los. Die Kieler Matrosen wählten den ersten Soldatenrat in der Geschichte Deutschlands, entwaffneten

»Brüder, nicht schießen!« – bewaffnete
Soldaten in der Berliner Innenstadt.

ihre Offiziere – und entfachten einen Flächenbrand in allen großen Städten des Landes. Arbeiter schlossen sich ihnen an, sie besetzten Rathäuser und Bahnhöfe. Gefangene wurden befreit, rote Fahnen geschwenkt, Offizieren die Epauletten abgerissen. Aber all das verlief noch verhältnismäßig milde. Keine Racheakte, keine Lynchjustiz. Auch die deutschen Fürsten blieben unversehrt und gingen freiwillig – der König von Sachsen mit dem historischen Satz: »Macht doch euern Dreck alleene!«

In Berlin sah die USPD – eine linke Abspaltung der Sozialdemokraten – ihre Chance gekommen und rief zum Generalstreik auf. Auf einmal ging es nicht mehr nur um die Abdankung des Kaisers, sondern auch um die künftige Staatsform: parlamentarische Demokratie oder Rätesystem nach russischem Vorbild? »Brüder – nicht schießen!« stand auf Plakaten, die den Demonstrationszügen der Berliner Arbeiterschaft vorangetragen wurden. Die Arbeiter, die an diesem Tag auf die Straßen gingen, hatten keine leichte Entscheidung gefällt – viele fürchteten, dass ihre Demonstration in einem Blutbad enden würde. Doch das änderte wenig an der Entschlossenheit der Männer – sie waren nach vier Jahren Krieg und Entbehrungen bereit, für die Revolution Opfer zu bringen.

Der 9. November fiel auf einen Samstag, eigentlich ein Arbeitstag. Bewaffnete Matrosen im Regierungsviertel, auf dem Brandenburger Tor die rote Fahne, Menschenmengen auf den Straßen zwischen Schloss und Reichstag: Es war (noch) keine Revolution, doch es sah wie eine aus. »Gefahr von links« – die Regierungspartei SPD reagierte umgehend. »Der Kaiser muss sofort abdanken, sonst haben wir die Revolution«, forderte Friedrich Ebert von Kanzler Max von Baden. Der Prinz versetzte der Monarchie den Todesstoß, indem er ohne Einwilligung des Kaisers dessen Abdankung erklärte: »Der Kaiser und König

> »Die Sozialdemokraten waren die Einzigen, die die Revolution in die Bahnen der Evolution leiten konnten. Das wollten sie, um Deutschland einen Bürgerkrieg und eine Verlängerung des großen Krieges zu ersparen.«
>
> HEINRICH AUGUST WINKLER, HISTORIKER

hat sich entschlossen, dem Thron zu entsagen.« Wilhelm II. selbst wusste freilich nichts von alledem: »Verrat, schamloser Verrat!«, tobte er im belgischen Spa. Er wollte wenigstens noch preußischer König bleiben. Aber auch das erwies sich als blanke Illusion.

Unter dem Eindruck der angespannten Lage forderte Friedrich Ebert die sofortige Übernahme der Regierungsgewalt durch die SPD – und proklamierte für sich selbst die Kanzlerschaft. Beide Vorgänge verliefen nicht verfassungskonform und somit wirklich revolutionär. Eine Revolution von oben, um zu zeigen, dass die Revolution von unten, auf den Straßen, überhaupt nicht nötig sei. Max von Baden beugte sich schließlich Eberts Forderungen, trat zurück und gemahnte den Sozialdemokraten: »Ich lege Ihnen das deutsche Reich ans Herz.« Der antwortete: »Ich habe zwei Söhne für dieses Reich verloren.«

Kurz darauf tat Scheidemann die Kanzlerschaft von Ebert und die ersehnte Abdankung des Kaisers vor der Menschenmenge kund – und ließ sich dazu hinreißen, spontan die Republik zu proklamieren. Der frisch erkorene Kanzler Ebert, ein gestrenger Legalist, ließ entsetzt die wässrige Kartoffelsuppe stehen, an der er gerade noch gelöffelt hatte: »Du hast kein Recht, die Republik auszurufen! Was aus Deutschland wird, ob Republik oder was sonst, entscheidet eine Konstituante!«, schrie er seinen Parteifreund an. Doch Scheidemanns Aktion zeigte umgehend Wirkung: Die SPD, so schien es, hatte den Impetus der Straße aufgegriffen – und ihm damit den Elan genommen. Auf diese Weise verfehlte ein anderer revolutionärer Akt sein Ziel: Gegen fünf Uhr morgens rief an diesem 9. November der radikale Führer des Spartakusbundes, Karl Liebknecht, von einem Balkon des Berliner Schlosses die sozialistische Republik aus.

> »Deutschland muss frei werden – oder untergehen.«
>
> FRIEDRICH EBERT, 1918

Wirkungsvoller war die Aktion einiger gut organisierter, radikaler Arbeiterführer: Die »Revolutionären Obleute« hatten die Taktik von Eberts revolutionsscheuen »Rechtssozialisten« durchschaut. Sie organisierten ein sogenanntes »Revolutionsparlament«, das kurzerhand beschloss, am nächsten Morgen, also am Sonntag, in den Betrieben und Kasernen Arbeiter- und Soldatenräte wählen zu lassen. Diese Räte würden dann ihrerseits eine provisorische Regierung wählen, den sogenannten »Rat der Volksbeauftragten«, der die reformerische Regierung Ebert ersetzen sollte.

> »Arbeiter und Soldaten, seid euch der geschichtlichen Bedeutung dieses Tages bewusst: Unerhörtes ist geschehen. Große und unübersehbare Arbeit steht uns bevor. Alles für das Volk, alles durch das Volk.«
>
> SCHEIDEMANN IM REICHSTAG, 9. NOVEMBER 1918

Friedrich Ebert sah sich nun plötzlich mit einer gut organisierten und gefährlichen »Gegenkraft« konfrontiert. Die Revolution war das Resultat einer unorganisierten Massenbewegung gewesen, an deren Spitze er sich gesetzt hatte. Doch im Grunde war er kein Revolutionär, er hasste die Revolution nach eigenem Bekunden »wie die Sünde«. Für ihn war die Revolution mit dem 9. November abgeschlossen, andernfalls, so fürchtete er, drohe ein Bürgerkrieg. »Ruhe und Ordnung« waren jetzt die Gebote der Stunde. Ebert beschloss, seine linken Kontrahenten mit ihren eigenen Mitteln zu schlagen:

Das SPD-Zentralorgan verkündet am
9. November 1918 die Abdankung.

Mit gemäßigten Arbeitern und Soldaten riss er die Mehrheiten an sich. In seiner Funktion als Vorsitzender des »Rates der Volksbeauftragten«, der mit »rechten« und »linken« Sozialdemokraten paritätisch besetzt war, führte und bremste Friedrich Ebert so geschickt den dräuenden Umbruch in Deutschland. Als ihm die Lage in Berlin zu brenzlig wurde, zog er sich mit der verfassunggebenden Nationalversammlung eilig ins ruhige und beschauliche Weimar zurück.

2. Extraausgabe   Sonnabend, den 9. November 1918.

Vorwärts

Berliner Volksblatt.

Zentralorgan der sozialdemokratischen Partei Deutschlands.

Der Kaiser hat abgedankt!

Der Reichskanzler hat folgenden Erlaß herausgegeben:

Seine Majestät der Kaiser und König haben sich entschlossen, dem Throne zu entsagen.

Der Reichskanzler bleibt noch so lange im Amte, bis die mit der Abdankung Seiner Majestät, dem Thronverzichte Seiner Kaiserlichen und Königlichen Hoheit des Kronprinzen des Deutschen Reichs und von Preußen und der Einsetzung der Regentschaft verbundenen Fragen geregelt sind. Er beabsichtigt, dem Regenten die Ernennung des Abgeordneten Ebert zum Reichskanzler und die Vorlage eines Gesetzentwurfs wegen der Ausschreibung allgemeiner Wahlen für eine verfassunggebende deutsche Nationalversammlung vorzuschlagen, der es obliegen würde, die künftige Staatsform des deutschen Volk, einschließlich der Volksteile, die ihren Eintritt in die Reichsgrenzen wünschen sollten, endgültig festzustellen.

Berlin, den 9. November 1918. **Der Reichskanzler.**
Prinz Max von Baden.

Es wird nicht geschossen!

Der Reichskanzler hat angeordnet, daß seitens des Militärs von der Waffe kein Gebrauch gemacht werde.

Parteigenossen! Arbeiter! Soldaten!

Soeben sind das Alexanderregiment und die vierten Jäger geschlossen zum Volke übergegangen. Der sozialdemokratische Reichstagsabgeordnete Wels u. a. haben zu den Truppen gesprochen. Offiziere haben sich den Soldaten angeschlossen.

Der sozialdemokratische Arbeiter- und Soldatenrat.

Zur gleichen Zeit hatte Matthias Erzberger, Delegierter der konservativen Zentrums-Partei, die undankbare Aufgabe, am 11. November 1918 im Auftrag der deutschen Reichsregierung im Wald von Compiègne nahe Paris einen überaus harten und von den Deutschen als höchst ungerecht empfundenen Waffenstillstandsvertrag zu unterzeichnen.

Erzberger hatte keine Wahl, die Alliierten drohten mit dem Einmarsch ins Reich. Es sei wohl »das erste Mal in der Weltgeschichte, dass nicht Militärs den Waffenstillstand abschließen, sondern die Politiker«, spottete denn auch Feldmarschall Paul von Hindenburg. Sein Stellvertreter Erich Ludendorff hatte sich inzwischen schon in Sicherheit gebracht. Während Zivilisten die Kastanien aus dem Feuer holten, bastelte der Militärdiktator außer Dienst im neutralen Schweden längst an einem bösen Märchen: der Lüge von den »roten Strolchen, die das tapfere, im Felde unbesiegte Heer« hinterrücks gemeuchelt hätten. Diese »Dolchstoßlegende« barg den Todeskeim der Republik.

Mädchen u. Frauen heraus aus der Finsternis!

Entscheidet Euch für die National Versammlung

★ 1919

Die Einführung des Frauenwahlrechts

Am **19. Januar 1919** gab es die ersten wirklich demokratischen – weil allgemeinen, gleichen, freien und geheimen – Wahlen der deutschen Geschichte. Zum ersten Mal waren auch Frauen aufgerufen, an den Wahlen zur verfassunggebenden Nationalversammlung teilzunehmen. Ihr Kampf für mehr Gleichberechtigung trug endlich Früchte.

»Eine Wandlung hat sich im Weltall vollzogen wie nie zuvor«, jubelte die Frauenrechtlerin Minna Cauer. »Frauen Deutschlands, ihr werdet als gleichberechtigte Bürgerin dieses Staates gelten!« Mit einem Federstrich hatte der »Rat der Volksbeauftragten« unter Friedrich Ebert nur drei Tage nach der Abdankung des Kaisers im November 1918 das restriktive Wahlrecht demokratisiert. Bis dahin war weitgehend Konsens, was noch im Jahr 1910 ein konservativer Redner im Bayerischen Landtag so ausdrückte: »Die Frauen und Mädchen wollen nicht wählen und wühlen, sondern freien und sich freien lassen. Sie wollen fürsorgliche Hausmütter werden und keine Mannweiber.« Spätestens mit dem Beginn des Ersten Weltkriegs waren derartige Ansichten endgültig obsolet. Während Millionen Männer an der Front kämpften, nahmen die Frauen deren Plätze in den Kontoren und Fabriken ein. Für gleiche Pflichten forderten sie nun zunehmend auch gleiche Rechte.

Es war kein Zufall, dass schließlich die erste sozialdemokratisch geführte Regierung in Deutschland das Frauenwahlrecht durchsetzte, hatte es die SPD doch schon 1891 in ihr Programm aufgenommen. Ausgegangen war die Stimmrechtsbewegung jedoch von bürgerlichen Frauen. Die Schriftstellerin Hedwig Dohm hatte 1873 erstmals öffentlich das Wahlrecht gefordert. Am Wahltag selbst zeigte sich dann, dass die deutschen Frauen von ihren neuen Rechten im selben Maß Gebrauch machten wie bisher die Männer – die Wahlbeteiligung lag bei über 82 Prozent.

In der Weimarer Nationalversammlung saßen am Ende 41 Frauen, fast zehn Prozent aller Abgeordneten. Die Sozialre-

> »Der erste Wahlgang der Frauen, Ziel eines Jahrhunderts – Beginn eines Jahrtausends.«
> MAGAZIN »DIE FRAU«, FEBRUAR 1919

formerin Marie Juchacz hielt am 19. Februar 1919 als erste Frau eine Rede in einem deutschen Parlament. Man schulde, so erklärte sie, der Regierung keinen Dank im hergebrachten Sinne. »Was diese Regierung getan hat, war eine Selbstverständlichkeit. Sie hat den Frauen gegeben, was ihnen bis dahin zu Unrecht vorenthalten worden ist.« Es war ein fulminanter Auftakt, auf den noch ein steiniger und weiter Weg bis zur echten Gleichberechtigung folgen sollte, der bis heute nicht zu Ende ist.

★ 1922

Das Gummibärchen erobert die Welt

Er ist nur gut zwei Zentimeter groß, aber eine ausgewachsene Kultfigur: der Haribo-Goldbär. Seine Fangemeinde zählt etliche Generationen, seiner Herstellerfirma verhalf er in den **1920er-Jahren** zu einem beispiellosen Aufstieg: vom Ein-Mann-Betrieb zum weltumspannenden Süßwaren-Imperium.

Heute ist Haribo der weltweit größte Fruchtgummi- und Lakritz-hersteller. In 18 Fabriken produzieren rund 6000 Mitarbeiter mehr als tausend Artikel, die in über hundert Ländern zum Na-schen verführen. Dabei fing alles ganz klein an: mit einem Sack Zucker als Startkapital und einer äußerst schlichten Ausrüstung: Marmorplatte, Hocker, Kupferkessel, ein gemauerter Herd und eine Walze. Damit machte sich im Jahr 1920 der gelernte Bonbon-kocher Hans Riegel selbständig: In einer Hinterhof-Waschküche gründete er die Firma Haribo – abgekürzt für »Hans Riegel, Bonn«. Bereits zwei Jahre später gelang ihm der Geniestreich: Inspiriert von den damals populären Tanzbären, erfand er 1922 deren Fruchtgummi-Pendant – im Vergleich zum heutigen Goldbären noch recht groß und schlank. Schnell wurde der essbare Tanzbär zum Verkaufsschlager. Für einen Pfennig bekamen Schlecker-mäuler am Kiosk zwei Bärchen.

In den 1950er-Jahren wurde das süße Kultobjekt dann kleiner und rundlicher: Der Teddybär löste den Tanzbären ab. Im darauf-folgenden Jahrzehnt schließlich erhielten die Fruchtgummi-Bär-chen, nun als »Goldbären«, eine moderne Verpackung: die Zello-phantüte. 1967, nach mehreren Jahren Wartezeit, wurde der Goldbär als Warenzeichen offiziell eingetragen.

Ende der 1930er-Jahre beschäftigte Haribo rund 400 Leute und ein Netz von Handelsvertretern in ganz Deutschland. Schon fünf Jahre nach dem Ende des Zweiten Weltkriegs, der einen Pro-duktionseinbruch mit sich gebracht hatte, waren es wieder rund tausend Mitarbeiter. Heute ist das Unternehmen überall in der EU vertreten. Mit der Übernahme etlicher Konkurrenten ist die inter-nationale Spitzenposition gesichert.

Der Mann hinter dem anhaltenden Erfolg ist Hans Riegel, der älteste Sohn des Firmengründers, der gemeinsam mit seinem Bru-der Paul 1946 das Ruder übernahm. Noch heute, mit bald neunzig Jahren, ist er für Marketing, Verkauf und alles Kaufmännische zu-ständig. Unermüdlich bringt er seit Jahrzehnten immer neue Pro-dukte auf den Markt und nutzt clever die Möglichkeiten der mo-dernen Werbung. Nur den Spruch »Haribo macht Kinder froh!«, den gibt es schon lange – seit den 1930er-Jahren klingt er Groß und Klein in den Ohren.

★ 1925

Ein Schuh revolutioniert die Welt des Sports

Er galt als »Schuster der Nation«, setzte Maßstäbe für moderne Sport-
ausrüstung und legte so den Grundstein zum Weltkonzern »Adidas«:
Adolf Dassler, genannt Adi. Der Herzogenauracher feierte **1925** seinen
ersten Erfolg – Fußballschuhe mit genagelten Stollen.

Begonnen hatte alles 1920 in der elterlichen Waschküche. Nach Bäckerlehre und Kriegsdienst bastelte der knapp zwanzigjährige Adi dort seine ersten Sportschuhe zusammen. Er hatte eine Vision: Jeder Sportler sollte für seine Disziplin optimal angepasste Schuhe bekommen. Bis dahin dominierten meist klobige Treter die deutschen Turn- und Sportplätze, die sportliche Höchstleistungen eher verhinderten denn beförderten.

1924 konnte er seinen Bruder Rudolf zur Gründung einer gemeinsamen Firma gewinnen – das Dreamteam des Turnschuhs war geboren. Denn während Adi den unermüdlichen Tüftler gab, war Rudolf ein geborener Verkäufer, der die Erzeugnisse der »Gebrüder Dassler Sportschuhfabrik« rasch gewinnbringend an den Mann brachte. Ein Jahr nach der Firmengründung folgten die ersten Innovationen: Während sich Fußballer über die Schuhe mit Nagelstollen freuen konnten, profitierten die Leichtathleten von Dassler-Rennschuhen mit handgeschmiedeten Dornen. Seinen ersten großen Coup landete Adi im Jahr 1936. Im Vorfeld der Olympischen Spiele in Berlin überredete er den amerikanischen Leichtathleten Jesse Owens, in Dassler-Schuhen anzutreten – der farbige Sprintstar gewann vier Goldmedaillen.

Trotz des Erfolgs kam es zwischen den beiden Brüdern immer häufiger zu Spannungen, die schließlich in bittere Feindschaft umschlugen. 1948 kam es zum Bruch: Rudolf gründete die Firma »Puma«, Adolf hob »Adidas« aus der Taufe. Adis Schuhe mit den charakteristischen drei Streifen wurden im Endspiel der Fußball-Weltmeisterschaft des Jahres 1954 zum Mythos: Das »Wunder von Bern« war nicht zuletzt den neuartigen Schraubstollen unter den Schuhen zu verdanken – bei regennassem Untergrund konnten einfach längere Stollen aufgezogen werden, die den Kickern besseren Halt verliehen.

Jesse Owens lief 1936 zu olympischem Gold – in Dassler-Turnschuhen.

Und selbst wenn »Puma«-Mitarbeiter später darauf hinwiesen, dass sie eigentlich die Wechselstollen erfunden hätten: Bern verschaffte Adi einen Vorsprung, den Rudolf nie aufholen sollte, auch wenn »Puma« ebenfalls zu einem Weltkonzern wurde.

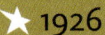 **1926**

Friedensnobelpreis für Gustav Stresemann

Gustav Stresemann war eigentlich überzeugter Monarchist. Doch nach der Niederlage im Ersten Weltkrieg wandelte er sich zum »Vernunftrepublikaner«, wie er selbst erklärte. Im August 1923 wurde er Reichskanzler, später Außenminister. Für seine Politik der Aussöhnung mit Frankreich erhielt er am **10. Dezember 1926** als erster Deutscher den Friedensnobelpreis.

Der Politiker der liberalen Deutschen Volkspartei hatte erkannt, dass sich Deutschland aus der Enge des nationalistischen Denkens befreien und das Tor zu gutnachbarlichen Beziehungen aufstoßen musste, damit sich in Europa eine dauerhafte Friedensordnung etablieren konnte.

Mitten in den Wirren der Inflation war Stresemann im Sommer 1923 zum Reichskanzler gewählt worden. Damals stand die Weimarer Republik am Abgrund: Rheinland und Ruhrgebiet waren von Frankreich besetzt, um milliardenschwere Reparationen zu erzwingen. Separatisten forderten eine »Rheinische Republik«, rechte Offiziere eine Diktatur, in Sachsen und Thüringen drohten Kommunisten mit dem Umsturz. Hinzu kam, dass die Hyperinflation den Preis für ein Pfund Fleisch auf 320 Billionen Reichsmark trieb. Stresemann sagte der Inflation den Kampf an. Im No-

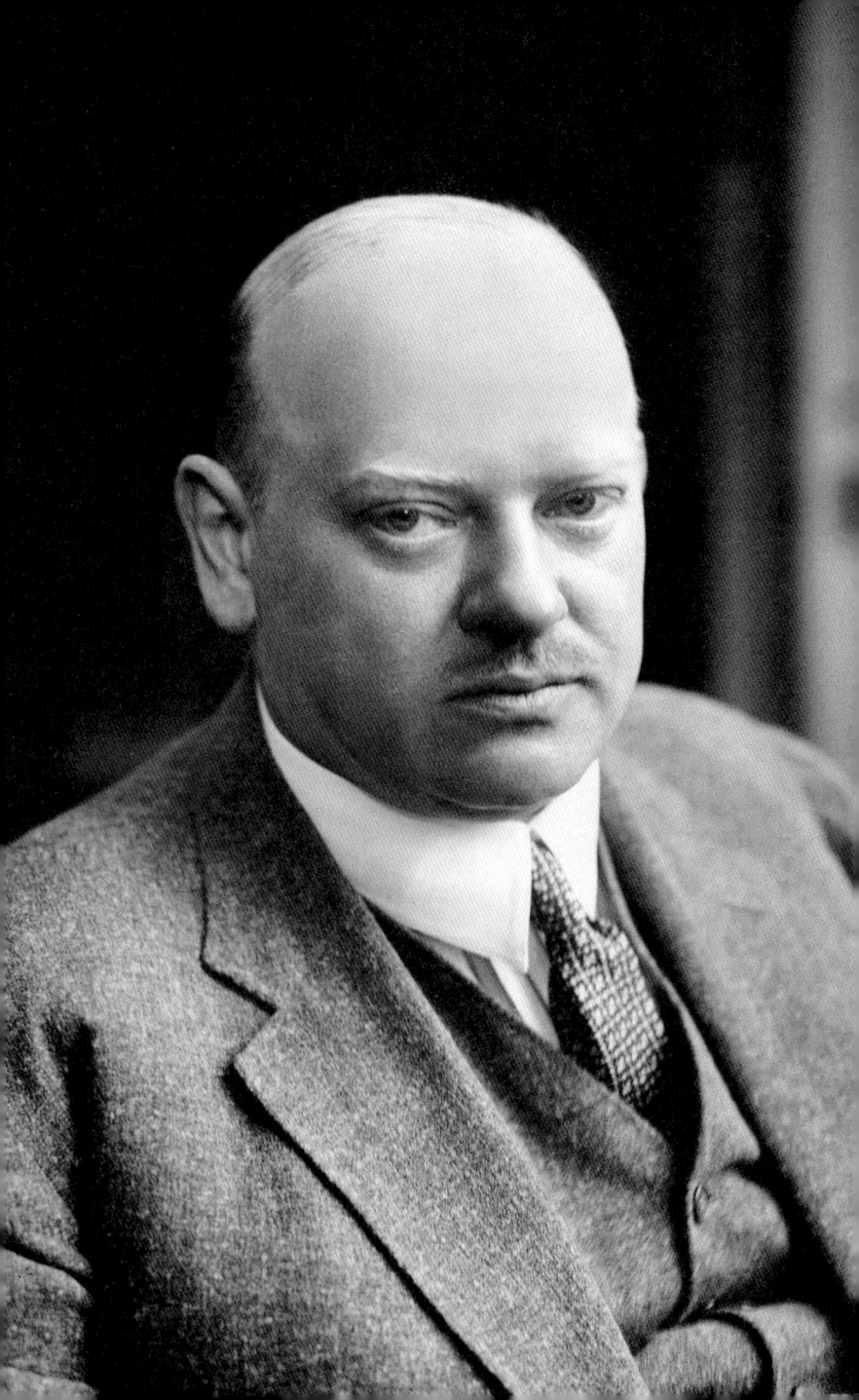

1926

Stresemann (rechts) und sein französischer Kollege Briand 1925 in Locarno.

vember 1923 wurde eine neue Währung eingeführt. Die Wirtschaft stabilisierte sich daraufhin zusehends – auch durch ausländische Kredite, die wieder nach Deutschland flossen.

Trotz dieser unbestrittenen Erfolge beendete ein Misstrauensvotum seine Kanzlerschaft schon nach hundert Tagen. Als Außenminister setzte er fortan neue Akzente: Er betrieb eine Politik der Aussöhnung mit dem einstigen Kriegsgegner Frankreich, um den Versailler Vertrag auf friedlichem Wege zu überwinden. In seinem französischen Amtskollegen Aristide Briand fand er dafür einen kongenialen Partner. Im Vertrag von Locarno (1925) erkannten beide Staaten den Status quo am Rhein an und stellten das deutsch-französische Verhältnis nach Jahren der Gewalt wieder auf eine friedliche Basis. Stresemanns Politik schuf auch die Voraussetzungen dafür, dass Deutschland Ende 1926 in den Völkerbund aufgenommen wurde. Am 10. Dezember des gleichen Jahres konnte Stresemann als erster Deutscher gemeinsam mit seinem französischen Kollegen Aristide Briand den Friedensnobelpreis in Stockholm entgegennehmen. Während die Welt das einstmals verhasste Deutschland wieder als vollwertiges Mitglied der Staatengemeinschaft begrüßte, schlug Stresemann zu Hause vonseiten der politischen Rechten Ablehnung, gar Hass entgegen. 1929 starb er im Alter von erst 51 Jahren. Die Presse schrieb: »Wir haben keinen Ersatz für ihn.«

★ 1929

Literaturnobelpreis für Thomas Mann

Ironische Haltung und »heitere Ambiguität«, ein weit ausholender Erzählstil mit allerhöchster sprachlicher Prägnanz – damit begeistert der Schriftsteller Thomas Mann seit mehr als hundert Jahren seine Leser. Und er schaffte es in den Olymp der Literatur: Für seinen ersten Roman »Buddenbrooks« erhielt Mann am **12. November 1929** den Nobelpreis.

1929

»Ich war elf, und er hielt gerade sein Nachmittagsschläfchen von 4 bis 5 Uhr. Meine Mutter schickte mich, ihn zu wecken. Ein großer Moment«, so schilderte Elisabeth Mann Borgese, Thomas Manns zweitjüngstes Kind, Jahrzehnte später den 12. November 1929. Die Lieblingstochter überbrachte ihrem Vater eine sensationelle Nachricht: Ihm war der Literatur-Nobelpreis zuerkannt worden. Die Auszeichnung kam für Thomas Mann nicht überraschend – schon lange wurde er als potenzieller Preisträger gehandelt. Verblüffend war allerdings, dass sich die Akademie bei der Auszeichnung hauptsächlich auf den fast dreißig Jahre zuvor erschienenen Roman »Buddenbrooks: Verfall einer Familie« bezog. Der Grund: Thomas Manns 1924 veröffentlichter, populärer Roman »Der Zauberberg« war von Fredrik Böök, Mitglied der Schwedischen Akademie, mehrfach verrissen worden und konnte darum nicht als Grundlage für die Verleihung des Preises ins Feld geführt werden.

Der Roman »Buddenbrooks«, den Thomas Mann zwischen 1896 und 1900 geschrieben hatte, schildert das Selbstverständnis hanseatischen Großbürgertums und den Niedergang einer reichen Kaufmannsfamilie im 19. Jahrhundert. Der Autor war gerade erst 26 Jahre alt, als das Werk im Jahr 1901 im Fischer-Verlag veröffentlicht wurde. Vorausgegangen war eine heftige Meinungsverschiedenheit zwischen Verleger und Autor über die Länge des Romans. Samuel Fischer gab schließlich nach und druckte tausend Exemplare der zweibändigen Ausgabe in der ungekürzten, mehr als tausend Seiten langen Originalfassung. Der hohe Preis von zwölf Mark für die broschierte und 14 Mark für die gebundene Ausgabe sorgte denn auch für einen schleppenden Absatz. Besser verkaufte sich die deutlich günstigere, einbändige zweite Auflage, die zwei Jahre später erschien.

Und dann der Nobelpreis: Eine Million Exemplare der »Volksausgabe« vom Dezember 1930 zum herabgesetzten Preis von

> »Man wird sich diesen Namen unbedingt notieren müssen. Mit einem Roman von elfhundert Seiten hat Thomas Mann einen Beweis von Arbeitskraft und Können gegeben, den man nicht übersehen kann.«
>
> RILKE IN EINER BESPRECHUNG DER »BUDDENBROOKS«, 16. APRIL 1902

2,85 Mark gingen über die Ladentische. Das Interesse an den »Buddenbrooks« reißt bis heute nicht ab: Der berühmteste und meistgelesene Roman des Schriftstellers erreichte bis heute eine Auflage von etwa sechs Millionen Exemplaren, wurde in über vierzig Sprachen übersetzt und lockte mit zahlreichen Verfilmungen begeisterte Zuschauer vor die Fernsehschirme und in die Kinos.

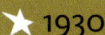 1930

Ardenne erfindet das TV

Er war eine der ungewöhnlichsten Gestalten der deutschen Wissenschafts- und Technikgeschichte: der Erfinder Manfred von Ardenne (1907 – 1997). Über 600 Patente sind mit seinem Namen verbunden. Am **14. Dezember 1930** gelang ihm eine bahnbrechende Entdeckung: die elektronische Fernsehübertragung.

An diesem dritten Adventssonntag des Jahres 1930 schoben Manfred von Ardenne und sein Mitarbeiter Emil Lorenz im Privatlabor des Forschers in Berlin-Lichterfelde Überstunden. Grund war einer der zahlreichen Geistesblitze Ardennes: Würde sich die von Ferdinand Braun konstruierte Elektronenstrahlröhre, die »Braunsche Röhre«, womöglich zur Übertragung von bewegten Bildern eignen? »Es packte uns jene Begeisterung, die man nur manchmal und meist vor großen Ereignissen empfindet«, schrieb Ardenne später über diesen Tag.

Die beiden Wissenschaftler verkabelten Röhren und Generatoren, brachten Linsen und Fotozellen in Position. Es dunkelte schon, als sie das Experiment schließlich begannen. Eine Schere war der erstbeste Gegenstand, der dem erst 23 Jahre alten Ardenne in diesem Moment in die Hand kam. Die schwenkte er nun vor

dem sogenannten »Leuchtfleck-Abtaster«. Und tatsächlich: Am anderen Ende des Raumes bewegte sich das Abbild ebenjener Schere auf dem Bildschirm einer Röhre: Das war nichts weniger als die erste vollelektronische Fernsehübertragung der Welt. Zwar hatten Fernsehbilder bereits vor Ardennes Erfindung das Laufen gelernt. Doch die auf mechanischen Grundlagen basierende Übertragung war eine technologische Sackgasse: Auf Sender- und Empfängerseite ratterten Lochkarten, die nur dunkle Bilder in Streichholzschachtel-Format zuwege brachten.

1931 führte Manfred von Ardenne seine neue Technik auf der Berliner Funkausstellung vor. Das erste regelmäßige deutsche Fernsehprogramm, freilich noch auf mechanischer Basis, startete im März 1935 in Berlin. Auch während der Olympischen Spiele im Jahr 1936 fanden Übertragungen statt; mangels privater Empfangsgeräte waren diese jedoch lediglich in gut zwei Dutzend »Fernsehstuben« zu bewundern. Für die NS-Führung spielte das keine Rolle, es ging ums Prestige. Der Krieg verhinderte letztlich die weitere Entwicklung, sodass die große Zeit dieses Mediums in Deutschland erst in den 1950er-Jahren begann.

Der geniale Tüftler beeinflusste aber nicht nur die Entwicklung des Fernsehens: Der Autodidakt bereicherte die Welt der Technik auch mit dem ersten Breitbandverstärker sowie dem ersten Röntgenbildwandler, vor allem aber mit der Entwicklung des Rasterelektronenmikroskops im Jahr 1937. In Adolf Hitlers Reich forschte er bis 1945 unter anderem auch auf dem Gebiet der Kernphysik und entwickelte ein Radarabwehrsystem für die Luftwaffe. Nach Kriegsende wurde Ardenne von den Sowjets zwangsverpflichtet und arbeitete an deren Atombombenprogramm mit. Erst 1954 konnte er wieder in seine Heimat zurückkehren. Er ließ sich in Dresden nieder, wo er das seinerzeit größte private Forschungsinstitut des gesamten Ostblocks aufbaute. Hier wandte sich das Universalgenie auch einem neuen Forschungsfeld zu: der sogenannten Krebs-Mehrschritttherapie. Ardenne hoffte, damit die tödliche Krankheit bekämpfen zu können. Zwar ist das Verfahren umstritten, der Erfinder aber nannte es als einen der Gründe für seine gute Gesundheit: Bis zu seinem Tod im Alter von neunzig Jahren hatte er mehr als 600 Patente angemeldet.

★ 1933

Die SPD stimmt gegen das Ermächtigungsgesetz

Es war ein Ruhmesblatt in der Geschichte der deutschen Sozialdemokratie und des deutschen Parlamentarismus, als die SPD-Reichstagsfraktion am **23. März 1933** geschlossen gegen Hitlers sogenanntes »Ermächtigungsgesetz« stimmte. Dieses bildete bis zum Kriegsende 1945 die rechtliche Grundlage für den schrankenlosen Terror des NS-Regimes.

Seit ihrer »Machtergreifung« am 30. Januar hatten die National-sozialisten bereits wichtige Eckpunkte der Weimarer Verfassung ausgehebelt. Die politisch-psychologische Rechtfertigung dafür lieferte spätestens der Reichstagsbrand am 27. Februar 1933. Die sogenannte »Reichstagsbrandverordnung« setzte kurzerhand die restlichen, noch verbliebenen demokratischen Grundrechte au-ßer Kraft. Gesetze jedoch konnte man mit der Reichstagsbrand-verordnung nicht erlassen. Das konnten nur das Parlament oder der Reichspräsident mit seinen Notverordnungen. Ein »Ermäch-tigungsgesetz« musste her, das die NS-Regierung selbst zum al-leinigen Gesetzgeber machte. Aus rein machttechnischer Sicht eigentlich überflüssig, denn Adolf Hitler war längst im Besitz diktatorischer Gewalt. Doch der Diktator wollte den Schein der Legalität nicht aufgeben.

Am 23. März schließlich waren alle Vorkehrungen getroffen. Vor der Berliner Kroll-Oper, nach dem Brand des Reichstags die Bühne für das Siechtum des deutschen Parlaments, standen uni-formierte SA- und SS-Einheiten Spalier: »Wir wollen das Ermäch-tigungsgesetz«, drohten sie lautstark mit ihren Sprechchören, »sonst gibt's Zunder!« Nicht wenige Parlamentarier fürchteten, dass sie den Saal nicht mehr lebend würden verlassen können.

Die sorgsam inszenierte Drohkulisse machte Eindruck, vor allem auf die Abgeordneten jener Parteien, die starke Bedenken gegen das Ermächtigungsgesetz hegten, wie das katholische Zen-trum: Die Mehrzahl der Parlamentarier entschied sich am Ende für »Frieden« mit Hitler. Der Diktator hatte damit nun auch for-mal die ganze Macht in seinen Händen. Keine zwei Monate nach der »Machtergreifung« saß Hitler fest im Sattel.

Nur die 94 Sozialdemokraten – die 81 KPD-Mandate waren kurzerhand kassiert worden – stimmten geschlossen mit »Nein«. Der Parteivorsitzende Otto Wels legte in seiner Rede noch einmal ein aufrichtiges Bekenntnis zur Demokratie ab. Auf Gewalt und Unrecht lasse sich keine Volksgemeinschaft gründen. Ihre erste Voraussetzung sei gleiches Recht. Tatsächlich jedoch würden die besiegten Gegner der NSDAP behandelt, als seien sie vogelfrei. »Freiheit und Leben kann man uns nehmen, die Ehre nicht«, rief er aus und fügte hinzu, dass es auch den Nationalsozialisten nicht gelingen werde, das Rad der Geschichte zurückzudrehen. Ein vergeblicher Appell. Auch wenn sich die Diktatur nicht mehr aufhalten ließ, so bot der 23. März 1933 für lange Zeit die letzte Gelegenheit wenigstens für eine Geste des Widerspruchs. Die SPD hat diese Chance genutzt: spät, aber immerhin.

 1936

Max Schmelings Jahrhundertkampf

Er gilt bis heute als eines der größten Sportereignisse des Jahrhunderts: der Boxkampf von Max Schmeling gegen den »braunen Bomber« Joe Louis **1936**. Unter Hitlers Herrschaft war Schmeling nicht nur Idol der Massen, sondern auch Liebling der Mächtigen. Die NS-Ideologen stilisierten das Ereignis zum »Rassenkampf« Weiß gegen Schwarz.

Dabei hatte die nationalsozialistische Propaganda im Vorfeld noch ungewohnte Zurückhaltung geübt: Bei der bekannten Kampfkraft von Louis hatte man den Mund offenbar nicht zu voll nehmen wollen. Doch am 19. Juni 1936 erlebten die deutschen Boxfans zu nachtschlafender Stunde vor den Volksempfängern dann live mit, wie Schmeling im New Yorker Yankee-Stadion über sich hinauswuchs. Der Deutsche dominierte den Kampf, mehrmals rettete nur der Gong seinen Gegner vor dem Aus. Dann aber kam die zwölfte Runde – und mit ihr Max Schmelings Rechte. Mit voller Kraft fand sie den Weg an die Kinnspitze des erschöpften Louis. In Deutsch-

> »Sicherlich habe ich meine Siege allein erkämpft, aber dass ich zum Idol wurde, verdanke ich mehr der Zeit als mir selbst.«
>
> MAX SCHMELING, »ERINNERUNGEN«

1936

land hörte man nur die hysterischen Schreie des Rundfunkreporters Arno Hellmis: Sein »Aus, aus, aus« löste in der Heimat eine Welle der Begeisterung aus.

Der Sieg bedeutete das Ende jeder Selbstbescheidung. »Schmeling schlägt den Neger k.o. Wunderbar. Max Schmeling hat für Deutschland gefochten und gesiegt«, vertraute Propagandaminister Josef Goebbels seinem Tagebuch an. »Ihr Sieg ist ein deutscher Sieg«, telegrafierte Goebbels umgehend nach New York. Schmeling wurde rasch in die Heimat zurückbeordert. In Frankfurt erwarteten Zehntausende das Luftschiff »Hindenburg«, eine Sondermaschine brachte den neuen deutschen Helden anschließend in die Hauptstadt Berlin, wo der »Führer« den Boxer mit Familie und Freunden zu einer Privataudienz empfing. Wenig später kam ein abendfüllender Film in die Kinos: »Schmelings Sieg – ein deutscher Sieg«.

Die Nazis machten Schmeling zum Star, zum »Inbegriff des deutschen Boxers«. Der politischen Vereinnahmung hat sich der Sportler nicht entziehen können. Doch Max Schmeling war ein sperriger Held. Er hatte Gönner unter den höchsten Nazi-Größen, trat aber nie der Partei bei. Er hob die Hand zum Hitler-Gruß, wies jedoch NS-Auszeichnungen wie den Ehrendolch der SA zurück. Er widersetzte sich der Nähe zur NS-Führung nicht – und hielt doch innere Distanz zur Ideologie der Partei. Er verteidigte zwar mit Ergebenheits-Adressen die Politik der Nationalsozialisten, hielt aber gleichzeitig an seinem jüdischen Manager fest und rettete Juden vor den Schergen des rassistischen Regimes.

Am liebsten hätte Schmeling Sport und Politik wohl getrennt. Doch der Zeitgeist erlaubte es nicht. Seine Geschichte ist eine deutsche, geprägt von ihrer Zeit. Dennoch ist seine Biografie eine besondere. Denn wie kaum ein anderer deutscher Sportler konnte Schmeling seine Popularität von der Weimarer Republik über das »Dritte Reich« bis in die Bundesrepublik retten. 1991 wurde er in die »International Boxing Hall of Fame« aufgenommen.

Max Schmeling, der über fünfzig Jahre mit der beliebten Filmschauspielerin Anny Ondra verheiratet war – die Ehe hielt bis zu deren Tod –, starb mit fast hundert Jahren am 2. Februar 2005 im niedersächsischen Wenzendorf.

Die Entdeckung der Kernspaltung

Am **17. Dezember 1938** schrieb Otto Hahn Wissenschaftsgeschichte: In einer mit Neutronen bestrahlten Uranprobe suchte er nach Transuranen und fand dabei Spuren von Barium: Die Kernspaltung war entdeckt. Hahn wurde zum Vater des »Atom-Zeitalters«: Seine Arbeit bildete die Grundlage für die Atombombe ebenso wie für die friedliche Nutzung der Kernenergie.

1938

Gemeinsam mit der Physikerin Lise Meitner und seinem Assistenten Fritz Straßmann hatte der Chemiker in Berlin seit Jahren an Uran geforscht. Bei den entscheidenden Versuchen war die als »Jüdin« verunglimpfte Meitner allerdings nicht dabei. Sie musste im Sommer 1938 Nazi-Deutschland verlassen und ging ins schwedische Exil. Hahn fragte sie per Brief: »Wäre es möglich, dass das Uran 239 zerplatzt in ein Ba und ein Ma? Es würde mich natürlich sehr interessieren, Dein Urteil zu hören. Eventuell könntest Du etwas ausrechnen und publizieren.« Und tatsächlich lieferte Meitner aus der Ferne die physikalisch-theoretische Erklärung: Das Barium musste durch Kernspaltung entstanden sein.

Meitner veröffentlichte diese erste theoretische Erklärung gemeinsam mit ihrem Neffen Otto Frisch am 11. Februar 1939 in der Zeitschrift »Nature« – der physikalische Vorgang war damit öffentliches Wissen. Die Resonanz war außerordentlich: Bis Dezember 1939 erschienen bereits mehr als hundert Publikationen, die sich mit der Kernspaltung befassten. Viel schwerer wogen jedoch die praktischen Folgen: Im Dezember 1942 produzierte der erste funktionsfähige Atomreaktor Energie unter Nutzung der Kernspaltung; nur knapp drei Jahre später, im Juli 1945, wurde in der Wüste von New Mexico die erste Atombombe gezündet.

Vom Abwurf der Atombomben auf die japanischen Städte Hiroshima und Nagasaki erfuhr Hahn nach Kriegsende in einem Internierungslager der Briten: Der Wissenschaftler war am Rande der Verzweiflung. Er fühlte sich als Entdecker der Kernspaltung mitverantwortlich für den Tod und das Leiden Hunderttausender Japaner.

> »Die Menschheit kann nicht auf Dauer zugleich mit der Kenntnis der Kernspaltung und der Institution des Krieges leben. Dieses Wissen beschattete die letzten Lebensjahrzehnte Otto Hahns. Es bewusst getragen zu haben, war sein Beitrag zum unerlässlichen Bewusstseinswandel unserer Zeit. Es war sein Geschenk an die Menschheit.«
>
> CARL FRIEDRICH VON WEIZSÄCKER, 1988

Neben dem Neuaufbau der deutschen Wissenschaftsförderung engagierte sich Otto Hahn nach dem Krieg darum vor allem entschieden gegen den Einsatz der Kernenergie für militärische

Zwecke – er sah dies als Verbrechen an. Bis zu seinem Tod im Jahr 1968 warnte er wiederholt eindringlich vor den Gefahren des nuklearen Wettrüstens. Hahn, der 1944 den Nobelpreis für Chemie erhalten hatte, war nicht zuletzt wegen seines unermüdlichen Einsatzes später auch mehrfach für den Friedensnobelpreis im Gespräch. Die zahlreichen Ehrungen Hahns – unter anderem Ehrenbürgerschaften, Auszeichnungen und Denkmäler – würdigen somit nicht nur den Entdecker der Kernspaltung, sondern auch sein Engagement und seine Persönlichkeit.

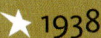 **1938**

Die Erstbesteigung der Eiger-Nordwand

»Mordwand« – ein bezeichnender Name für die Eiger-Nordwand in den Berner Alpen. Mehrere Versuche, den mythenumwobenen Fels zu durchsteigen, scheiterten tödlich, bevor dies zwischen dem **21. und 24. Juli 1938** vier Alpinisten erstmals gelang: den Deutschen Anderl Heckmair und Ludwig Vörg gemeinsam mit den Österreichern Heinrich Harrer und Fritz Kasparek.

Kalt, schroff und abweisend steht die 1.800 Meter hohe Nordwand des Eigers da – ein düsterer Anblick. In den 1930er-Jahren galt sie, nachdem andere Nordwände bezwungen worden waren, als »letztes Problem der Alpen«: Die nach innen gewölbte, von Eisfeldern unterbrochene Wand war deshalb so schwierig, weil immer wieder Lawinen, Steinschlag und schnelle Wetterstürze drohten. Verstärkt wurde der Mythos noch dadurch, dass die Wand von Grindelwald und der Kleinen Scheidegg direkt einsehbar ist – zahlreiche Schaulustige beobachteten live die Dramen

143

und Rettungsaktionen, die sich im Fels abspielten. Verunglückte zu retten war ungeheuer aufwendig. Tote hingen manchmal wochenlang am Seil, bevor sie geborgen werden konnten. Allein acht Opfer des Berges gab es bei den ersten Versuchen zwischen 1934 und 1938 – das brachte dem Felsen den Namen »Mordwand« ein.

Dann wagten es erneut vier Abenteurer: Die Deutschen Heckmair und Vörg sowie die Österreicher Harrer und Kasparek waren getrennt in die Wand eingestiegen. Nach einem Lawinenabgang schlossen sich die beiden Seilschaften dann unter Heckmairs Führung zusammen.

Trotz schlechter Witterung und ständiger Lawinen erreichten sie am 24. Juli 1938 den

> »Jeder hat in der Wand seinen Platz und seine Tätigkeit voll ausgefüllt; und einer war auf den anderen voll angewiesen und hat sich auf ihn verlassen können.«
>
> ANDERL HECKMAIR

Gipfel des Eigers zum ersten Mal über die Nordwand: eine europaweit beachtete Sensation. Von der NS-Propaganda wurde die Nachricht sogleich genutzt: Ein gemeinsamer Aufstieg deutscher und österreichischer Bergsteiger war ein willkommenes Symbol für den »Anschluss« Österreichs an das Deutsche Reich, für die »Überlegenheit« und das »Heldentum« der deutschen Jugend. Tatsächlich verdankten Heckmair und Vörg ihre moderne Ausrüstung – die maßgeblich zu dem Erfolg beitrug – ihrem Arbeitgeber, der nationalsozialistischen Ordensburg Sonthofen. Harrer etwa war Mitglied in mehreren NS-Organisationen. Auch wenn ihnen diese zweifelhafte Nähe zu den Nationalsozialisten Kritik einbrachte, haben die Erstbesteiger dennoch aus eigener Kraft und unter Einsatz ihres Lebens Geschichte geschrieben – vor allem Anderl Heckmair gilt unter Alpinisten bis heute als Legende.

Die Seilschaft überquert einen Überhang.

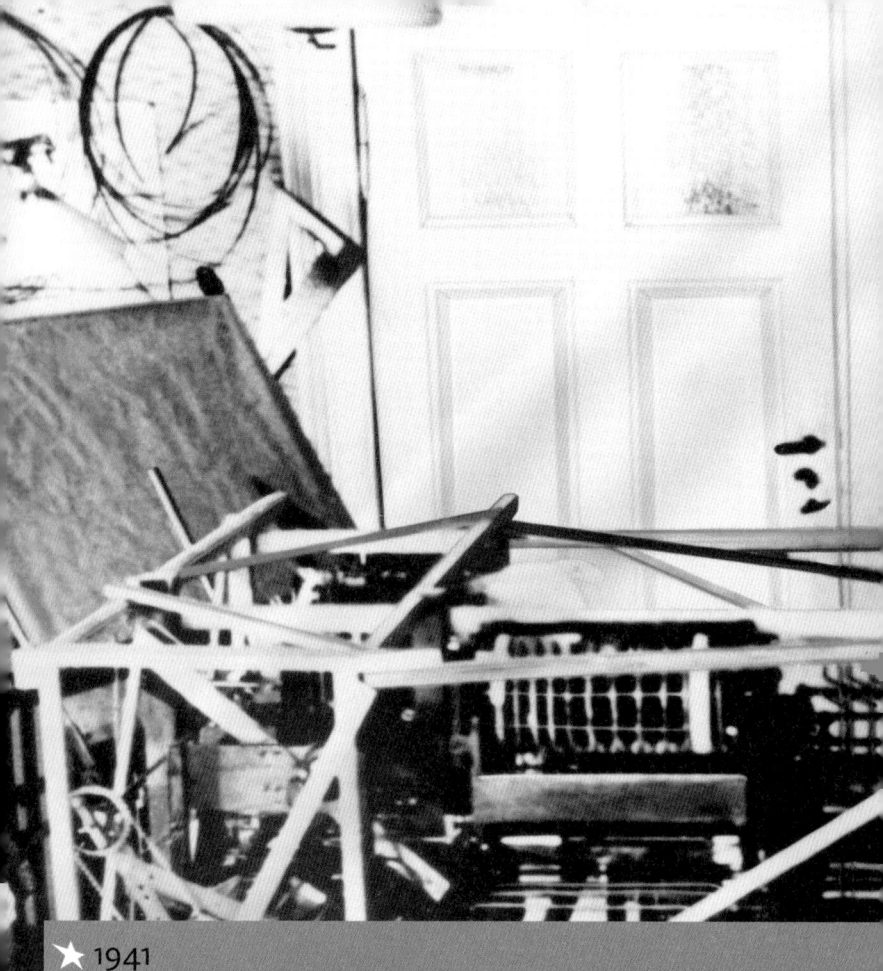

Konrad Zuse baut den ersten Computer

Auch Bequemlichkeit macht erfinderisch – zumindest im Fall von Konrad Zuse. Weil er als Statiker oft langwierige Berechnungen per Hand oder Kopf anstellen musste, träumte er von einer Rechenmaschine, die ihm die ungeliebte Arbeit abnahm. Nach jahrelanger Tüftelei war es schließlich am **12. Mai 1941** so weit. Er stellte den ersten funktionstüchtigen Computer der Welt vor.

Bereits während der Schulzeit war Zuse – der schon damals aussah wie heutige Computer-Nerds: wirres Haar, schiefe Brille – als geschickter Bastler aufgefallen. Mit 14 konstruierte er den »Zuse-Mandarinenautomaten«, der manchmal mit der Ware sogar Wechselgeld wieder herausgab. Nach dem Bauingenieursstudium trat er 1935 eine Stelle bei den Henschel-Flugzeugwerken an, doch schon ein Jahr später gab er den Job wieder auf. Er vergrub sich in der elterlichen Wohnung in Berlin-Kreuzberg und tüftelte. Finanziell unterstützt von Schwester und Vater, der nach seiner Pensionierung wieder arbeiten ging, entstand bis 1938 die Z1: ein mechanischer Rechenautomat, zusammengestückelt aus diversen Blechteilen, groß wie ein Konzertflügel, zu betreiben wahlweise mit Strom oder per Handkurbel. In sein Notizbuch trug Zuse ein: »Rechenwerk fertig, aber funktioniert schlecht.«

Besser lief da schon die Z2 – Zuse benannte seine Rechnertypen fortlaufend –, die nicht mehr mit mechanischen, sondern mit elektrischen Schaltern arbeitete. Sie konnte allerdings noch nichts speichern. Diesen Lapsus bügelte der Tüftler mit der Z3 aus. Die war programmierbar, rechnete im binären System und speicherte die Ergebnisse. Eine Rechenoperation dauerte etwa drei Sekunden; das Ergebnis wurde auf einer Tafel mit Glühbirnen angezeigt. Das Gerät hatte die Ausmaße einer Schrankwand und arbeitete mit etwa 2500 Relais, wie eine Telefonvermittlung. Am 12. Mai 1941 stellte Conrad Zuse seinen Rechner einer kleinen Gruppe von Wissenschaftlern vor: Die Z3 war der erste funktionstüchtige Computer der Welt – auch wenn lange der Harvard-Professor Howard Aiken als Pionier des Genres galt, der ab 1944 den garagengroßen MARK I im Einsatz hatte.

Beweisen konnte Zuse seinen Vorsprung nach dem Krieg nicht, denn die Z3 war mit sämtlichen Unterlagen 1943 einem Bombenangriff zum Opfer gefallen. Auch reich wie spätere Computergenies wurde er mit seiner Erfindung nicht. Zwar beschäftigte er in seiner Firma zeitweise tausend Leute, doch ein Patentantrag für die Z3 wurde im Jahr 1967 mangels »Erfindungshöhe« abgelehnt – nach 26 Jahren Bearbeitungszeit. Mit Patent wäre für jeden Computer der Welt eine Lizenzgebühr an Zuse fällig geworden.

★ 1942

Die »Weiße Rose« – Studenten gegen Hitler

Die Katastrophe im Winter 1941/42 vor Moskau, die das deutsche Heer bis an den Rand des Zusammenbruchs brachte, nährte in Deutschland die Zweifel am Sinn des Krieges. Gleichzeitig wuchs die Empörung über die Verbrechen, die in deutschem Namen verübt wurden. Eine Gruppe Münchner Studenten beschloss, in dieser Situation zu handeln und nicht mehr zu schweigen.

Hans Scholl, Medizinstudent in München, hatte bereits 1939 Kontakt zu regimekritischen Studenten wie Alexander Schmorell und Christoph Probst aufgenommen. Gemeinsam wollten sie möglichst viele Deutsche der gebildeten Schichten über die NS-Verbrechen aufklären. Zwischen Juni und Juli des Jahres 1942 verfassten Scholl und Schmorell vier »Flugblätter der Weißen Rose«, in denen sie an das Gewissen der deutschen Bevölkerung appellierten: »Nichts ist eines Kulturvolkes unwürdiger, als sich ohne Widerstand von

> »Ich bin nach wie vor der Meinung, das Beste getan zu haben (...), für mein Volk. Ich bereue deshalb meine Handlungsweise nicht.«
>
> SCHOLL NACH DER VERURTEILUNG

einer verantwortungslosen und dunklen Trieben ergebenen Herrscherclique ›regieren‹ zu lassen.« Die Flugblätter wurden zunächst per Post an in München wohnende Personen versandt.

Kurz darauf wurden die Studenten für vier Monate an die Front geschickt und versahen ihren Dienst in einer Sanitätskompanie. Schockiert vom Sterben an der Front und den Verbrechen im Hinterland kehrten sie im Oktober 1942 nach München zurück – entschlossen, ihren Widerstand gegen das NS-Regime fortzusetzen. Anfang Januar 1943 entwarfen sie ein fünftes Flugblatt. Auch Hans Scholls Schwester Sophie gehörte nun zum engsten Kreis der Widerstandsgruppe. Das Flugblatt wurde in tausendfacher Stückzahl in Deutschland und der damaligen »Ostmark« versandt. Kurz nach der Kapitulation der 6. Armee bei Stalingrad erschien das sechste und letzte Flugblatt der Weißen Rose: »Kommilitoninnen! Kommilitonen! Erschüttert steht unser Volk vor dem Untergang der Männer von Stalingrad. 330000 deutsche Männer hat die geniale Strategie des Weltkriegsgefreiten sinn- und verantwortungslos in Tod und Verderben gehetzt.«

Bei der Verteilung des Flugblattes im Lichthof der Münchner Universität wurden Hans und Sophie Scholl am 18. Februar 1943 von der Gestapo verhaftet. Es folgte ein kurzer Prozess, das Regime wollte ein Zeichen setzen. Hans, Sophie sowie Christoph Probst wurden vom Präsidenten des Volksgerichtshofs, Roland Freisler, am 22. Februar zum Tode verurteilt und wenig später auf dem Schafott hingerichtet.

★ 1944

Stauffenbergs Attentat in der »Wolfsschanze«

Es war eine helle Sternstunde in Deutschlands dunkelster Zeit. Das Attentat Stauffenbergs auf Hitler am **20. Juli 1944** hätte ein Wendepunkt des Zweiten Weltkriegs sein können. Sein Scheitern machte die Verschwörer zu tragischen Helden. Doch gut ist, dass es wenigstens versucht wurde – und dass die Welt erfuhr: Nicht alle Deutschen folgten Hitler blind. So bleibt die Tat Stauffenbergs ein Grund für stillen Stolz.

Der Tod des Diktators sollte als »Initialzündung« einen lange vorbereiteten Staatsstreich auslösen. Mord und Staatsstreich, verübt aus Gewissensgründen: Die Verschwörer wollten den Krieg beenden, den totalen militärischen Untergang Deutschlands verhindern, dem Sterben an den Fronten und dem Morden in den Konzentrationslagern ein Ende bereiten. Niemals schien diese Vision greifbarer als an jenem 20. Juli des Jahres 1944.

Über vierzig verschiedene Pläne oder Versuche, Hitler durch ein Attentat zu stürzen, hatte es bis zu diesem Zeitpunkt schon gegeben. Alle waren fehlgeschlagen – durch Misstrauen, Missgeschick oder mangelnde Courage. Da erschien es wie ein Geschenk des Himmels, dass einer der entschiedensten Verfechter des Umsturzes Zugang zur Höhle des Löwen erhielt. Mit seiner Beförderung zum Chef des Generalstabs beim Befehlshaber des Ersatzheeres am 1. Juli 1944 durfte Claus Schenk Graf von Stauffenberg an den Lagebesprechungen mit Hitler teilnehmen. Schon am 6. und 11. Juli wurde der damals 36 Jahre alte Oberst i. G. zum Rapport auf den Berchtesgadener Berghof Hitlers befohlen. Er trug eine Bombe bei sich, zündete sie aber nicht: SS-Chef Himmler, der unbedingt mit getötet werden sollte, nahm an den Besprechungen nicht teil.

> »Ich könnte den Frauen und Kindern der Gefallenen nicht in die Augen sehen, wenn ich nicht alles täte, dieses sinnlose Menschenopfer zu verhindern.«
>
> STAUFFENBERG, SOMMER 1943

Am 15. Juli 1944 dann betrat Stauffenberg erstmalig die »Wolfsschanze«, Hitlers »Führerhauptquartier« in Ostpreußen. Wegen Himmlers erneuter Abwesenheit verschob er jedoch das Attentat. Fünf Tage später wurde Stauffenberg von Berlin aus noch einmal in die »Wolfsschanze« beordert, wo er, neben anderen Militärs, vor Hitler einen Vortrag halten sollte. Diesmal war er entschlossen, das Attentat auf jeden Fall auszuführen – egal, ob der »Reichsführer-SS« anwesend war oder nicht.

Gegen 12 Uhr 30 sollte die Lagebesprechung an diesem heißen Sommertag beginnen. Kurz vorher verschwand Stauffenberg unter einem Vorwand in einem Aufenthaltsraum. Mit seinem Adjutanten Werner von Haeften wollte er dort die beiden Bomben

1944

scharf machen, die er in einer Aktentasche bei sich trug. Eine äußerst heikle Angelegenheit: Nach einem britischen Fliegerangriff im Jahr 1943 in Tunesien hatte Stauffenberg sein linkes Auge, seine rechte Hand sowie zwei Finger seiner linken verloren. Trotz dieser Handicaps gelang es Stauffenberg, die erste Bombe scharf zu machen. Noch ehe er allerdings auch die zweite Bombe aktivieren konnte, wurde plötzlich die Tür aufgestoßen, ein Adjutant verlangte Stauffenberg umgehend zu sprechen. Der ließ rasch die scharf gemachte Bombe in seine Aktentasche gleiten. Das zweite, noch nicht aktivierte Sprengstoffpaket nahm Haeften überstürzt an sich. Dies war der fatale Fehler, der das Attentat auf Hitler schließlich scheitern ließ. Denn bei der Explosion der ersten Sprengladung wäre ohne Zweifel auch die zweite Packung hochgegangen – trotz des fehlenden aktiven Zünders. Beide Sprengsätze zusammen hätten ausgereicht, um alle Teilnehmer der Lagebesprechung in der »Wolfsschanze« zu töten.

Claus Schenk Graf von Stauffenberg (links) am 15. Juli 1944 in der »Wolfsschanze«.

Kurz nach halb eins traf Stauffenberg wieder in der Lagebaracke ein. Der Vortrag zur Lage an der Ostfront hatte bereits begonnen. Rasch bat er um einen Platz in der Nähe des »Führers« an der Längsseite des Kartentisches, der dem kriegsversehrten Offizier bereitwillig gewährt wurde. Seine Tasche ließ er unter dem Tisch abstellen – ein massiver Holzsockel trennte sie indes von Hitlers Standort. Kurz darauf murmelte er etwas von einem äußerst dringenden Telefonat und verließ den Raum. Wenige Augenblicke später zerriss eine gewaltige Detonation die Stille. Aus der Lagebaracke schoss eine dunkle Rauchwolke hervor, angekohlte Trümmer wirbelten durch die Luft. Im Besprechungsraum hatte die Druckwelle alle Anwesenden zu Boden geschleudert. Es herrschte ein heilloses Chaos aus Qualm, Scherben und zersplittertem Mobiliar.

Stauffenberg hatte die Explosion aus sicherer Entfernung beobachtet. Nun konnte er erkennen, wie Verletzte aus den Trümmern geborgen wurden – und er meinte sogar, über eine Bahre gebreitet den Umhang des »Führers« erkannt zu haben. Daraus schloss er, dass der Anschlag geglückt sein musste. Hitler war tot, davon war Stauffenberg fest überzeugt. Während man im »Führerhauptquartier« umgehend Alarm auslöste, verließ Stauffenberg in einem eilig herbeigerufenen Wagen den Tatort. In der zerstörten Lagebaracke hatte der unverletzte Generalfeldmarschall Wilhelm Keitel die erste Benommenheit nach der Explosion inzwischen erstaunlich rasch überwunden.

»Wo ist der Führer?«, rief er, um dann erleichtert festzustellen: »Mein Führer! Sie leben! Sie leben!« Tatsächlich: Der Mann, dem der Anschlag gegolten hatte, war kaum versehrt: Rock und Hose waren zerrissen, größere Verletzungen hatte Adolf Hitler jedoch nicht davongetragen. Die Bombe, die unter dem Kartentisch explodiert war, hatte ihre zerstörerische Wirkung nur einseitig entfalten können. Denn die schwere Tischplatte hatte für alle 17 Personen, die jenseits des schweren Holzsockels standen, wie ein Schutzschirm gewirkt. Die dünnen Holzwände

> »Stauffenberg wirkte kein bisschen nervös. Ganz ruhigen Schritts lief er an mir vorbei. Ich hätte nie darauf getippt, dass er der Attentäter war.«
>
> KURT SALTERBERG, 1944 WACHPERSONAL IN DER »WOLFSSCHANZE«

der Baracke und die geöffneten Fenster ließen den Explosionsdruck zudem nach außen entweichen – in einem der sonst für Lagebesprechungen üblichen Bunkerräume hätte die gewaltige Detonation allen Anwesenden die Lungen zerrissen.

Der Wagen mit Stauffenberg und Haeften hatte in der Zwischenzeit die erste Wache ohne Probleme passiert. Doch als sie eine der Außenwachen erreichten, war bereits Alarm ausgelöst worden. Noch wusste niemand, was sich ereignet hatte. Probe-

1944

alarme gab es häufiger, auch Explosionen waren nicht ungewöhnlich, denn Tiere traten von Zeit zu Zeit auf Minen, die um das »Führerhauptquartier« verlegt waren. Am Ende ließ sich der diensthabende Unteroffizier von einem Anruf Stauffenbergs bei einem vorgesetzten Offizier beeindrucken, und der Wagen durfte passieren.

Stauffenberg hatte bei der Verschwörung gegen den Diktator eine Doppelrolle übernommen – als Attentäter und Führer des Umsturzes in der Berliner Zentrale. Die Mitverschwörer in der Bendlerstraße verloren wichtige Stunden, weil alle auf Stauffenberg warteten. Erst als er kam, begann das Räderwerk der »Operation Walküre« zu laufen – jenes eigentlich zur Abwehr innerer Unruhen gedachten Plans, der von Stauffenberg so genial umgearbeitet worden war, dass im Falle des Gelingens selbst die Gegner des Putsches im Sinne der Verschwörer gehandelt hätten. »Es war faszinierend zu sehen, wie alles immer auf ihn zukam, ihn fragte, wie der Mann in einer unerhörten Erregung war, aber vollkommen ruhig und beherrscht, von äußerster Höflichkeit«, erinnert sich der Augenzeuge Ewald von Kleist. Es war der Tag, an dem Stauffenberg in die Geschichte einging. Der Tag, an dem er etwas von der Schande tilgte, in die sein Land geraten war. Und es war der letzte Tag in seinem Leben. Vorbestimmt war ihm sein Einsatz nicht.

> »Das Attentat war enorm wichtig. Es musste um der damaligen Gegenwart und der späteren Zukunft willen ohne Rücksicht auf den Erfolg unbedingt versucht werden.«
>
> RICHARD VON WEIZSÄCKER

Als Hitler die Macht ergriff, begrüßte Stauffenberg die Aufrüstung – verhieß sie doch für ihn und seine Kameraden eine strahlende Zukunft. Auch später noch war er fasziniert von den Erfolgen Hitlers, nur sein Gefolgsmann wurde er nicht.

Erst der Vernichtungskrieg in der Sowjetunion trieb Stauffenberg schließlich zum Äußersten: das Wissen um die vielen Morde hinter der Front – und nach der Niederlage in der Schlacht vor Moskau auch das Wissen um die hohen Verluste der Wehrmacht. Im Jahr 1942 sprach er zum ersten Mal davon, dass es nur einen einzigen Weg gebe, um Hitler Einhalt zu gebieten: ihn zu töten.

Freilich fragte er noch im Juni des Jahres 1944 seinen Mentor

**Vom Bewunderer zum Gegner Hitlers
– Claus Schenk Graf von Stauffenberg.**

Henning von Tresckow, den Kopf der Verschwörung, ob das geplante Attentat denn angesichts der Kriegslage überhaupt noch sinnvoll sei. Die historische Antwort: »Das Attentat muss erfolgen. Denn es kommt nicht mehr auf den praktischen Zweck an, sondern darauf, dass die deutsche Widerstandsbewegung vor der Welt und vor der Geschichte den entscheidenden Wurf gewagt hat. Alles andere ist daneben gleichgültig.«

Ein Mord, um Millionen Morde zu verhindern. Das Land vom Tyrannen befreien – dem Erzfeind der Deutschen, dem Erzfeind der gesamten Menschheit. Die Diktatur beseitigen. Den Krieg beenden. Und dann? Stauffenberg war alles andere als ein lupenreiner Demokrat. Doch was er wollte für die neue Ordnung nach der Tyrannei, war ein Land des Rechts und der Gerechtigkeit.

Während Claus Schenk Graf von Stauffenberg mit seinen Getreuen im Bendlerblock die Nachricht von Hitlers Tod verbreiten ließ und wie geplant Befehle an das Ersatzheer und das

> »Als klar war, dass Hitler wieder einmal davongekommen war, war das eine ungeheuerliche Enttäuschung.«
> RALPH GIORDANO

Berliner Wachbataillon ausgeben ließ, sprach der »Führer« im Volksempfänger von der »Vorsehung«, die ihm das Leben gerettet habe. Bei den Verschwörern kam es daraufhin zu dramatischen Szenen. Einige begingen Selbstmord, um der Rache des Regimes zuvorzukommen. Und die war grausam: Hinrichtung der führenden Verschwörer, »Sippenhaft« für deren Familien.

1944

Was wäre geschehen, wenn Stauffenbergs Attentat geglückt wäre? Wenn die Bombe unter dem Kartentisch ihr Zielobjekt mit voller Wucht getroffen hätte? An der Forderung der Alliierten nach einer bedingungslosen Kapitulation hätte sich zweifelsohne nichts geändert – genauso wenig an der späteren Aufspaltung des »Deutschen Reiches« in verschiedene Besatzungszonen, an der brutalen Amputierung Ostdeutschlands und an der Vertreibung zahlloser Menschen. Aber eine provisorische Regierung der Verschwörer hätte diesen Krieg beenden müssen, so oder so. Und dann hätten Millionen von deutschen und alliierten Soldaten an den Fronten in Europa nicht mehr sterben müssen. Allein auf deutscher Seite sind von August 1944 bis Mai 1945 mehr Menschen umgekommen als im ganzen langen Krieg zuvor. Hätten sie die Macht errungen, wären Hunderttausende Juden nicht mehr in die Gaskammern getrieben worden. Dann hätte das Leid der Zivilisten ein Ende gehabt. Und viele schöne Städte wären heil geblieben: Würzburg, Dresden und zahllose andere. Ein gelungenes Attentat Stauffenbergs – es hätte wahrlich seinen Sinn gehabt.

> »Das Attentat war nicht sinnlos. Es hat der Welt gezeigt, dass es in diesem Volk Menschen gab, die keine Nazis waren und die bereit waren, ihr Leben einzusetzen, um dieses Regime zu beseitigen.«
>
> ULRICH DE MAIZIÈRE,
> DAMALS GENERALSTABSOFFIZIER

Rache des Regimes – viele Verschwörer wurden vom »Volksgerichtshof« unter dem Vorsitz Freislers verurteilt.

★ 1944

Der gute Deutsche –
Schindlers Liste

Einer breiteren Öffentlichkeit wurde er in Deutschland erst durch einen Hollywood-Film bekannt: Oskar Schindler. Der Lebemann und Geschäftemacher hatte im Zweiten Weltkrieg mehr als tausend Juden vor dem sicheren Tod bewahrt. »Schindlers Liste« wurde zum Synonym für mutiges Handeln in einer grausamen Zeit.

1944

Ein Bilderbuchheld war er nicht. Der im heutigen Tschechien geborene Schindler flog von der Schule, brachte die Mitgift seiner Frau mit Autos und Affären durch, zeugte uneheliche Kinder, arbeitete als Spion für die Nazis und war Mitglied der NSDAP. Nach dem Überfall der Wehrmacht auf Polen im September 1939 witterte er das große Geschäft. Er ging ins besetzte Krakau, wo Juden, wie im ganzen Land, kein Bankkonto mehr führen, keinen Laden mehr besitzen durften. Für einen Spottpreis pachtete er eine Press- und Emaillierfabrik, die er »Deutsche Emailwarenfabrik« nannte, und ließ Geschirr und Kochutensilien für die Wehrmacht herstellen.

Schindler beschäftigte Juden, weil sie billiger waren als Polen. Oberflächlich gesehen wurde er damit natürlich zum Kriegsgewinnler. Doch sein Gewinn floss auch in die Taschen korrupter SS-Offiziere. Sie verlangten ihren Teil, damit sie ihn und seine Belegschaft nicht antasteten. Schindler investierte Unsummen in Bestechungsgelder, kredenzte »kleine Gefälligkeiten«: Taschenuhren, Reitsättel, Autos. Er feierte mit Hitlers Schergen, ging innerlich aber zunehmend auf Distanz.

> »Er war kein Engel. Aber er konnte nicht mit ansehen, was man uns Juden angetan hat. Es hat ihn wirklich angewidert.«
>
> MIMI REINHARDT, DAMALS OSKAR SCHINDLERS SEKRETÄRIN

Als das Krakauer Ghetto aufgelöst wurde und das KZ Plaszów entstand, erhöhte der Spieler Schindler den Einsatz. Er pokerte mit den Nazischergen nicht mehr um Gewinne, sondern um Menschenleben. Schindler gelang es, ein Sonderlager direkt bei seiner Fabrik einzurichten, wo die Lebensbedingungen für die Häftlinge sehr viel besser waren als im KZ. Als »Facharbeiter« waren »seine« Juden damit in Sicherheit vor der SS. Im Oktober 1944 dann, die Rote Armee rollte bereits heran, wurde das KZ aufgelöst und Schindlers Lager geschlossen. Noch einmal wandte Schindler eine List an und schaffte es, die Fabrik in seine mährische Heimat zu verlegen, um Waffenteile zu produzieren.

Zwar hat es die eine lebensrettende »Liste« wie im Spielberg-Film nicht gegeben. Doch Schindler gelang es, fast 1100 Juden für die als kriegswichtig eingestufte Fabrik aus den Fängen der SS zu befreien. Ihnen rettete er durch seinen Einsatz das Leben. Der Staat Israel ehrte ihn als »Gerechten unter den Völkern«. In Israel fand er auch seine letzte Ruhestätte, wo noch heute viele Menschen eine Antwort auf die Frage wissen: Warum mussten Millionen Menschen sterben – und ich habe überlebt? Weil es Oskar Schindler gab.

 **1945**

Die Befreiung – Kriegsende in Deutschland

Für die große Mehrheit der Deutschen war der **8. Mai 1945** zunächst die Stunde des Zusammenbruchs und nicht die Stunde der Befreiung. Bedingungslose Kapitulation – das schien für die Zeitgenossen ein Fall ins Bodenlose. Nur eine positive Erfahrung verband Sieger und Besiegte am Ende des Krieges: die Erleichterung, überlebt zu haben – einen Krieg, der über 50 Millionen Opfer gefordert und zugleich deutlich gemacht hatte, wozu Menschen fähig sind und was sie ihresgleichen antun können.

»Und dennoch, die Stunde ist groß – nicht nur für die Siegerwelt, auch für Deutschland – die Stunde, wo der Drache zur Strecke gebracht wird, das wüste und krankhafte Ungeheuer, Nationalsozialismus genannt, verröchelt und Deutschland von dem Fluch wenigstens befreit, Hitlers Land zu heißen.« Mit diesen Worten begrüßte der in die USA emigrierte Schriftsteller Thomas Mann die deutsche Kapitulation. Nur wenige seiner Landsleute, die in »Hitlers Land« verblieben waren, haben damals wohl ähnlich empfunden. Das Nazireich versank in einem Meer von Blut und Tränen. Sein monströses Dasein hing allein von dem Mann ab, der es geschaffen hatte. Mit Hitlers Selbstmord am 30. April

1945 endete der Spuk. »Hitlers Ende«, berichtete seine Sekretärin Traudl Junge, der der Todeskandidat zuvor sein Testament diktiert hatte, »war für uns wie das Ende eines Zustandes der Massenhypnose. Plötzlich entdeckten wir in uns wieder eine unbezwingbare Lust zu leben, wir selbst zu werden, menschliche Wesen zu sein. Hitler interessierte uns nicht mehr.« Ohne ihn, den Kristallisationspunkt böser Emotionen, war das »Dritte Reich« nur mehr ein marodes Geisterschiff. Als dessen letzten Kapitän hatte der Selbstmörder einen Großadmiral bestimmt: Karl Dönitz, der sich bis dahin als Durchhaltekrieger erwiesen hatte. Hitler dachte, dieser Mann sei der richtige, um auf dem sinkenden Schiff samt Besatzung mit fliegenden Fahnen unterzugehen. Doch Dönitz dachte nicht daran: Er hisste die weiße Flagge, aber nur vor den West-Alliierten. An der Ostfront sollte weitergekämpft werden.

Viele Deutsche wähnten sich in diesen Tagen schon in einem neuen heimlichen Bündnis: gemeinsam mit dem Westen gegen den Kommunismus. Dieser Pakt freilich ließ noch auf sich warten. Zuletzt blieb Dönitz nur eines übrig: sich bedingungslos ergeben – auf Gnade oder Ungnade. Es war der jämmerliche Abgesang eines Reichs, das tausend Jahre währen sollte und nun nach zwölf Jahren zusammenbrach.

Für Hitler war der Krieg nicht nur Staatsziel gewesen, er war auch Selbstzweck; für ihn war der Überlebenskampf schlichtweg das Gesetz jeder Existenz: der Wahn des Usurpators, für den es nur ein Entweder-oder gab – siegen oder untergehen. Der »Führer« fand genügend Generäle, die ihm bereitwillig folgten. Millionen von Soldaten wurden nicht gefragt, ebenso wenig die Zivilbevölkerung.

> »Es war eine Erlösung und Befreiung, dass dieses sinnlose Sterben ein Ende gefunden hatte.«
> Konrad Stangl, Begleitoffizier und Zeuge der Kapitulation

Die meisten Deutschen erlebten die Kapitulation am 8. Mai 1945 dennoch mit zwiespältigen Gefühlen. Sie waren erleichtert, dass die Bombenangriffe auf Städte und Dörfer, die Kämpfe und das Töten an der Front ein Ende hatten. Zugleich aber fühlten sie sich als Zeugen und Opfer eines einzigartigen Zusammenbruchs – wie während der letzten Akte des Dreißigjährigen Krieges oder

1945

Keitel bei der Unterzeichnung der »bedingungslosen Kapitulation«.

des Untergangs von Karthago. Der »totale Krieg«, den Hitler vom Zaun gebrochen hatte, endete im Desaster einer totalen Niederlage. Das Reich des »Führers« war nicht nur besiegt: Deutschland hatte im wahrsten Sinne des Wortes aufgehört zu existieren. Ein ganzes Volk, so schien es, verlor seine Identität. Die Sieger allein hatten nun das Sagen im Land. Und manch einer mochte gedacht oder gewünscht haben: »Finis Germaniae.«

Nun war die Stunde der bitteren Wahrheit gekommen. Bitter auch deshalb, weil sich jetzt das ganze Ausmaß der Verbrechen offenbarte, die von Deutschen während der Jahre des Krieges begangen worden waren. Befreit hingegen fühlten sich die Opfer und Verfolgten des Naziregimes, vor allem die Menschen, die von den Alliierten in den Wochen zuvor aus den Konzentrationsla-

gern befreit worden waren. Für sie wie für elf Millionen Kriegsgefangene und Zwangsarbeiter war Deutschland bis zuletzt das Land gewesen, das Gefangenschaft, Versklavung und Tod bedeutet hatte. Mit der Kapitulation wurde ein Schlussstrich gezogen unter eine Phase der Weltkriege, die künftige Historiker als einen großen Krieg sehen werden: 1914 bis 1945, der Dreißigjährige Krieg des zwan-

> »Und dann kam der 8. Mai. Das Ende. Ich erlebte es mit großem Aufatmen. Wenige verstanden das. Die Menschen waren erschöpft. Aber trotz allem: Die Hitler-Zeit, die große Schande Deutschlands, war vorbei. Viele empfanden das nicht. Sie klagten nur über die augenblickliche Notlage. Manche schimpften auf die Besatzer.«
>
> CHARLOTTE PETERSEN, JOURNALISTIN

zigsten Jahrhunderts. Und sie markiert den Anfang einer neuen Ära: einer Friedenszeit, die nicht durch menschliche Vernunft gesichert wurde, sondern durch die Angst vor der Atombombe.

Die eine große Stunde null gab es nicht. Sie schlug nicht in dem Augenblick, als Wilhelm Keitel in Berlin-Karlshorst die ihm

Frauen und Kinder irren in den letzten
Kriegstagen durch Berlin.

vorgelegte Kapitulationsurkun-
de unterschrieb; sie schlug
nicht um Mitternacht des 8.
Mai, als in Europa, und nur
dort, »die Waffen schwiegen«;
und schon gar nicht in den bitteren Momenten, als die Deutschen in der Lüneburger Heide,
in Italien und in Reims schon
mal vorab zu üben hatten, wie
man sich ergibt. Alle diese Augenblicke waren nur Indizien
für das Ende einer Ära und für
den Anfang einer neuen Zeit.

Seit die Welt erfahren hatte,
was in deutschem Namen nicht
nur in den Lagern des Regimes
geschehen war, kehrte sich der
Zorn der Völker gegen das gesamte »Volk der Täter«. Dabei
war dieses Volk selbst Opfer des
in seinem Namen ausgelösten
Krieges. Vier Millionen Deutsche hatten als Soldaten ihr Leben für ein mörderisches Vater-
land gelassen. Allein dreieinhalb Millionen Zivilisten waren in
Bombennächten und auf der Flucht umgekommen. Diejenigen,
die das schreckliche Geschehen überlebt hatten, fanden keine
Zeit für Tränen. Nichts als überleben wollten sie. Noch Hunderttausende verhungerten in diesem Jahr – gefangene Soldaten,
Greise, Kranke. Konrad Adenauer sah das deutsche Volk »zugrunde gehen – langsam, aber sicher«.

Doch der alte Herr aus Rhöndorf hatte seine Deutschen unter-
schätzt. Sie streckten Leberwurst mit Holz, fälschten Fragebögen,
bückten sich nach Ami-Kippen, tauschten Silber gegen Butter,
schlugen für Brennholz Wälder kahl und schneiderten aus Fah-
nentüchern Blusen.

1945

Der »Führer« hat ausgedient – wie hier in Lüchow beginnt überall im Land die neue Zeit.

Finis Germaniae? Nein, es gab tatsächlich genügend Kontinuität, um den scheinbar absoluten Stillstand des Geschehens einzubetten in das Vorher und das Nachher. Was da allerorten aus Trümmern und Ruinen auferstand, war nicht das Deutschland von morgen, sondern zunächst das von vorgestern: Die Überlebenden der ersten Republik, die Veteranen von Weimar, sie standen nun auf und packten an.

Mitunter kündigte sich die neue Zeit schon an, bevor die alte endete: Noch vor der Kapitulation formierte sich der erste Ortsverein der SPD. Am Tag vor Hitlers Selbstmord landete im Osten von Berlin die »Gruppe Ulbricht«, Schlangenei des späteren DDR-Regimes. Gleichwohl erscheinen die Deutschen im Rückblick allenfalls als »Befreite wider Willen«. Sie haben sich nicht selbst von Hitler trennen können (und viele auch nicht trennen wollen) und überließen es den Alliierten, Europa und auch die Deutschen vom braunen Terror zu befreien.

»Es gibt kein Deutsches Reich mehr. Es gibt nur noch Millionen von staatenlosen Deutschen, die die Sklavenketten schleppen müssen, die Hitler ihnen geschmiedet hat.«

THEO FINDAHL, NORWEGISCHER JOURNALIST, 9. MAI 1945

In Deutschland hat es nach dem Krieg einige Zeit gedauert, bis diese Erkenntnis sich durchsetzte. Zu sehr hatten zahlreiche Deutsche zunächst mit ihrem eigenen Schicksal zu kämpfen. Für viele war der 8. Mai zudem nicht End- oder Wendepunkt ihrer persönlichen Leidensgeschichte, sondern erst ihr Beginn. Von den über elf Millionen deutschen Soldaten, die sich bei Kriegsende in Lagern der Anti-Hitler-Koalition befanden, war die Mehrheit erst nach der Kapitulation in Gefangenschaft geraten. Die letzten von ihnen kehrten 1956 aus sibirischen Lagern heim. Mehr als 14 Millionen Deutsche verloren durch Flucht und Vertreibung ihre Heimat, zwei Millionen von ihnen starben. Noch heute spüren viele Deutsche bei dem Gedanken an das Kriegsende innere Zweifel und Zwiespalt. War der 8. Mai 1945 ein Tag der Befreiung oder der Niederlage?

> »Das Vergessenwollen verlängert das Exil, und das Geheimnis der Erlösung heißt Erinnerung.«
>
> RICHARD VON WEIZSÄCKER IN SEINER REDE VOM 8. MAI 1985

In seiner Rede zum vierzigsten Jahrestag der Kapitulation hat der damalige Bundespräsident Richard von Weizsäcker diese Frage 1985 im Bundestag mit einer weithin akzeptierten Formulierung beantwortet: »Der 8. Mai, er war ein Tag der Befreiung. Er hat uns alle befreit von dem menschenverachtenden System der nationalsozialistischen Gewaltherrschaft. Niemand wird um dieser Befreiung willen vergessen, welche schwere Leiden für viele Menschen mit dem 8. Mai erst begannen und danach folgten. Aber wir dürfen nicht im Ende des Krieges die Ursache für Flucht, Vertreibung und Unfreiheit sehen. Sie liegt vielmehr in seinem Anfang – und im Beginn jener Gewaltherrschaft, die erst zum Krieg führte.« Der lange Weg zu jenem 8. Mai 1945 hatte bereits zwölf Jahre vorher mit Hitlers »Machtergreifung« am 30. Januar 1933 begonnen.

Amerikanische Soldaten verteilen Süßigkeiten an deutsche Kinder.

★ 1945

Die Kraft der Trümmerfrauen

Deutschland nach dem Krieg: Das ganze Land lag in Trümmern – wie die Hauptstadt Berlin. Von den 250 000 Häusern der Metropole war fast ein Viertel zerstört, viele weitere stark beschädigt – ein gewaltiger Schutthaufen. Doch in der Trümmerwüste regte sich millionenfach Leben: Wiederaufbau hieß die Parole der Stunde.

1945

Wer aber sollte den Schutt wegräumen? Die »Männer der ersten Stunde« wohl kaum. Zehntausende Berliner waren gefallen, zahllose noch in Gefangenschaft. Frauen und Kinder stellten mehr als zwei Drittel der Einwohner. Kein Wunder, dass die Besatzungsmächte schon Anfang Juni 1945 alle Frauen und Mädchen zwischen fünfzehn und fünfzig zum Arbeitseinsatz dienstverpflichteten – die Geburtsstunde der Berliner Trümmerfrau. Beliebt war die schwere körperliche Arbeit nicht, zumal es anfangs an allem fehlte. Oft mussten die Frauen mit Eimern und Schaufeln den Trümmern zu Leibe rücken. »Wir hatten Pferdewagen – ohne Pferd, versteht sich – zum Ziehen«, erinnert sich die Berlinerin Helene Karwentel. »Auf die haben wir dann die Steine gelegt, und dann haben zwei Frauen vorne und zwei hinten Pferd gespielt. Jeden Tag acht Stunden: Steine klopfen, Steine aufladen. Steine klopfen, Steine aufladen. Meine Hände sahen dementsprechend aus, völlig zerrissen.« Eine Wahl hatten die Frauen nicht. Der Grundsatz »wer nicht arbeitet, soll auch nicht essen« galt niemals mehr als in diesen Monaten: Wer sich der Arbeitspflicht entzog, bekam keine Lebensmittelkarte und musste hungern. In der Notzeit nach dem Krieg das sichere Todesurteil.

So schufteten in der ganzen Stadt bald Tausende Frauen als »Hilfsarbeiter im Baugewerbe«, zum Stundenlohn von 72 Pfennigen. Doch der Wille, nach dem verheerenden Krieg anzupacken und aufzuräumen, einte die Trümmerfrauen – in Berlin und in den Städten im ganzen Land. Sie kamen aus allen Schichten der Bevölkerung – Professorengattinnen arbeiteten neben Arbeiterfrauen, Angestellte neben Hausfrauen, Alte neben Jungen.

Anfang der 1950er-Jahre war ein Großteil der Trümmer weggeräumt, die Frauen verschwanden allmählich aus dem Stadtbild. In Ost und West wusste man, was man ihnen zu verdanken hatte. Reden wurden gehalten, Orden verteilt, Denkmäler errichtet. Doch mit der Zeit verblasste die Erinnerung an ihre Leistungen. Ohne sie wäre jedoch der Neuanfang nach dem Krieg nicht möglich gewesen.

> »Erdgrau wie die Ruinen Berlins sehen die Frauen aus, die Tag für Tag acht Stunden lang in Akkordarbeit Loren mit Schutt füllen.«
>
> »SÜDKURIER«, FEBRUAR 1946

Das D-Mark-Wunder – neues Geld im Westen

Kein Ereignis in der Nachkriegszeit hat sich tiefer in das kollektive Gedächtnis der Westdeutschen eingeprägt als die Währungsreform am **20. Juni 1948.** Für die allermeisten war sie ein Urerlebnis, eine Zäsur wie der Zusammenbruch drei Jahre zuvor – nur unter völlig gewandelten Vorzeichen. Sprichwörtlich über Nacht geschah das »D-Mark-Wunder«. Die Spaltung der Währung geriet jedoch auch zum Symbolakt für das Auseinanderleben der Deutschen in Ost und West.

Dass eine Reform der Währung bevorstand, ahnten die meisten Zeitgenossen. Der genaue Zeitpunkt und die konkreten Bestimmungen hingegen waren ein wohlgehütetes Geheimnis. Am Freitag, dem 18. Juni 1948, abends, nachdem alle Geldinstitute geschlossen hatten, erfuhr die deutsche Öffentlichkeit die ersten Einzelheiten. »Die neue Währung, allein gültig vom 20. Juni an, heißt die Deutsche Mark. Zunächst erhält jeder Einwohner der drei Westzonen einen Kopfbetrag von 60 Deutschen Mark im Umtausch gegen 60 Mark Altgeld. 40 davon werden sofort, die übrigen 20 einen Monat später ausgezahlt. Der Umtausch erfolgt am Sonntag auf den Lebensmittelkartenstellen.«

Von acht Uhr morgens an konnte sich jede »natürliche Person unabhängig vom Alter« ihre 40 D-Mark Kopfgeld abholen. Tatsächlich ging das Gedränge schon ein bis zwei Stunden früher los. Die Menschen konnten es kaum erwarten, die alte Reichsmark gegen die nagelneue D-Mark einzutauschen. Die erste Bekanntschaft mit der neuen Währung aber geriet oft unversehens zum Duschbad: Alte Wochenschaubilder vom Tage zeigten endlose Warteschlangen im Dauerregen. Waren die Auslagen der Schaufenster bis zu diesem Sonntag noch gähnend leer gewesen, prangten am Montagmorgen in den Regalen Waren in Hülle und Fülle. Unglaubliches gab es da plötzlich zu kaufen: Butter, Fleisch, aber auch Kochtöpfe und Fahrradschläuche: alles Dinge, von denen »Otto Normalverbraucher« bislang nur hatte träumen können und von denen er dachte, dass es sie nirgendwo mehr gab. Die Warenschwemme erschien vielen wie »Manna« nach schweren Zeiten der Entbehrung: »Es war einfach so, als hätte jemand den Zauberstab geschwungen.«

Zauberei war bei diesem »Wunder« über Nacht freilich nicht im Spiel. Die Gründe, die zu der Warenfülle geführt hatten, waren leicht nachvollziehbar. Die Besitzer der Geschäfte hatten gehortet, was das Zeug hielt; die Vorratslager waren zum Bersten angeschwollen. Es war die Zeit des großen Wartens auf Geld, das wieder etwas wert war. Die Aufnahmen vom Morgen nach dem »Tag X« gingen um die Welt: staunende Gesichter vor prall gefüllten Auslagen der Geschäfte. Die Bilder schufen jenen Mythos, der bis heute in den Köpfen steckt: dass mit der Währungsreform

1948

geradezu katapultartig der westdeutsche Aufschwung begann, das »Wirtschaftswunder«. Ganz so war es freilich nicht.Dass es nach dem Krieg einer neuen Währung bedurfte, war eindeutig. Die Reichsmark war ruiniert. Für die 70 Milliarden, die in Umlauf waren, gab es keinen entsprechenden Gegenwert. Es fehlte an Gütern, mehr noch als zuvor. Die Alliierten sahen sich genötigt, die Zwangsbewirtschaftung, eine Kombination aus Rationierung und Preiskontrolle, vorerst noch beizubehalten. Lebensmittelkarten und Bezugsscheine waren neben der Reichsmark und dem sogenannten Besatzungsgeld die offiziellen Währungen der Zeit. Diese Maßnahmen regelten zwar die Verteilung, sie brachten jedoch kein Pfund Butter mehr auf die Tische des völlig heruntergewirtschafteten Landes. Überall herrschte Mangel. Noch drei Jahre nach Kriegsende fristeten die Menschen ein Dasein, das sich nur unwesentlich von der Situation unmittelbar nach der Niederlage unterschied. Gerade einmal 59 Kilogramm brachte der Durchschnittsdeutsche damals auf die Waage.

Die Initiative zu einer Besserung dieser Zustände konnte nur von den alliierten Militärverwaltungen ausgehen, die in Deutschland die oberste Regierungsgewalt innehatten. Experten waren der Auffassung, dass die fortgesetzte, »schleichende Lähmung des Wirtschaftskörpers« nur durch eine einschneidende Währungsreform zu beenden sei. Im Alliierten Kontrollrat, dem gemeinsamen Verwaltungsorgan der vier Besatzungen, zeichnete sich jedoch schon 1946 ein grundlegender Dissens ab. Während den USA an einer möglichst raschen Umsetzung der Pläne lag und sie dabei mit der Zustimmung der Briten rechnen konnten, signalisierten die französische und die sowjetische Regierung eher Ablehnung. Ihr Ziel war nicht die schnelle wirtschaftliche Gesundung ihres Besatzungsgebiets, sondern die Befriedigung ihrer Reparationsansprüche aus der eigenen Zone.

Die USA pochten jedoch auf eine schnelle Genesung der Westzonen. Washington setzte auf den Alleingang. Die Entscheidung, einseitig mit dem Notendruck zu beginnen, fiel 1947 im Oktober. Damit nahmen die USA auch einen offenen Bruch in Kauf: »Wir hatten schließlich keine Bedenken mehr, durch die Währungsreform die Einheit zu opfern. Die deutsche Einheit war schon durch

Wie im Schlaraffenland – staunende
Deutsche vor den gefüllten Auslagen.

das Handeln der Sowjets im Zeitraum von 1946 bis 1947 aufs Spiel
gesetzt worden«, erklärte Taylor Ostrander, 1948 Chef der Preisbe-
hörde. Erst in der Endphase der Vorbereitungen schien es den
Amerikanern doch opportun, auch deutschen Sachverstand ein-
zubeziehen. Dabei ging es ihnen vor allem darum, deutsche Fach-
leute als »Formulierungshelfer« einzusetzen: für möglichst hieb-
und stichfeste Merkblätter, Verordnungen und Richtlinien zur
Durchführung der Reform. Ein von den Amerikanern eilig zu-
sammengetrommeltes deutsches Expertengremium lehnte hingegen Anfang Juni 1948 jede Verantwortung für die kommende
Währungsreform ab. Ausdrücklich wiesen die Experten darauf
hin, dass sie eine andere, eine weichere Lösung anstrebten.

Allen Geheimhaltungsversuchen zum Trotz nahmen im Frühjahr 1948 die Gerüchte zu, dass eine Währungsreform unmittelbar bevorstehe. Auch die Printmedien nahmen teil an den Spekulationen. Die seit Monaten aufziehende »Reichsmarksdämmerung«
erreichte in den Tagen vor der Reform ihren grotesken Höhepunkt. In ganz »Trizonesien« kannte jeder nur noch ein Ziel: die

171

1948

Reichsmark loswerden! Besonders Schlaue versuchten gar, ihre Schulden in der alten Währung zu begleichen und Steuern, Löhne und Pachtgelder gleich im Voraus zu bezahlen.

Der Wert der am 20. Juni ausgezahlten Banknoten im Gesamtgewicht von 500 Tonnen betrug 5,7 Milliarden D-Mark. Wer das Geld sofort »auf den Kopf hauen« wollte, war in den Kneipen ein höchst willkommener Gast. Das Schlimmste war die Qual der Wahl: »Was machste mit der Mark?« Einige Antworten: »Als wir das Geld hatten, hab ich gesagt: ›So, jetzt wird erst mal richtig schön gegessen.‹ Wir hatten Hunger. Ganz einfach«, erinnert sich etwa die Schauspielerin Marianne Hoppe. »Das Erste, was ich gemacht habe, als Student damals, war, ein Pfund Wurst zu kaufen und in einem Stück herunterzuschlingen«, erzählt der vormalige Staatssekretär und Erhard-Assistent, Otto Schlecht.

> »Die Währungsreform war notwendig, aber nicht gerecht. Es konnte nicht angehen, dass die einen nur ein paar Pfennige besaßen und die anderen durch die Warengüter überproportional wohlhabend waren. Auf der anderen Seite ist es schwer vorstellbar, wie die eigentliche Planung und Durchführung der Währungsreform hätte anders verlaufen sollen.«
>
> ANNEMARIE RENGER, SPÄTERE BUNDESTAGSPRÄSIDENTIN

Wer jedoch glaubt, dass mit der Währungsreform eine rasante Erfolgsstory ihren Anfang nahm, irrt. Der Währungsschnitt war zwar marktwirtschaftlich sinnvoll, doch für große Teile der Bevölkerung sozial nur schwer erträglich. Wer Reichsmarkguthaben angespart hatte, war der große Verlierer. All jene, die viele Sachwerte besaßen – Häuser, Grundstücke –, waren die Gewinner. Die Mär von den gleichen Startchancen ist schlicht

In endlosen Schlangen warten die Menschen auf die Ausgabe des »Kopfbetrags« von 40 D-Mark.

Diese zeitgenössische Karikatur verdeutlicht die Auswirkungen der Reform.

nicht richtig. Letztlich lief es auf ein Umstellungsverhältnis von 100 : 6,5 hinaus. Die Preise stiegen erheblich, im Schnitt um gut 17 Prozent – auch bei lebensnotwendigen Gütern.

»Vor der Reform war zwar Geld da, aber es wurde nichts angeboten. Nun gab es allerlei Waren in Hülle und Fülle, aber das Geld reichte in den meisten Haushalten nicht aus«, konstatiert der Unternehmer Hans Imhof. Zudem manifestierte die Währungsumstellung auch die Teilung der Nation. Die Illusion einer »gesamtdeutschen« Währung war endgültig dahin – das Währungswunder war ein reines Westerlebnis. Auf dem Territorium der späteren DDR wurde im Gegenzug zur D-Mark die »Tapeten- oder Kuponmark« eingeführt, da neue Geldscheine noch nicht vorlagen; erst Ende Juli gab es die »Deutsche Mark der deutschen Notenbank«, auch »Ostmark« genannt.

Von Anfang an verfügte die neue Ostwährung allerdings nur über einen Bruchteil der Kaufkraft der D-Mark, die Läden blieben nach wie vor leer. Im Westen indes setzte die Währungsreform »einen Schlussstrich unter das, was gewesen war«, so äußerte sich der spätere Verkehrsminister Georg Leber von der SPD: »Nicht nur das wertlose Geld, sondern auch die Trümmer, das Elend der Heimatvertriebenen, Hunger und Wohnungsnot begannen langsam zu versiegen. Das war der erste große Hoffnungsschimmer in einer Zeit, in der die Deutschen noch nicht selbst über sich bestimmen konnten. Die Währungsreform ließ die Menschen aufschauen, sie ließ sie nach vorne sehen und gab ihnen endlich wieder Hoffnung.«

Die Luftbrücke –
Rosinenbomber für Berlin

Am **24. Juni 1948** senkten sich rund um die West-Sektoren Berlins die Schlagbäume: Die Berlin-Blockade begann. Anlass war die Einführung der D-Mark im Westteil der Stadt. Aber Stalin ging es um mehr: Er wollte die Westmächte herausfordern, ihren »Brückenkopf« im eigenen Machtbereich beseitigen. Doch Amerikaner, Briten und Franzosen beugten sich dem Druck aus Moskau nicht. Sie starteten die größte Rettungsaktion der Geschichte – die Berliner Luftbrücke.

1948

Die Zeitungen der Westsektoren hatten am 21. Juni 1948 in ihren Aufmachern freudig über die Einführung der D-Mark am Vortag berichtet. Doch die zweite Schlagzeile trübte den Jubel: Die Sowjets hatten als unmittelbare Reaktion den interzonalen Güterverkehr strengen Kontrollen unterworfen und den Personenverkehr gänzlich verboten. Der Weg von Deutschland nach Deutschland war blockiert.

Vorausgegangen war diesem äußerst harschen Schritt ein Zwist um die Währungen. Während die Westalliierten bei der Einführung der D-Mark Berlin wegen des Viermächtestatus zunächst nicht einbezogen hatten, war Ost-Berlin bei der zeitgleich in Angriff genommenen Währungsreform in der sowjetischen Besatzungszone nicht ausgenommen worden. Diesen Affront hatten die Westalliier-

> »Die Angst, dass die westlichen Alliierten uns verlassen und dass wir den Russen in die Hände fallen würden, die war unheimlich groß.«
>
> GERHARD BÜRGER, BERLINER

ten nicht hinnehmen wollen und als Gegenmaßnahme in ihren Sektoren die neue westdeutsche Währung eingeführt, mit einem aufgestempelten »B« darauf. Die Antwort der Sowjets auf die »Bärenmark« schockierte die Bürger Berlins: Die Stromversorgung der Westsektoren aus den östlichen Elektrizitätswerken wurde ebenso eingestellt wie die Kohlelieferung aus der Ostzone.

Noch einschneidender war: Die Sowjets sperrten alle Zufahrtswege von Westdeutschland nach Berlin – zu Wasser und zu Lande. Die Blockade Berlins hatte begonnen. »Technische Schwierigkeiten«, so die fadenscheinige offizielle Begründung von sowjetischer Seite. Die Westmächte hatten es versäumt, den freien Zugang nach Berlin im Vorfeld eindeutig zu regeln. Lediglich die Benutzung dreier Luftkorridore war ihnen vertraglich zugesichert worden. Die Bürger der Westsektoren waren von Dunkelheit, Kälte und Hunger bedroht. Die Kohlenvorräte, die in der Stadt lagerten, reichten für 45, die Lebensmittel nur noch für 36 Tage. Hinzu kamen Unsicherheit und Angst. Die Zukunft sah düster aus, alles schien möglich. Den 6500 westalliierten Soldaten in Berlin stand die gesamte Westgruppe der Sowjetarmee gegenüber. US-Stadtkommandant Frank Howley formulierte lakonisch, was

1948

Hilfe im Minutentakt: US-Maschinen in
Tempelhof warten auf ihren Einsatz.

im Kriegsfall passieren würde: »Die beiden amerikanischen Bataillone würden von den Russen aufgerieben, bevor man auch nur ›Politbüro‹ sagen kann.« Lucius D. Clay, der amerikanische Militärgouverneur in Deutschland, setzte in diesen Tagen alles

daran, Stärke und Entschlossenheit zu zeigen: Wenn nötig, so müsse man den Zugang eben militärisch erzwingen.

Lucius D. Clay bezweifelte allerdings, dass die Sowjets wegen Berlin einen Krieg riskieren würden, letztlich hatten sie mehr zu verlieren als die Westalliierten: Der letzte Trumpf der Amerikaner im Poker um die Stadt war die Atombombe. Aber nur wenige im westlichen Lager teilten die Position Clays, den meisten erschien die Gefahr eines Krieges zu groß. Einige US-Politiker votierten hinter verschlossenen Türen für die Option, sich »freiwillig« aus der blockierten Stadt zurückzuziehen, um nicht in eine blamable Lage hineinmanövriert zu werden. Dies wurde endgültig ad acta gelegt, als Harry S. Truman am fünften Tag der Blockade kategorisch entschied: »Wir bleiben. Punktum.« Der US-Präsident wollte den Kommunisten die Stirn bieten. Die Haltung Trumans entsprach der neuen außenpolitischen Devise der USA, die vorsah, den »Expansionismus« der Sowjetunion »einzudämmen«.

Inzwischen war auf Clays Anweisung hin das größte Transportunternehmen in der Geschichte der Luftfahrt angelaufen: die Berliner Luftbrücke. Schon einmal hatte sich der Westen mit einer Luftbrücke gegen die Behinderung des Transitverkehrs erfolgreich zur Wehr gesetzt. Die »kleine Luftbrücke« war im April

1948 nach 48 Stunden wieder eingestellt worden, nachdem sich die Lage normalisiert hatte. Diesmal war es anders. Keiner wusste, wie lange die Blockade dauern würde. Es schien unvorstellbar, die gesamte Bevölkerung West-Berlins über längere Zeit aus der Luft zu versorgen. Der tägliche Bedarf an Rohstoffen und Lebensmitteln für die mehr als zwei Millionen Einwohner lag

> »Wenn Berlin fällt, folgt als Nächstes Westdeutschland. Wenn wir beabsichtigen, Europa gegen den Kommunismus zu halten, dürfen wir uns nicht von der Stelle rühren.«
>
> LUCIUS D. CLAY, 1948

bei 5000 Tonnen. Am 26. Juni, dem Tag der offiziellen Eröffnung der Luftbrücke, wurden weniger als 70 Tonnen eingeflogen. Die Luftflotte Clays in Deutschland bestand damals nur aus etwa hundert zweimotorigen Maschinen vom Typ Douglas C-3 und deren Transportversion C-47. Die maximale Transportleistung der Flieger lag bei drei Tonnen.

Den hohen Anforderungen konnte diese Armada natürlich nicht gerecht werden – auch wenn sie rund um die Uhr flog. Die Luftbrücke war in jenen ersten Tagen hauptsächlich eine symbolische Aktion: Die Amerikaner würden Berlin nicht im Stich lassen. Jede Tonne, die »per Luftpost« in die belagerte Stadt transportiert wurde, bewies gleichsam den Durchhaltewillen Washingtons. Deshalb beorderte Clay weitere und vor allem größere Flugzeuge von US-Stützpunkten aus aller Welt nach Berlin. Am dritten Tag der Luftbrücke begannen auch die

Auf dem britischen Militärflughafen Berlin-Gatow wird der einmillionste Sack Kohle ausgeladen.

1948

Briten mit Versorgungsflügen nach Berlin. Auch Franzosen waren an der Luftbrücke beteiligt, freilich nur mit einer Handvoll Flugzeugen – das Gros ihrer Luftstreitkräfte war im Indochinakrieg gebunden.

Schon bald entwickelte sich die zunächst improvisierte Hilfsmaßnahme zu einer Erfolgsgeschichte. Am zwölften Tag der Luftbrücke wurden erstmals mehr als 1000 Tonnen Güter nach Berlin geflogen, einen Monat später waren es fast viermal so viel. Im Herbst überschritt man mit über 6000 Tonnen Fracht täglich sogar die Transportleistung, die vor der Blockade über Straße, Schiene und Wasser erzielt worden war. Die beiden Flughäfen, Tempelhof im amerikanischen und Gatow im britischen Sektor, waren anfangs für einen solchen Massenverkehr denkbar ungeeignet. In großer Eile wurden die oft noch kriegsbeschädigten Pisten repariert; im französischen Sektor stampften 19 000 Berliner einen dritten Flughafen aus dem Boden. Für die Pisten benötigte man eigentlich Beton, doch der war zum Einfliegen zu schwer. So griff man auf Ziegel zurück – die gab es in den Trümmern der Stadt zuhauf. Auf dem Exerzierplatz einer ehemaligen Kaserne entstand Frankreichs bedeutendster Beitrag zur Luftbrücke: der Flughafen Tegel.

> »In psychologischer Hinsicht hatte die Berliner Blockade eine sehr große Bedeutung, weil sie das Freund-Feind-Verhältnis zwischen den Westmächten und der Berliner Bevölkerung praktisch umgekehrt hat.«
>
> MANFRED GÖRTEMAKER, HISTORIKER

Die »Operation Vittles«, Operation Lebensmittel, wie die Amerikaner die Luftbrücke für Berlin nannten, transportierte nicht nur Essbares – lediglich ein Viertel der Fracht war zum Verzehr bestimmt. Zwei Drittel der Hilfsgüter bestanden aus Kohlen. Von Werkzeugen bis zum Toilettenpapier, alles, was zum Überleben einer Stadt benötigt wurde, brachte die Luftbrücke heran. Auch wenn dehydrierte Lebensmittel wenig wogen und noch weniger schmeckten, die West-Berliner wussten, dass sie dank der Luftbrücke nicht verhungern mussten. Strom gab es nur zwei bis vier Stunden täglich, manchmal nur mitten in der Nacht. Nach

18 Uhr fuhr kein öffentliches Verkehrsmittel mehr. Trotz aller Entbehrungen war die Mehrheit der Berliner fest entschlossen, nicht zu kapitulieren. Die Wahlen zur Stadtverordnetenversammlung im Dezember 1948 gerieten zu einem klaren Bekenntnis zur Luftbrücke. Im Ostsektor wurden die Wahlen verboten, und auch die West-Berliner wurden von der SED aufgefordert, den Urnengang zu boykottieren. Dennoch gaben im Westteil der Stadt stolze 86 Prozent der Wahlberechtigten ihre Stimme ab. Am 7. Dezember wählte der neue Magistrat die Symbolfigur des Berliner Selbstbehauptungswillens zum Oberbürgermeister: Ernst Reuter.

Im Frühjahr 1949 machte es der Ehrgeiz von Piloten und Planern möglich, neue Transportrekorde aufzustellen. Mit ihrer »Osterparade« am 15. und 16. April überflügelten die Westalliierten schließlich alle bisherigen Leistungen auf beeindruckende Weise: 12 940 Tonnen in 24 Stunden – mehr als das Zehnfache der Transportleistung der gesamten ersten Woche. Ihren größten Triumph feierten die »fliegenden Güterwagen« indes an einem anderen Tag: Am 12. Mai 1949 stellten die Sowjets die Berlin-Blockade ein. Die Versorgung aus der Luft wurde zunächst jedoch fortgesetzt: Erst 141 Tage nach Aufhebung der Blockade machte sich das letzte Flugzeug auf den Weg nach Berlin. Insgesamt transportierten die alliierten Flieger in 277 728 Flügen über 2,3 Millionen Tonnen an Hilfsgütern in die Stadt. Für die Menschen in den Westsektoren waren dank der »Rosinenbomber« aus Siegermächten Schutzmächte, aus Besatzern Beschützer – und aus Feinden Freunde geworden. Aber auch das Bild

Die Berliner warteten sehnsüchtig auf die »Care-Pakete«.

der Deutschen bei den Westalliierten hatte sich gewandelt: Die Deutschen waren nicht mehr nur die Gegner von gestern, sondern schon die Verbündeten von morgen. In jenen heißen Junitagen anno 1948, als Blockade und Luftbrücke begannen, da brach endgültig und unwiderruflich jene neue Epoche an, die fast vierzig Jahre lang die Geschicke der ganzen Welt bestimmen sollte: der sogenannte Kalte Krieg. Die erste große Schlacht des Kalten Krieges hatte mit einem triumphalen Sieg für den Westen geendet.

> »Ihr Völker der Welt, schaut auf diese Stadt und erkennt, dass ihr diese Stadt und dieses Volk nicht preisgeben dürft!«
>
> ERNST REUTER, 9. SEPTEMBER 1948

1949
Die Gründung der Bundesrepublik

Es war eine Staatsgeburt, die ohne jeglichen Pomp auskam. **23. Mai 1949**: Nur vier Jahre nach der bedingungslosen Kapitulation des Deutschen Reiches wurde in Bonn das Grundgesetz unterzeichnet – und damit die Bundesrepublik Deutschland aus der Taufe gehoben. »Heute beginnt ein neuer Abschnitt in der Geschichte unseres Volkes«, erklärte der Vorsitzende des Parlamentarischen Rates, Konrad Adenauer. Es war der Beginn einer Erfolgsgeschichte – und das Grundgesetz die beste Verfassung, die die Deutschen je gehabt haben.

Lächelnd blickten die beiden Goldengel einander an. Die geflügelten Boten aus Edelmetall hatten die Aufgabe, bei der Zeremonie die kristallene Tintenschale zu halten. Der barocke Behälter, eine Leihgabe der Stadt Köln, wirkte in dem kargen Saal der Päda-

1949

gogischen Hochschule Bonn wie ein Fremdkörper. Schmucklos das Ambiente, lautlos der Festakt: Das Grundgesetz war fertig – nun sollten die versammelten Mitglieder des Parlamentarischen Rates seine Annahme und Verkündung per Unterschrift bestätigen. Dass in diesem Moment nicht nur ein deutscher Staat entstand, sondern zugleich auch die Teilung Deutschlands zementiert wurde, wussten die Anwesenden. »Durch Kräfte, die stärker sind als der Wille des deutschen Volkes, ist es heute unmöglich gemacht, das ganze Deutschland zu einem Staat zusammenzufassen« – in Adenauers Ansprache blieb die Schuldzuweisung eher vage. Der »alte Mann« aus Rhöndorf hatte früher als andere für den Weststaat plädiert: »Wir sind der festen Überzeugung, dass wir durch unsere Arbeit einen wesentlichen Beitrag zur Wiedervereinigung des ganzen deutschen Volkes leisten.« Das klare Fernziel lautete: die Einheit Deutschlands. Der Königsweg dorthin lag für Adenauer in der Gründung eines starken deutschen Weststaates, dem sich der wirtschaftlich marode Oststaat über kurz oder lang sozusagen zwangsläufig anschließen müsse – die berühmte »Magnettheorie«.

> »Sehr viele Menschen konnten sich nicht vorstellen, dass 20, 30, 40 Jahre später Deutschland noch geteilt sein würde. Deshalb hat man schließlich ›Ja‹ gesagt zum Provisorium.«
>
> EGON BAHR (SPD)

Mochte so mancher diese Theorie für Selbsttäuschung gehalten haben – langfristig behielt Konrad Adenauer damit recht. Aber dass die Teilung Jahrzehnte dauern würde, dachte zu jener Zeit kaum jemand. Bestand überhaupt eine andere Wahl, als der Staatsgründung schließlich zuzustimmen? Die Westalliierten wollten diesen Staat, denn ihre bisherige Deutschlandpolitik war gescheitert. Seit der deutschen Kapitulation am 8. Mai 1945 hatten sich die vier Siegermächte im Alliierten Kontrollrat, der ganz Deutschland regieren sollte, gegenseitig blockiert. Deutschland wurde zur Arena des Ost-West-Konflikts. Der amerikanische Deutschland-Experte George F. Kennan notierte schon im Jahr 1945: »Die Idee, Deutschland gemeinsam mit den Russen regieren zu wollen, ist ein Wahn. Wir haben keine andere Wahl, als unseren Teil von Deutschland zu einer Form von Unabhängigkeit zu führen, die so befriedigend, so gesichert, so überlegen ist, dass der Osten sie nicht gefährden kann.«

Die besiegten Deutschen hatten indes andere Sorgen. Millionen hungerten und hamsterten, auf dem Schwarzmarkt wurde geschachert und geschoben. Das zu ändern wäre Sache der vier Siegermächte gewesen. Doch Franzosen und Sowjets zogen mit Briten und Amerikanern nicht an einem Strang. Im Sommer des Jahres 1946, am Rande der Pariser Außenministerkonferenz, beschlossen die Angloamerikaner den Alleingang: Ausstieg aus dem gesamtdeutschen Schicksal der Versorgungskatastrophe. In der »Bizone« gingen Großbritannien und die USA vereint daran, die deutsche Wirtschaft wiederzubeleben. Der Marshallplan lieferte schließlich das nötige Startkapital für den Wiederaufstieg im Westen. Es war das Ende der wirtschaftlichen Einheit Deutschlands – und der stille Akt der Zeugung der Bundesrepublik.

Politisch blieben die Deutschen indes Befehlsempfänger. Freilich durften sie sich in den Städten und Ländern schon einmal als Demokraten üben. Die Weichen aber stellten andere: Bei einer Konferenz in London kamen die USA, Großbritannien und, durch sanften Druck aus Washington, auch Frankreich Anfang März 1948 überein, ihre Zonen zusammenzulegen. Die Westdeutschen in »Trizonesien« erhielten das Angebot, einen Weststaat aufzubauen – unter strikter Beachtung der alliierten Vorgaben.

Der sowjetische Oberbefehlshaber Marschall Wassilij Sokolowski verließ aufgrund dieser Beschlüsse den Alliierten

Der Marshallplan legte den Grundstein für den Aufstieg im Westen.

1949

Clay, Koenig und Robertson vor den Verhandlungen im Juli 1948.

Kontrollrat. Damit endete praktisch die »Vier-Mächte-Verwaltung« Deutschlands.

Und der Westen schuf weitere Fakten: Die Währungsreform am 20. Juni des Jahres 1948, von langer Hand geplant, bescherte den Westdeutschen »gutes Geld« und den Berlinern harte Zeiten: Die Sowjets protestierten mit der Berlin-Blockade gegen diesen Währungsschnitt, der die Westzonen wirtschaftlich konsolidierte, aber die Spaltung weiter vertiefte.

Am 1. Juli des Jahres 1948 war im alliierten Hauptquartier in Frankfurt der Ortstermin für die Befehlsausgabe an die westdeutschen Ministerpräsidenten. Dort nahmen sie aus den Händen der drei Militärgouverneure die »Frankfurter Dokumente« entgegen: die Londoner Beschlüsse in Schriftform. Danach mussten die Deutschen bis zum 1. September 1948 eine »Verfassunggebende Versammlung« einberufen, die eine »demokratische Verfassung« ausarbeiten sollte. Die Deutschen standen an einem Scheideweg. Die Gretchenfrage lautete: Wie viel Weststaat soll es sein, und wie hältst du es mit der Einheit? Eine Kompromissformel kam vom Rechtsexperten Carlo Schmid (SPD): Man solle einen »Zweckverband administrativer Qualität« anstelle eines Staates gründen. Das erschien alles in allem etwas unverbindlicher, als es in den Frankfurter Dokumenten offeriert worden war. Die späteren Sprachregelungen signalisierten, dass das Ganze eher als Provisorium angesehen wurde: Nicht eine Verfassung sollte es sein, lediglich ein »Grundgesetz«. Keine »Verfassunggebende Versammlung« sollte es erarbei-

> »Die Einwirkung der Alliierten ist von Anfang an spürbar gewesen. Es ist eine Illusion zu glauben, dass die Deutschen in reiner freier Selbstbestimmung sich ein Grundgesetz gegeben hätten.«
>
> HANSHEINZ BAUER (SPD), EHEMALS PARLAMENTARISCHER RAT

ten, sondern nur ein »Parlamentarischer Rat«, in welchen die Fraktionen der Landtage »Trizonesiens« Delegierte entsandten.

»Wirf mich ins Wasser, aber mach mich nicht nass« – das schien die Position der Deutschen zu sein. Diese zögerliche Haltung empörte vor allem die Amerikaner, die erwartet hatten, dass die Deutschen ihr Angebot zur Staatsgründung begeistert aufgreifen würden. Die aber hatten Angst, dass nachgeborene Generationen sie als Spalter Deutschlands diffamieren würden. Bis Ernst Reuter, Oberbürgermeister der blockierten Hauptstadt Berlin, seinen Ministerpräsidentenkollegen ins Gewissen redete: »Die Spaltung Deutschlands wird nicht geschaffen, sie ist schon vorhanden.« Das entsprach auch der Wirklichkeit, und so machte sich im August 1948 der »Verfassungskonvent von Herrenchiemsee« an die Arbeit. Elf Experten formulierten »Empfehlungen« für ein Grundgesetz. Der Parlamentarische Rat sollte über die endgültige Form entscheiden. Er trat am 1. September 1948 zu seiner Eröffnungssitzung im Lichthof des Bonner Zoologischen Museums Koenig zusammen.

> »Dieses Westdeutschland wird das Kernstück eines geeinten Deutschlands, wird der eigentliche Bewahrer der europäischen Demokratie, wird der Träger des offensiven Geistes der Freiheit gegenüber der sowjetischen Besatzungszone.«
>
> KURT SCHUMACHER, VORSITZENDER DER SPD, 1949

Die Deputierten wählten Konrad Adenauer einvernehmlich zu ihrem Präsidenten. Während der Sozialdemokrat Schmid in den Sitzungen des Rates immer wieder das »Provisorische« des Staatsfragments betonte, pochte Adenauer auf solide Staatlichkeit – »so schnell wie möglich«.

Eines aber hatten alle Väter und Mütter der provisorischen Verfassung gemeinsam: Sie wollten vor allem Vorsorge treffen, dass die Demokratie nicht noch einmal an sich selbst zugrunde ginge. Bonn sollte nicht Weimar werden. Die Weimarer Verfassung war ein gut gemeintes Werk von Idealisten gewesen. Das Grundgesetz ist skeptischer – aus gutem Grund. Seine »Eltern« hatten ja zum Teil am eigenen Leib erfahren müssen, wie es sein kann, wenn der Mensch des Menschen Wolf wird. Am 8. Mai 1949, vier Jahre nach dem letzten infernalischen Akt des Hitler-

1949

Reiches, verabschiedete der Parlamentarische Rat das Grundgesetz. In kurzer Folge stimmten auch die Landtage zu. Mit einer Ausnahme: Bayern pochte bis zuletzt auf stärkere föderale Eigenständigkeit und verweigerte die Unterschrift. Doch Ministerpräsident Hans Ehard versicherte, trotz der Ablehnung fühle sich der Freistaat Bayern »zugehörig zu dem Ganzen«. Nach demokratischen Grundsätzen wählten die Bürger der Bundesrepublik schließlich am 14. August des Jahres 1949 den ersten Deutschen Bundestag. Einen Monat darauf wurde Konrad Adenauer erster Kanzler der Bundesrepublik Deutschland. Die Wahl hatte er mit nur einer Stimme Mehrheit gewonnen – mit seiner eigenen.

Am Bewusstsein der Öffentlichkeit ging die Unterzeichnung des Grundgesetzes am 23. Mai 1949 fast spurlos vorüber. Die Zeitungen widmeten dem Ereignis nur einige knappe Meldungen. Die Staatsgründung an jenem Tag war offenbar kein Ereignis, das zur Identifikation taugte – anders als bei anderen Völkern, wo der Verfassungstag Jahr für Jahr gefeiert wird. Und inzwischen gibt es Tage, die die Gemüter mehr bewegen als jener 23. Mai. Tage wie der 9. November 1989 und der 3. Oktober 1990. Sie stehen nicht für die Teilung, sondern für die Einheit aller Deutschen. Doch was wären sie ohne den 23. Mai 1949?

> »Wir wünschen und hoffen, dass bald der Tag kommen möge, an dem das ganze deutsche Volk wiedervereint sein wird.«
>
> KONRAD ADENAUER, 23. MAI 1949

Jenes Bonner Grundgesetz blieb die Verfassung auch für das wiedervereinigte Deutschland. Es ist keine Verfassung, für die die Deutschen kämpfen mussten – und deshalb enthält es wohl auch keinen Zündstoff, der die Herzen der Menschen entflammt. Es ist schlicht die beste Verfassung, die wir Deutschen jemals hatten.

Am 8. Mai 1949 nahm der Parlamentarische Rat das Grundgesetz an.

ES LEBE
DIE NATIONALE FRONT
DES DEMOKRATISCHEN
DEUTSCHLAND

★ 1949

Von der Zone zum Staat – die Gründung der DDR

Die Geschichtsschreibung der DDR feierte das Datum der eigenen Staatsgründung stets als Wendepunkt in der deutschen, ja europäischen Geschichte. Doch in Wahrheit markierte der **7. Oktober 1949** nur den letzten Schritt auf dem Weg von der Sowjetischen Besatzungszone zur DDR – und damit der Teilung Deutschlands.

1949

Schon kurz nach Kriegsende 1945 war deutlich geworden, dass das Anti-Hitler-Bündnis zwischen den drei Westmächten und der Sowjetunion nicht halten würde. Mehrere Außenministerkonferenzen scheiterten. Die Aussichten auf eine baldige Wiedervereinigung des besetzten Landes verschlechterten sich stetig.

Stalins Plan war es ursprünglich gewesen, die »antifaschistisch-demokratische Ordnung« der Ostzone auf Gesamtdeutschland auszudehnen. Die ostdeutschen Kommunisten indes plädierten hinter verschlossenen Türen dafür, die SBZ so eng wie möglich an den Ostblock anzubinden und ein System nach dem Modell der Sowjetunion aufzubauen, allen voran Walter Ulbricht: »Es muss demokratisch aussehen, aber wir müssen alles in der Hand haben«, lautete die von Ulbricht ausgegebene Parole. Dessen Vorpreschen war zunächst gar nicht nach dem Geschmack des Kreml-Herrn. »Man muss sich maskieren«, rüffelte Stalin seinen ostdeutschen Statthalter. »Man muss abwarten.« Doch als sich am 23. Mai 1949 mit der Verabschiedung des Grundgesetzes durch den Parlamentarischen Rat in Bonn die Bundesrepublik Deutschland konstituierte, triumphierte Ulbricht: Nun musste Stalin reagieren. Mitte September reiste eine Delegation von SED-Politbüromitgliedern nach Moskau und kehrte mit der Erlaubnis zur Bildung einer provisorischen Regierung der SBZ im Gepäck zurück. Dabei sollten die SED acht, die übrigen Parteien zehn Minister stellen. Das war jedoch nicht mehr als eine demokratische Bemäntelung des kommunistischen Führungsanspruchs: tatsächlich würde sich an den bestehenden Machtverhältnissen in der Ostzone nichts ändern. »Wenn wir eine Regierung gründen, geben wir sie nicht wieder auf, weder durch Wahlen noch andere Methoden«, hieß es auf einer Tagung des SED-Parteivorstands.

Am 7. Oktober des Jahres 1949 trat der sogenannte »Deutsche Volksrat« erstmals zusammen. Als Wilhelm Pieck den Antrag stellte, den Volksrat zur provisorischen Volkskammer umzubilden, erhoben sich – als Zeichen der Zustimmung – alle Delegierten des Pseudo-Parlaments von ihren Plätzen. Damit war die DDR gegründet. Der neue Staat sollte stets vom Kreml abhängig bleiben. »Die DDR hatte nie eine Chance für einen eigenen Weg, sondern sie war von Anfang an voll integrierter Bestandteil des Sowjetimperiums«, meint Fritz Schenk, damals SED-Funktionär, der später in den Westen ging. Erst nach mehr als vier Jahrzehnten konnte die Teilung Deutschlands überwunden und die Einheit in Freiheit vollendet werden.

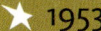 1953

Steine gegen Panzer – Volksaufstand in der DDR

Aus Protest gegen eine Erhöhung der Arbeitsnormen gingen am **17. Juni 1953** Zehntausende von Arbeitern in Ost-Berlin auf die Straße. Rasch wurde aus dem Streik an der Stalin-Allee ein Generalstreik, der sich zum Volksaufstand ausweitete. Es entzündete sich ein Flächenbrand, der die gesamte DDR in Aufruhr versetzte. Bald ging es nicht mehr nur um die Rücknahme der Normen, die Menschen forderten den Rücktritt der DDR-Regierung und freie Wahlen. So war der **17. Juni** vor allem eines – ein Fanal für die Freiheit.

Flammen, Panzer, Steine in den Straßen Ost-Berlins: Aufruhr der Arbeiter im Arbeiter- und Bauernstaat. Die Darstellung der Ereignisse blieb so gespalten wie das Land: »Russische Panzer stoßen vor – Werkzeuge der Gewalt gegen die Freiheit. Mit dem Mut Verzweifelter gehen die Arbeiter mit Eisenstangen und Steinen auf die Panzer los. Der Ruf nach Einheit und Freiheit erschallt noch lauter. Die SED-Regierung ist nicht mehr Herr der Lage«, kommentierte die westdeutsche »Wochenschau« die damaligen Ereignisse. Die DDR dagegen sah konspirative Verschwörer am Werk: »Am 17. Juni 1953 gelang es Agenten der imperialistischen Geheimdienste und faschistischen Provokateuren, die vor allem von West-Berlin aus eingeschleust wurden, Werktätige mehrerer Be-

triebe zu Arbeitsniederlegung und zu Demonstrationen zu verleiten. Schon nach 24 Stunden brach der konterrevolutionäre Putsch zusammen.«

Kaum ein Datum in der Geschichte der beiden deutschen Staaten wurde so nachhaltig zum Gegenstand von Legenden, Mythen und Fälschungen wie der 17. Juni 1953. Zur breiten Volkserhebung gegen das »kommunistische Joch« und für die deutsche Einheit, die von den Ketten sowjetischer Panzer brutal niedergewalzt wurde, wurde der 17. Juni im Westen stilisiert. Im Osten dagegen sprach man von einem gezielt vom Westen angestifteten Umsturzversuch gegen die SED-Regierung, der von vornherein zum Scheitern verurteilt war.

Was war geschehen? Am 16. Juni 1953 hatten Bauarbeiter von »Block 40« der Ost-Berliner Stalin-Allee ihre Kellen niedergelegt und waren im Protestmarsch über die »erste sozialistische Straße Deutschlands« zum Regierungsviertel gezogen. Ihr Anliegen hatten sie in knappen Worten auf ein großes Transparent gepinselt: »Wir fordern Herabsetzung der Normen.« Auf der Rückseite des Transparents stand verkehrt herum und eilig weiß übertüncht: »Aus Anlass des 1. Mai hat Block 40 freiwillig die Normen um zehn Prozent erhöht.« So hatte auf der letzten Mai-Kundgebung noch die amtliche Parole gelautet: Lohnverzicht aus »Einsicht«, ganz im Sinne des »aufgeklärten« Realsozialismus.

Doch für die Arbeiter war die Schmerzgrenze erreicht. Sie sahen es nicht länger ein, bei gleichbleibend schlechter Versorgungslage und Bezahlung »freiwillig« mehr leisten zu müssen. Sie wollten nicht mehr länger die Wirtschaftsmisere der DDR ausbaden – zumal sie ja nicht unbedingt darauf angewiesen waren: Jenseits des »Eisernen Vorhangs« wurden Arbeitskräfte für das prächtig gedeihende Wirtschaftswunder gesucht. Im ersten Halbjahr 1953 hatten allein 225 000 Menschen dem sozialistischen Experiment den Rücken gekehrt, doppelt so viel wie im ganzen Jahr zuvor. Deshalb hatte sich das Politbüro Anfang Juni,

> »Wir hatten gedacht: Jetzt haben wir's geschafft, jetzt bekommen wir unsere Freiheit. Aber dann ging auch schon die Knallerei los.«
>
> GÜNTER SANDOW, BAUARBEITER DER STALIN-ALLEE

bestärkt vom frischen Wind, der nach Stalins Tod aus Moskau herüberwehte, zu einem beachtlichen Kurswechsel entschlossen: Der Ausbau der Schwerindustrie sollte gedrosselt, die Herstellung von Konsumgütern angekurbelt, die Kosten für die Lebenshaltung gesenkt und private Initiative in der Wirtschaft wiederbelebt werden. Doch ein ganz wesentlicher Punkt blieb von diesem »Neuen Kurs« ausgespart: Die Heraufsetzung der Arbeitsnormen wurde beibehalten – und daran entzündete sich die Wut der Arbeiter von der Stalin-Allee.

Rasch weitete sich der Unmut zu einem Flächenbrand aus. Als der Protestzug das »Haus der Ministerien« in der Leipziger Straße in Berlin-Mitte erreichte, war die Menge schon auf 10 000 Menschen angeschwollen. Selbst der Rückzieher der Regierung, den der Minister für Schwerindustrie Fritz Selbmann von einem wackligen Tisch aus verkündete, vermochte nun die erhitzten Gemüter nicht mehr zu kühlen. Die Demonstranten waren zwar mit ihrer Forderung nach Rücknahme der Normenerhöhung durchgedrungen, aber nun zielten ihre Parolen direkt auf das politische Mark des Regimes: »Spitzbart, Bauch und Brille sind nicht des Volkes Wille« – hieß es auf Parteichef Walter Ulbricht gemünzt. Auch »Freiheit«, »Nieder mit der Regierung« oder »HO macht uns k.o.«, skandierte die aufgebrachte Menge auf ihrem Marsch durch die Stadt.

Dennoch wäre der eigentlich führungs- und ziellose Aufruhr wohl bald wieder verebbt, hätte nicht ein ganz entscheidendes Schlagwort rasch die Runde gemacht: »Generalstreik« tönte es am Nachmittag plötzlich laut und weithin vernehmbar aus einem Lautsprecherwagen des SED-Kulturbundes, den die Aufständischen erobert und für ihre Zwecke umfunktioniert hatten. Und auch aus einigen Meldungen des West-Berliner RIAS, die der Sender gegen das ausdrückliche Zurückhaltungsgebot der amerikanischen Aufsichtsbehörde verbreitete, konnten die Hörer im Os-

> »Es war ein Sieg des Freiheitsstrebens der Menschen über ein Regime, das sich nur durch die sowjetischen Panzer und Divisionen halten konnte. Damit war die Idee des Arbeiter- und Bauernstaates ein für alle Mal diskreditiert.«
>
> Klaus Bölling, damals Rias-Journalist

Am Potsdamer Platz wird auf Menschen ge-
schossen, die in den Westsektor flüchten wollen.

ten den Streikaufruf entnehmen. Die Resonanz am folgenden Tag
war enorm. In über 270 Orten gingen etwa 300 000 Menschen auf
die Straße. Ihre Forderungen orientierten sich weitgehend am
Beispiel der Berliner Vorkämpfer: Lohnzahlung nach den alten
Normen, Senkung der Lebenshaltungskosten, freie und geheime
Wahlen und Straffreiheit für die Streikenden. Vereinzelt ertönte
der Ruf nach der Einheit Deutschlands. Manchmal richtete sich
der Protest auch gegen beide deutschen Regierungen: »Fort mit
Ulbricht und mit Adenauer, wir verhandeln nur mit Ollenhau-
er!«, verkündete etwa ein Spruchband auf dem Magdeburger Bahn-
hof. Überall verliefen die Demonstrationen nach einem ähn-
lichen Muster: Im Anschluss an eine Kundgebung im Stadtzentrum
wurden örtliche Dienststellen von Staat und Partei – in der Regel
gewaltlos – besetzt, politische Gefangene aus ihren Zellen befreit
und ein Bildersturm auf die Insignien der Partei entfacht.

Zentrum des Volksaufstandes blieb Ost-Berlin. Hier zogen am
frühen Nachmittag 50 000 Demonstranten durch das Brandenburger Tor, vorneweg drei junge Arbeiter mit schwarz-rot-golde-

1953

Am Checkpoint Charlie brennt das
Kontrollhaus der Volkspolizei.

nen Fahnen. Aus Tausenden von Kehlen erklang euphorisch das
Deutschlandlied. Die dritte Strophe fasste die wichtigsten Forde-
rungen der Demonstranten zusammen: Einigkeit und Recht und
Freiheit.

Gegen Nachmittag durchbrach der Volkszorn alle Dämme.
Vielerorts verloren die spontan gebildeten Streikkomitees die
Oberhand: Es kam zu Plünderungen, Brandstiftungen und Lynchjustiz. Nachdem die ursprüngliche Forderung nach Senkung der
Normen aus dem Blickfeld geraten war, fehlte es an gemeinsa-
mem Willen und einheitlicher Führung. Ganz allmählich löste
sich auch die Staatsmacht aus ihrer anfänglichen Erstarrung. Die
Hintermänner des SED-Regimes holten mit aller Macht zum Ge-
genschlag aus. Um 13 Uhr verhängte die sowjetische Stadtkom-
mandantur den Ausnahmezustand. Panzer fuhren auf, Soldaten
der Roten Armee gingen in den Straßen in Stellung. Der Aufstand

wurde im Wortsinn niedergewalzt, Panzer fuhren mitten hinein in die Demonstranten. Von allen Seiten waren das Rattern von Maschinengewehren und Gewehrschüsse zu hören. Auch die Kasernierte Volkspolizei eröffnete das Feuer. »Es war schaurig anzusehen, wie die Salven losgingen und die Menschenmassen zu Boden stürzten. Man sah, wie sich gleich einige auf dem Boden wälzten, blutüberströmt«, beschrieb ein Augenzeuge die Situation am Potsdamer Platz.

Die gewaltsamen Zusammenstöße forderten weit mehr als die amtlich angegebenen 21 Todesopfer. Dazu kamen Massenverhaftungen und Todesurteile, die über die Aufständischen verhängt wurden. Die Fäuste blieben dennoch geballt. Noch Wochen nach dem 17. Juni flackerten hier und dort von Neuem Protest, Tumult und Streik auf, wie aus Unterlagen der Stasi hervorgeht. So erreichten die Protestaktionen im Buna-Werk Schkopau Mitte Juli größere Ausmaße als einen Monat zuvor. Eine Wende konnte das aber nicht mehr erzwingen. Der größte Arbeiteraufstand dieses Jahrhunderts auf deutschem Boden fügte sich ein in die lange Reihe gescheiterter Revolten. Statt Freiheit folgte auf die Erhebung Repression, statt der Einheit vertiefte sich die Spaltung.

Im Bewusstsein des ganzen deutschen Volkes indes hinterließ dieser Tag nachhaltige Spuren. Wohl für alle Beteiligten des Aufstands gehörte dazu die bittere Erkenntnis, dass der Westen – von flammenden Appellen abgesehen – untätig geblieben war.

36 Jahre später, am 9. Oktober 1989, blieben die sowjetischen Panzer in den Kasernen. Und nun wurde endlich Wirklichkeit, was sich an jenem dramatischen 17. Juni 1953 noch als Utopie erwiesen hatte: die erste gelungene Revolution der deutschen Geschichte.

> »Die Deutschen haben in Ost-Berlin etwas getan, was einen hohen Platz in der Geschichte Deutschlands und der europäischen Zivilisation einnehmen wird (…) Die Sowjets können deutsche Frauen und Männer niederschießen, weil sie Panzer und Maschinengewehre haben, aber wir wissen jetzt, und die Welt weiß es, dass in dem deutschen Volke ein Mut und ein Geist leben, die die Unterdrückung nicht ewig dulden werden.«
>
> »New York Times«, 18. Juni 1953

★ 1954

Das Wunder von Bern – WM-Sieg für Deutschland

Wunder hat die Nachkriegszeit geradezu inflationär hervorgebracht: Das D-Mark-Wunder, das Fräuleinwunder, das viel zitierte Wirtschaftswunder. Auch am **4. Juli 1954** geschah Unglaubliches: Es war jener Tag, an dem die deutsche Fußball-Nationalmannschaft Ungarn schlug. Im kollektiven Bewusstsein der Nation ist dieses Ereignis mehr als nur ein glückliches 3:2 im Finale einer Fußball-Weltmeisterschaft. Es gilt als Mythos, als Wunder – als »Wunder von Bern«.

1954

»Aus – Auuus – Aus! Das Spiel ist aus!!! Deutschland ist Weltmeister, schlägt Ungarn mit drei zu zwo Toren im Finale von Bern!« Selten hat ein »O-Ton« so viel Jubel ausgelöst. David hatte Goliath besiegt, die Bundesrepublik war Weltmeister und die Bevölkerung völlig aus dem Häuschen. Die Sensation war perfekt, ein modernes Märchen Wirklichkeit geworden. Den Westdeutschen schlug in Bern ihre erste Sternstunde. Und es geschah, was geschieht, wenn ein Außenseiter unerwartet Gewinner einer Weltmeisterschaft wird: landauf, landab ein wahrer Freudentaumel! Und das alles wegen eines Fußballspiels?

Die westdeutsche Mannschaft war als krasser Außenseiter in dieses Spiel gegangen. Die ungarischen Spieler hingegen! Da wirbelte ein wahres Puszta-Ballett – in über dreißig Spielen ungeschlagen. Seit die Magyaren um ihren Kapitän Ferenc Puskás im November 1953 zum ersten Mal das Mutterland des Fußballs, England, auf eigenem Boden bezwungen hatten, nannte ganz Europa sie das »Wunderteam«. Diese Top-Mannschaft besiegen – da konnte nicht nur Glück im Spiel sein, sondern auch harte Arbeit.

Für diese war ein Mann zuständig, der im Westen des geteilten Nachkriegsdeutschlands das Amt des »Bundestrainers« versah. Sepp Herberger, in grauer Fußball-Vorzeit selbst einmal Nationalspieler gewesen, galt schon damals als der »Fußball-Weise von der Bergstraße«. Seine Sätze werden heute noch häufig zitiert: »Das nächste Spiel ist immer das schwerste.« – »Nach dem Spiel ist vor dem Spiel.« Den Gipfel endgültiger Fußballweisheit spiegelt der Satz: »Der Ball ist rund.« Kein Wunder, dass nicht wenige Menschen den Bundestrainer für mindestens ebenso wichtig hielten wie den Bundeskanzler. Beide, Herberger wie Adenauer, waren Vaterfiguren, an denen sich die durch den Krieg verstörten Menschen aufrichteten.

Aber selbst die höchste Fußball-Weisheit nutzt nichts, wenn sie auf dem grünen Rasen nicht umgesetzt wird. Dafür hatte »Chef« Herberger einen Mann, der als sein verlängerter Arm auf dem Spielfeld galt: Fritz Walter war ein technisch hochbegabter Spieler und für die Taktik Herbergers, die aus dem Partisanen-Handbuch Maos hätte stammen können, sehr zugänglich: »Wo der Ball ist, musst du stärker als der Gegner sein.«

1954

Schon in der Vorrunde der WM war die deutsche Mannschaft auf Ungarn getroffen – und mit 3:8 untergegangen. Herberger, der alte Fuchs, hatte Reservespieler aufs Feld geschickt. Die deutsche Presse verlangte darob nichts weniger als den Kopf des Trainers. Die Journalisten konnten eben nicht erkennen, was wahre Wunder brauchen: nicht nur Zeit, sondern erst einmal Erniedrigung, ja sogar Opfer. Im Halbfinale spielten Herbergers Mannen dann Österreich in Grund und Boden: 6:1 – selten hat eine deutsche Fußballnationalmannschaft besser gespielt als an jenem denkwürdigen Tag.

Das war wiederum kein Wunder – denn im deutschen Team stand ein zwölfter Mann mit auf dem Feld – der sogenannte »Geist von Spiez«. In Spiez am Thuner See hatten Herbergers Männer ein ideales und vor allem zentral gelegenes Quartier bezogen. Doch was war mit dem »Geist«? Fritz Walter selbst hat ihn so erklärt: »Den Geist von Spiez haben wir aus Kaiserslautern mitgebracht und auf die Nationalmannschaft übertragen. Wir bildeten vor dem Spiel einen Kreis mit allen Spielern und Betreuern, schauten uns die Augen und riefen uns zu: ›Männer, einer für alle, alle für einen!‹ Und dann hat unser Trainer gerufen: ›Elf Freunde müsst ihr sein.‹ Das stärkte unser Gemeinschaftsgefühl.« »Einer für alle« und »Elf Freunde müsst ihr sein« – solche Worte klingen in der Fußball-Welt von heute wie Beschwörungsformeln aus einer fernen Sage. Doch damals taten sie ihre Wirkung.

Am 4. Juli 1954 war die Bühne bereitet zum letzten Akt. 30 000 deutsche Schlachtenbummler pilgerten ins Berner Wankdorf-Stadion. Deutschlands Straßen waren wie leer gefegt. Millionen hatten ihre Radios eingeschaltet und Tausende ihr Fernsehgerät. Kneipenwirte, die über einen Fernseher verfügten, machten an diesem Sonntag das Geschäft des Jahres. Der Himmel hielt, so schien es, zu den Deutschen. Es regnete, und der Rasen war feucht. Das war »Fritz-Walter-Wetter«. Sepp Herberger vertraute derselben Elf, die Österreich im Halbfinale geschlagen hatte. Im Tor Turek, in der Verteidigung Posipal, Kohlmeyer, in der Läuferreihe (so nannte man das damals) Eckel, Liebrich, Mai, im Sturm Rahn, Morlock, Ottmar Walter, Fritz Walter und Schäfer. Bei den Ungarn war der legendäre »Fußball-Major« Ferenc Puskás wieder

Die »Helden von Bern«.

mit dabei, der sich zu Beginn der WM ausgerechnet im Spiel gegen Deutschland verletzt hatte.

Das Spiel verlief zunächst, wie es die meisten befürchtet oder erwartet hatten. Ungarn führte schon nach wenigen Minuten 2:0. Das Debakel des Vorrundenspiels schien sich zu wiederholen. Doch jetzt kam eine weitere Fußballweisheit des »Chefs« zum Tragen: »Ein Spiel dauert neunzig Minuten.« Noch vor der Halbzeit glichen die Deutschen aus. Beim Stand von 2:2 wurden die Seiten gewechselt. »Nach dem Ausgleich hatten wir zum ersten Mal das Gefühl: Diese ungarische Mannschaft ist zu schlagen«, sagte Fritz Walter später.

Nach dem Wiederanpfiff gewannen die Ungarn zunächst die Oberhand. Doch Torhüter Toni Turek zeigte tolle Paraden und ließ keinen weiteren Gegentreffer zu. »Toni, du bist ein Fußballgott«, rief Radioreporter Zimmermann ins Mikrofon. Und dann kam die 84. Minute. »Kopfball, abgewehrt – aus dem Hintergrund müsste Rahn schießen, Rahn schießt, Toooor, Toooor, Toooor, Toooor für Deutschland ... Drei zu zwei für Deutschland, fünf

1954

Helmut Rahn und Hans Schäfer
bejubeln das Tor zum 2 : 2-Ausgleich.

Minuten vor dem Spielende. Halten Sie mich für verrückt, halten Sie mich für übergeschnappt, ich glaube, auch Fußballlaien sollten ein Herz haben, sollten sich an der Begeisterung unserer Mannschaft und an unserer eigenen Begeisterung mitfreuen und sollten jetzt Daumen halten!« Herbert Zimmermanns Stimme steigerte sich in den verbleibenden Minuten zum »finale furioso«.

Als der erlösende Schlusspfiff ertönte, war die Sensation perfekt. Im Berner Wankdorf-Stadion spielten sich unbeschreibliche Jubelszenen ab. Und in der Heimat verwandelten sich Dörfer und Städte landauf, landab in regelrechte Tollhäuser. Menschen, die sich nie zuvor gesehen hatten, küssten und umarmten sich. Fenster wurden aufgerissen, Bettlaken euphorisch geschwenkt. Binnen weniger Minuten waren unzählige Gasthäuser bis auf den letzten Platz gefüllt. Viele wollten diesen Augen-

> »So ist das im Fußball: drauf mit dem Fuß und dann hinein mit dem Ball, wenn die Chance da ist. Ich wusste beide Male, dass der Ball im Netz landen würde.«
>
> HELMUT RAHN

blick der Freude mit anderen Menschen teilen. Die Begeisterung war nicht zuletzt auch deshalb so groß, weil sich die Deutschen mit den Spielern im Wankdorf-Stadion ohne Mühe identifizieren konnten. Denn das waren keine elitären Stars, sondern Malocher, Menschen, die nicht mehr verdienten als der Nachbar zu Hause. Und Menschen, die sich freuen konnten. Erst hoben die Kameraden Fritz Walter auf ihre Schultern, dann wurde Sepp Herberger, der Vater des Erfolges, im Triumph getragen. Und als die deutsche Nationalhymne erklang, fassten sich die Spieler an den Händen.

> »Es war ein Begeisterungssturm und das Gefühl: ›Wir sind wieder wer.‹ Das hatten damals sicherlich Millionen Menschen.«
>
> HELMUT KOHL

Mit der Nationalhymne war es damals eine nicht unkomplizierte Geschichte. Weil deren erste Strophe in der Nazizeit mit dem berüchtigten »Horst-Wessel-Lied« gesungen wurde, war sie in der Bundesrepublik verboten. Nur die dritte Strophe (»Einigkeit und Recht und Freiheit«) galt als offizielle Hymne. Doch die deutschen Schlachtenbummler scherten sich wenig um geschichtliche »Correctness«. Lautstark intonierten sie die erste Strophe, deren Zeilen sie schließlich noch allzu gut im Ohr hatten: »Deutschland, Deutschland, über alles, über alles in der Welt!« Die ziemlich verstörten Gastgeber schalteten sich prompt aus der Live-Übertragung aus. Aber das war nur ein eher kleiner Schönheitsfehler, denn die deutsche Freude über den so unerwarteten Sieg war ansonsten friedlich.

Der Vater des Erfolgs: Sepp Herberger auf den Schultern seiner Spieler

Die Rückkehr in die Heimat glich einem Triumphzug, Sepp Herberger wurde in seinem Heimatort zum Ehrenbürger ernannt. Und allgemein machte ein Wort die Runde: »Wir sind wieder wer!« Die Anerkennung auf dem Spielfeld war wie Balsam für das nachkriegsdeutsche Selbstbewusstsein – neun Jahre nach einem verlorenen Krieg mit unbeschreiblichen Verbrechen, Millionen von Toten, zerbombten Städten, angegriffener Selbstachtung. Jetzt hatten die Deutschen wieder etwas, worauf sie ohne innere Gewissensbisse stolz sein konnten. So gesehen war das »Wunder von Bern« die eigentliche Geburtsstunde der Bundesrepublik Deutschland.

 1955

Wirtschaftswunder – der einmillionste Käfer

Er galt als Symbol für den Aufstieg der Deutschen nach der Katastrophe des Zweiten Weltkriegs. Als man in Wolfsburg am **5. August 1955** den einmillionsten seit Kriegsende gebauten VW Käfer feiern konnte, rief das nicht nur bei der Belegschaft, sondern auch bei den angereisten Gästen aus aller Welt rauschhafte Begeisterung hervor.

Das Jubiläumsmodell war ein festliches, wenn auch etwas kitschiges Prunkstück. Außen vergoldet, auf den Stoßstangen Diamantstaub aufgetragen, innen verziert mit Brokatstoff, so lief es unter anhaltendem Beifall im Zeitlupentempo vom Band. Dann schritt VW-Chef Nordhoff wie ein moderner Fürst durch die dicht gedrängte Menschenmenge. Seine Worte waren angesichts des internationalen Aufgebots nicht weiter erstaunlich: »Meine lieben Freunde, wir haben heute einen Blick in die Welt getan, die

1955

VW-Kübelwagen 1942 im
Einsatz in Afrika.

der VW in friedlicher Weise erobert hat und die er auch weiter erobern wird.«

Gegen solche Eroberungszüge hatte die Welt tatsächlich nichts einzuwenden. Volksnah war der kleine und bucklige Wagen allemal, nicht nur, weil er einigermaßen erschwinglich blieb, sondern auch weil er eine typisch deutsche Karriere zu verkörpern schien: vom Wagen für das Volk in der Hitlerzeit über den Kübelwagen des Weltkriegs zum Sinnbild des »Wirtschaftswunders«. Nach der Not der Nachkriegsjahre waren die Deutschen im Westen glücklich, endlich wieder einmal selbst von Herzen feiern zu können. Wirtschaftsgüter waren unverfängliche Symbole neuen Selbstwertgefühls. Nicht nur in Wolfsburg – überall im Land wurden Produktionsrekorde zelebriert. Nach derartiger Anerkennung waren Deutsche damals süchtig – galten sie doch wegen der Verbrechen des Zweiten Weltkriegs als die Parias der Welt. Ein britischer Wissenschaftler mutmaßte, harte Arbeit sei wohl die beste Therapie für das besiegte Volk.

Ein Schlüssel zum Erfolg lag zweifellos im Wirtschaftssystem. Die soziale Marktwirtschaft schien zu halten, was ihr Name versprach. »Wohlstand für alle«, so die Devise des Wirtschaftsministers Erhard – doch das traf zunächst in erster Linie für die Unternehmen zu. Die Kluft zwischen Arm und Reich war in der jungen »Zweiten Republik« größer als heutzutage. Das

»Das ist kein Feld-und-Wiesen-Automobil. Dieser Wagen ist eine Persönlichkeit, eigenwillig und ungewöhnlich.«

HEINRICH NORDHOFF, DAMALS
VW-VORSTANDSVORSITZENDER

Automobil war damals vor allem Exportgut. Bei Weitem nicht jeder, der eines baute, konnte sich auch eines leisten. Insgesamt nur jeder 15. Bundesbürger kam Mitte der 1950er-Jahre in den Genuss eines vierrädrigen Untersatzes. Das sollte sich bald ändern.

★ 1955

Die Heimkehr der Zehntausend

Am Ende eines mörderischen Krieges, der von deutschem Boden ausgegangen war, befanden sich elf Millionen deutsche Soldaten in alliierter
Gefangenschaft. Die ersten kehrten schon wenige Wochen nach der
Kapitulation in die Heimat zurück. **Mitte der 1950er-Jahre** waren jedoch
immer noch fast 10 000 Deutsche in sowjetischem Gewahrsam – die
meisten von ihnen einfache Soldaten, die man in Schnellprozessen zur
Zwangsarbeit verurteilt hatte.

1955

Der 9. Oktober des Jahres 1955 war ein strahlend schöner Sonntag. Im Durchgangslager Friedland warteten Tausende auf die Ankunft von sechshundert Kriegsgefangenen. Auch die Familie Wawrzinek stand auf dem Empfangsplatz – Mutter Minna, die elfjährige Tochter Roswitha, Opa Wilhelm und Oma Lina. Sie warteten auf Karl, der zuletzt 1944 auf Heimaturlaub bei seinen Lieben gewesen war.

Hinter Minna Wawrzinek lagen zehn lange Jahre enttäuschter Hoffnungen. Immer, wenn der Rundfunk die Ankunft neuer Kriegsgefangener gemeldet hatte, war sie nach Friedland gefahren. Das Lager war Aufnahmestation für die vom Krieg entwurzelten Menschen, die aus dem Osten kamen. Wie viele andere Frauen hatte sie jedes Mal ein Foto und die Feldpostnummer ihres Mannes hochgehalten, doch immer wieder musste sie unverrichteter Dinge und schweren Herzens allein zu ihren vier Kindern zurückkehren. Ihr Mann war einer von anfangs 3,2 Millionen deutschen Kriegsgefangenen in der Sowjetunion.

»Es war furchtbar zu sehen, wie andere ihre Männer und Väter wiederfanden und man selbst allein nach Hause fuhr. Aber ich habe mir gesagt: ›Ich gebe nicht auf! Ich fahre wieder hin, immer wieder!‹«

MINNA WAWRZINEK

Hunderttausende »Landser« hatten nach der Gefangennahme durch die Russen schon die Märsche in die Lager, den quälenden Hunger, die zahlreichen Seuchen nicht überlebt. Die meisten Davongekommenen konnten bis 1950 nach Hause zurückkehren. Doch dann wurden noch etwa 27 000 Gefangene in stalinistischen »Kriegsverbrecherprozessen« zu 25 Jahren Arbeitslager verurteilt – oftmals binnen weniger Minuten. Der Grund: Der Kreml wollte sich ein Faustpfand für zukünftige Verhandlungen mit der neu gegründeten Bundesrepublik zurückhalten. Das freilich wussten die Wawrzineks damals nicht – ihnen blieb nur die vage Hoffnung auf eine glückliche Heimkehr Karls.

Jetzt bahnte sich der mit Girlanden geschmückte Bus langsam seinen Weg durch die Menge. Voller Erwartung richteten sich die Blicke der Wartenden auf die Gesichter der Heimkehrer. Plötzlich zupfte Roswitha ihre Mutter am Arm: »Da, unser Vati!« Der Mann

Endlich zu Hause: Russlandheimkehrer
kommen mit dem Zug in Deutschland an.

hinter dem Fenster zuckte zusammen. Tatsächlich, er war es! Dann stand er vor seiner Familie: bleich, etwas aufgedunsen, aber wohlauf. »Er kam mir so fremd vor«, erinnerte sich Roswitha Wawrzinek später. »Ich hatte Angst vor ihm. Ein fremder Mann, so dachte ich, das ist doch nicht dein Vater. Ich habe ihn erst mal gestreichelt. Und dann habe ich ihn in den Arm genommen.« Dann folgten jede Menge Freudentränen. Ein befreiender Ausbruch lange aufgestauter Gefühle.

Im Namen der Heimkehrer sprach der Arzt Ernst Günther Schenck:»Wir stehen mit klopfenden Herzen und mit tränenden Augen vor Ihnen. Wir schämen uns dieser Tränen nicht. Wir haben zehn Jahre lang nicht geweint. Wir weinen auch nicht darüber, dass eine so schwere Zeit hinter uns liegt. Wir weinen darüber, dass es so viel Liebe und Treue gibt, wie wir sie heute erleben konnten!« Schencks bewegte Worte galten den Eltern, Frauen und Kindern, die nie die Hoffnung verloren hatten, und sie galten auch jenem Mann, dem die letzten Gefangenen ihre Rückkehr zu verdanken hatten: Bundeskanzler Konrad Adenauer.

Dabei hatte es im Frühjahr 1955 keineswegs nach »Tauwetter« zwischen Ost und West ausgesehen. Die Bundesrepublik war nach dem Inkrafttreten der Westverträge ein souveräner Staat geworden – und als neues NATO-Mitglied ein Machtfaktor, mit dem die Sowjets rechnen mussten. Der Kreml seinerseits erkannte postwendend die DDR als eigenständiges Staatsgebilde an und setzte nun alles daran, diesen Status quo zu festigen. In dieser angespannten Situation erreichte die Bundesregierung eine Note aus der sowjetischen Hauptstadt: Adenauer solle an die Moskwa kommen, um dort über die Aufnahme diplomatischer Beziehungen zu verhandeln. Konnte Adenauer darauf eingehen? Würde das nicht de facto die Anerkennung des DDR-Regimes bedeuten? Oder würden die sowjetischen Avancen letztlich doch den Weg zur deutschen Einheit verstellen?

Die Vertrauten des Kanzlers rieten ab. Zu viel stand auf dem Spiel. Aber Adenauer beschloss, die Offerte anzunehmen. Zwar gab er sich keinen allzu großen Illusionen hin, maßgebliche Fortschritte in der deutschen Frage erzielen zu können. Dennoch wollte er nach Moskau – vor allem wegen der Kriegsgefangenen. Ihr Schicksal bewegte damals wie kaum ein anderes Ereignis der Nachkriegszeit die Gefühle fast aller Deutschen. Die bohrende Ungewissheit saß wie ein Stachel tief im Bewusstsein vieler Familien. Jeder vierte Bundesbürger gab damals in Umfragen an, Angehörige zu haben, die entweder in russischer Gefangenschaft ausharrten oder als vermisst galten. Seit 1950 erinnerte einmal im Jahr der »Tag der Treue« an die Männer hinter Stacheldraht. Mit Glockengeläut, Schweigeminuten, Bittgottesdiensten oder Mahnwachen gedachten die Menschen in der Bundesrepublik ihrer Landsleute in den sowjetischen Lagern.

> »Es ist ein tragisches Verhängnis, dass der ganze Fragenkreis des Kriegsgefangenenproblems zu einem Politikum geworden ist, während er ganz simpel ein Humanum, eine Sache der einfachen Menschlichkeit ist, die außerhalb aller Racheinstinkte, außerhalb aller Wirtschaftsverwertung von Arbeitskraft und so fort gesehen und gelöst werden muss.«
>
> THEODOR HEUSS, 8. MAI 1951

Die Reise ins Ungewisse begann für Konrad Adenauer und seine Delegation am 8. September 1955. Als sie am Abend in Moskau landeten, wurden sie mit großem Zeremoniell empfangen. Zum ersten Mal seit Kriegsende erklang das Deutschlandlied auf sowjetischem Boden: in den Gefangenenlagern, wo das Ereignis per Rundfunkübertragung bekannt gemacht wurde, flossen Tränen.

Doch so freundlich der Empfang auch war, so eisig verliefen die ersten Begegnungen. Ein Jahrzehnt nach Kriegsende saßen erstmals Bonner Politiker sowjetischen Siegern gegenüber. Die At-

»Sie sollen sie haben« – Bulganin (links) und Adenauer in Moskau.

mosphäre war entsprechend geladen. Der spätere Bundeskanzler Kurt-Georg Kiesinger hatte »das Gefühl, vor einem Tribunal zu sitzen. Überall eingefrorene Gesichter.«

Die Russen wünschten die Aufnahme diplomatischer Beziehungen ohne Vorbedingungen, genau diese stellten aber die Deutschen. »Bitte schicken Sie die immer noch festgehaltenen Deutschen in die Heimat zurück. Es ist nicht denkbar, normale Beziehungen zwischen Deutschland und Russland herzustellen, solange diese Frage ungelöst bleibt. Seien Sie menschlich!« Konrad Adenauers drängender Appell legte den Finger in eine offene Wunde. Der sowjetische Ministerpräsident Bulganin indes gab sich ahnungslos. Kriegsgefangene? Die gebe es nicht mehr. Was es noch in sowjetischen Lagern gebe, seien Kriegsverbrecher. Personen, »die durch die sowjetischen Gerichte für besonders schwere Verbrechen an dem sowjetischen Volk, gegen den Frieden und gegen die Menschlichkeit verurteilt wurden. Das sind Menschen, die ihre Menschenwürde verloren haben.«

In seiner Entgegnung vermied der Bundeskanzler das Wort »Kriegsgefangene« und sprach von »zurückgehaltenen Personen«. Seine Bitte war dennoch eindringlich: »Lassen Sie uns nicht nach Hause fahren mit der Erklärung: ›Die Sowjetregierung hat es abgelehnt, in dieser Frage überhaupt erst mit uns zu sprechen.‹«

Was Adenauer nicht wusste: Die Entlassung der letzten Gefangenen stand schon lange vor seiner Ankunft in Moskau fest. Bereits im Juli 1955 hatte Kreml-Chef Chruschtschow dies der DDR-Führung mitgeteilt. Der Brief lag jahrzehntelang verborgen

> »Das laute Gegeneinander, mehr Tumult als diplomatische Konferenz, spitzte sich immer dann zu, wenn über die Freilassung der letzten Kriegsgefangenen geredet wurde.«
>
> HANS ULRICH KEMPSKI, JOURNALIST UND AUGENZEUGE IN MOSKAU

im Parteiarchiv der SED und beweist, wie sehr die Russen bei den Verhandlungen pokerten. Kriegsgefangene gegen diplomatische Beziehungen und Handelsverbindungen – das war es, was sie wollten.

Am Abend schien sich die Stimmung dann etwas aufzulockern, als Adenauer im Bolschoi-Theater nach einer Galavorstellung des Balletts »Romeo und Julia« spontan die Hand Bulganins ergriff. Eine Geste der Versöhnung, honoriert mit lang anhaltendem Beifall. Der Verhandlungston der Sowjets indes sollte keineswegs an Schärfe verlieren. Dabei blieb es auch während der folgenden Tage: Freundlich prostete man sich abends bei Empfängen mit Krimsekt zu, um tags darauf wieder in die rüde Sprache des Kalten Krieges zu verfallen.

In dieser Situation entschloss sich der Bundeskanzler zu einem cleveren Bluff. Er ließ seinen Regierungssprecher nach den Flugzeugen telefonieren: Es habe keinen Zweck mehr, die Verhandlungen seien gescheitert. Damit die sowjetische Führung auch von der geplanten vorzeitigen Abreise erfuhr, ging die Meldung auf Wunsch Konrad Adenauers unverschlüsselt über den Äther.

Und der Kreml verstand den Wink. Am Abend des 12. September 1955 wurde zu Ehren Adenauers ein Staatsbankett im Georgssaal des Kreml gegeben. Der Knoten, den man am Verhandlungstisch nicht hatte lösen können, lockerte sich bei Speis und Trank. Als der Kanzler nun erneut auf die Gefangenen zu sprechen kam, meinte Bulganin beiläufig: »Gut, wenn noch welche da sind: Sie sollen

Jubel in Eschwege – die Stadt heißt die Heimkehrer willkommen.

sie haben.« Und Parteichef Nikita Chruschtschow fügte hinzu: »Wir können Ihnen keine Garantien oder Zusicherungen geben, weder schriftlich noch mündlich. Aber wir geben Ihnen unser Ehrenwort – und unser Wort gilt.«

Eine mündliche Zusage, nichts weiter. Keine Unterschrift, keine Garantieerklärung. War das nicht zu wenig? In der Delegation machte sich Skepsis breit. Doch die Sowjets hielten Wort. Bis zum Jahresende kehrten insgesamt 9626 Deutsche aus sowjetischen Lagern zurück, 68 weitere trafen noch im darauffolgenden Jahr ein. Damit war der Krieg auch für die letzten Kriegsgefangenen zu Ende. Konrad Adenauer war damit auf dem Höhepunkt seiner Popularität angelangt. Noch 1975 sahen laut einer Umfrage 75 Prozent der Befragten die Heimholung der Kriegsgefangenen als seine größte Leistung an, höher noch als die Westbindung oder die Aussöhnung mit Frankreich.

★ 1955

Romy Schneider wird als »Sissi« berühmt

In der kitschig-schönen Kostüm-Romanze »Sissi«, die am **21. Dezember 1955** in den Kinos anlief, wurde sie mit gerade einmal 17 Jahren zum Star: Romy Schneider. Nur 26 Jahre später starb die Schauspielerin – und bleibt bis heute ein Mythos, ebenso wie die Figur der Kaiserin Elisabeth, die sie zeitlebens nicht abschütteln konnte.

Der Film »Sissi« war nicht der erste Film, in dem Romy Schneider vor der Kamera stand. Die Tochter des bekannten Schauspieler-Ehepaars Magda Schneider und Wolf Albach-Retty debütierte bereits 1953 neben ihrer Mutter in dem Heimatfilm »Wenn der wei-

211

ße Flieder wieder blüht«, weitere Filme folgten. Der Durchbruch aber kam mit »Sissi«: Über sechs Millionen Menschen in Deutschland und Österreich sahen den Historienfilm, der in berauschenden Bildern von der jungen Liebe zwischen Prinzessin Elisabeth von Bayern und dem österreichischen Kaiser Franz Joseph erzählt. Ein grandioser Erfolg, dem schnell zwei weitere Teile folgten: »Sissi, die junge Kaiserin« (1956) und »Schicksalsjahre einer Kaiserin« (1957) – sie gehören zu den erfolgreichsten deutschsprachigen Filmproduktionen aller Zeiten.

Das Publikum war begeistert, die Kritiker allerdings ordneten die Romanze dem Bereich der kitschigen und anspruchslosen Unterhaltung zu. Schnell fühlte sich auch die Hauptdarstellerin unwohl mit der Rolle, sah sich festgelegt auf das Klischee der süßen, unschuldigen jungen Kaiserin. Geplant war eigentlich noch ein vierter »Sissi«-Film – doch Romy lehnte ab, widersetzte sich dem Druck, schlug ein millionenschweres Angebot aus.

Romy Schneider wollte sich mit aller Macht vom »Sissi«-Image befreien. In Deutschland gelang ihr das nicht – sie ging nach Frankreich, lebte und spielte mit ihrer ersten großen Liebe Alain Delon. Dort schlug sie ein neues Kapitel auf: Sie wagte sich an moralisch umstrittene Rollen und wurde zur anerkannten Charakter-Schauspielerin. 1972 verkörperte sie noch einmal die Figur der Kaiserin Elisabeth unter der Regie von Luchino Visconti – diesmal jedoch als selbstbewusste, kapriziöse, unabhängige Frau. »Zwischen der Sissi von einst und meiner heutigen Rolle gibt es nicht die geringste Gemeinsamkeit«, erklärte Romy Schneider. »Ich werde diese Rolle, den Charakter dieser Frau zum ersten Mal wirklich spielen.«

Mehr als sechzig Filme drehte Romy Schneider während ihrer Karriere, doch Sissi, so sagte sie einmal, habe ein Leben lang »wie Grießbrei« an ihr gepappt. »Ich hasse dieses Sissi-Image. Ich bin doch längst nicht mehr Sissi, ich war das auch nie. Ich bin eine unglückliche Frau von 42 Jahren und heiße Romy Schneider«, so lautete ihr bitteres Fazit wenige Monate vor ihrem viel zu frühen Tod, dessen genaue Umstände bis heute nicht abschließend geklärt werden konnten. Sie folgte ihrem Sohn David, der kurz zuvor bei einem tragischen Unfall ums Leben gekommen war.

★ 1955

Karl Lagerfeld – Beginn einer Weltkarriere

Sonnenbrille, Vatermörder und der weiße Zopf: Unverwechselbar Karl Lagerfeld, wie er sich selbst zum Markenzeichen gemacht hat. Seine Karriere begann im Jahr **1955** in Paris: Mit dem Entwurf eines Wollmantels gewann er den Preis des Internationalen Wollsekretariats. Es folgte eine beispiellose Karriere zum »Modezar«, die bis heute unvermindert anhält.

Geboren in eine wohlhabende Hamburger Unternehmer-Familie, interessierte sich Karl Lagerfeld schon früh fürs Zeichnen und für Mode. In der Schule langweilte sich der Überflieger, er nannte sie »Freiheitsberaubung«. Mit Unterstützung seiner Mutter reiste der junge Karl nach Paris, kultivierte sein Zeichentalent an einer Akademie und studierte Kostümkunde. »Und aus einer Laune heraus, mehr aus Blödsinn, habe ich mich an dem Wettbewerb des Internationalen Wollsekretariats beteiligt«, so Lagerfeld. Eine Laune mit großartigen Folgen: Der unbekannte Neuling erhielt den ersten Preis für den besten Mantel – eingesandt worden waren rund 200 000 Entwürfe. Glaubt man dem Modeschöpfer, war er damals erst zarte 16 Jahre alt: Lagerfeld behauptet, 1938 geboren zu sein – im Gegensatz zum Taufregister seiner Geburtsstadt Hamburg und den Aussagen ehemaliger Schulkameraden, die ihn dem Jahrgang 1933 zurechnen. Die Unstimmigkeiten um sein Alter sind kein Zufall: Karl Lagerfeld war zeitlebens ein Meister des Images; und dazu passt auch die Legende eines so frühen Karrierestarts.

> »Das Wesen der Mode ist ihre Unbeständigkeit. Damit befriedigt sie die Neugier, den menschlichen Trieb nach Neuem.«
>
> KARL LAGERFELD

Fortan wurde zu Gold, was Lagerfeld anfasste: Nachdem er mit seinem Entwurf den ersten Platz erreicht hatte, engagierte ihn der Modemacher Pierre Balmain, der auch den Siegermantel in seine Kollektion aufnahm. Binnen weniger Jahre arbeitete sich Lagerfeld in Positionen als Chefdesigner in verschiedenen Modehäusern hoch. Seinen Platz im Olymp der Zunft sicherte er sich endgültig durch seinen erfolgreichen Einstieg bei Chanel 1984. Er entstaubte das Image der Traditionsmarke, bis heute setzt er bei den Modenschauen des Unternehmens überraschende Akzente.

Wie die Mode, erfindet Karl Lagerfeld auch sich selbst immer wieder neu: Neben Haute-Couture- und Prêt-à-porter-Kleidung kreiert er Parfums, unterrichtet Studenten, fotografiert, verlegt Bücher. Die Gier nach Neuem ist sein Antrieb: So, wie sie ihn als Teenager aus der heimatlichen Schule nach Paris trieb, drängt sie ihn zu immer neuen Tätigkeiten, modischen Inspirationen – und neuen Facetten der Selbstdarstellung.

★ 1956

»Wunderstute« Halla holt Olympiagold

Vom zickigen Problemfall zur »Wunderstute«: Das Pferd Halla wurde mit dem Olympiaritt von **1956**, bei dem es seinen schwer verletzten Reiter Hans Günter Winkler über den Stockholmer Parcours zum Sieg trug, unsterblich. Die Stute wurde zu einer Legende des Reitsports, der sogar ein Denkmal errichtet wurde.

»Halla und ich gingen als Letzte des ersten Umlaufs auf den Olympiaparcours. Beim vorletzten Hindernis schnellte sie in die Höhe und fühlte ich einen stechenden Schmerz in meiner linken Leiste, es schien etwas gerissen. Bewegen konnte ich mich nicht mehr, ich sackte zusammen«, so die Schilderung der dramatischen Minuten durch die Reitsportlegende Hans Günter Winkler. Eigentlich hätte er zum zweiten Umlauf nicht starten können. Doch für seine Teamkollegen biss Winkler trotz starker Schmerzen die Zähne zusammen: »Entweder Held sein und das Unmögliche möglich machen, oder die größte Pfeife sein, die Deutschland die Goldmedaille kostet.« Der Reiter bekam vom Tierarzt eine Pferdedosis Morphin gegen die Schmerzen, anschließend flößte man ihm ein Ännchen schwarzen Kaffee ein, um ihn wach zu halten. Dann wurde Winkler für den zweiten Durchgang in den Sattel gehievt. Mit Mühe hielt er sich auf dem Pferd, schrie bei fast jedem Sprung vor Schmerz. Doch die Zuschauer erlebten das Unglaubliche: Halla blieb als einziges Pferd fehlerfrei. Das Mannschaftsgold für die deutsche Equipe war ebenso gewonnen wie die Einzelwertung.

> »Es ist bis heute für mich ein Mirakel, dass wir als Einzige fehlerfrei blieben. Halla hatte alles, was eine Heldin braucht.«
>
> HANS GÜNTER WINKLER

Halla war von nun an die »Wunderstute«. Dabei schien ihre Karriere schon früh in einer Sackgasse zu enden – zu problematisch war ihr Charakter, den Winkler als »Mischung aus Genie und irrer Ziege« beschrieb. »Halla wollte niemand haben, sie war ja zunächst als untauglich angesehen worden für den Reitsport. Es gelang niemandem, mit ihrem zickigen Wesen fertig zu werden«, so Winkler. Erst nachdem er sie 1951 übernommen hatte, kamen die Medaillen: Gemeinsam gewannen sie dreimal Olympiagold, zwei Weltmeisterschaften und insgesamt 128 Springen. Das Geheimnis dieses Erfolgs war die »menschliche Intelligenz«, die Winkler seiner Stute attestierte, und die besondere Beziehung zwischen Pferd und Reiter: »Wir waren einfach blind aufeinander abgestimmt. An diesem Tag hat sie mir zurückgegeben, was ich jahrelang an Arbeit in sie hineingesteckt habe. Sie wusste, worum es ging. Und sie hat es für mich gemacht.«

Die Rückkehr des Saarlands zu Deutschland

Es war eine »Wiedervereinigung im Kleinen«: Am **1. Januar 1957** kehrte das Saarland nach Deutschland zurück. Nach dem Zweiten Weltkrieg hatte die Siegermacht Frankreich das Land an der Saar in die Ehe gezwungen – wegen der verführerischen Mitgift der Braut in Form von Kohle und Stahl. Eine dauerhafte Annexion des Landstrichs jedoch scheiterte am Widerstand der übrigen Alliierten.

Viele Saarländer begrüßten damals die aufgezwungene Verbindung. Lange bevor das Wirtschaftswunder in Westdeutschland für bescheidenen Wohlstand sorgte, füllten sich die Regale an der Saar mit französischen Waren. Die Rückgliederung des Saarlands an das Bundesgebiet war aber auch zunächst für Bundeskanzler Adenauer kein Thema. Er strebte die konfliktfreie Integration der Bundesrepublik in ein Europa an, das nie mehr Angst vor einem unberechenbaren Deutschland haben sollte.

Dennoch erwies sich der Winzling Saarland immer wieder als Sandkorn im Getriebe der deutsch-französischen Aussöhnung. Schließlich einigten sich beide Staaten 1954 auf ein »Saarstatut«, nach dem das Saarland bis zum Abschluss eines Friedensvertrages einen europäischen Status erhalten sollte. Das »Ja« der Saarländer in einer Volksabstimmung sollte den Vertrag demokratisch besiegeln. Doch so nüchtern und kühl der Vertrag über das Saarstatut auch ausgehandelt worden war, so hoch gingen nun die Emotionen. »Jasager« und »Neinsager« lieferten sich einen regelrechten verbalen Bürgerkrieg. Als das Ergebnis der Abstimmung vom 23. Oktober 1956 bekannt wurde, herrschte ungläubiges Staunen: 67,7 Prozent hatten sich gegen das europäische Statut entschieden. Den Verhältnissen gehorchend, machte sich Adenauer nun zum Fürsprecher eines Anschlusses. Tatsächlich akzeptierte der Nachbar im Westen die Volksentscheidung und legte der »kleinen Wiedervereinigung« keine Steine mehr in den Weg.

Bereits ein Jahr später wurde der deutsch-französische Saarvertrag abgeschlossen. Anschließend kehrte das Saarland in zwei Etappen nach Deutschland zurück: Politisch wurde es schon am 1. Januar 1957 Bestandteil der Bundesrepublik, aber noch bis 1959 blieb es Teil des französischen Währungsgebiets.

> »Es ist mir nie so sichtbar deutlich geworden, was die Wiedervereinigung für uns Deutsche bedeutet.«
>
> KONRAD ADENAUER, 1. JANUAR 1957

Der Beitritt erfolgte damals nach Artikel 23 des Grundgesetzes – ein Muster, das 1990 ganz neuen Wert bekommen sollte. Doch der Anschluss im Westen taugte kaum als Vorbild für die Wiedervereinigung im Osten. Zu unterschiedlich waren die Voraussetzungen nach vierzig Jahren deutscher Teilung.

★ 1957

Grundstein für Europa –
die Römischen Verträge

Die Delegationen von sechs Staaten trafen sich am **25. März 1957** in Rom, um den Grundstein für ein neues Europa zu legen. Die sogenannten »Römischen Verträge« besiegelten die Gründung einer »Europäischen Wirtschaftsgemeinschaft« (EWG) und einer »Europäischen Atomgemeinschaft« (Euratom) – und waren ein entscheidender Schritt auf dem Weg zu einem geeinten Europa.

Nach dem verheerenden Zweiten Weltkrieg schien für viele der Traum von den Vereinigten Staaten von Europa der einzige Weg zu sein, eine Wiederholung des millionenfachen Mordens zu verhindern. Schon 1949 wurde der Europarat gegründet – zunächst noch ohne die Deutschen. Zwei Jahre später folgte, nun schon mit Beteiligung der jungen Bundesrepublik, die sogenannte Montanunion. Es war ein wirtschaftliches Abkommen, das aber im Grunde der Friedenssicherung diente. Dieses Muster sollte fortan in Europa Schule machen.

Nachdem die Schaffung einer gemeinsamen europäischen Verteidigungsgemeinschaft zunächst am Widerstand des französischen Parlaments gescheitert war, unternahmen die Mitglieder der Montanunion im Jahr 1955 einen erneuten Anlauf, die Einigung auf ökonomischer Ebene voranzutreiben. Kern dieses Entwurfs waren die Schaffung eines gemeinsamen Marktes sowie der Abbau von Zöllen und anderen Handelshemmnissen. Innerhalb der Union strebte man auch einen freizügigen Zahlungs- und Kapitalverkehr an. Es gab heftige Geburtswehen. Ängste, wie sie den europäischen Integrationsprozess noch heute begleiten: vor Kapitalflucht, Migrationswellen, Massensterben ganzer Industriezweige. Nichts davon sollte eintreffen.

Die Verträge – in der Rückschau einer der Höhepunkte der deutschen Außenpolitik der 1950er-Jahre – wurden damals von der deutschen Öffentlichkeit kaum beachtet. Vier Tage vor dem Festakt in Rom fand die einzige Bundestagsdebatte dazu statt. Das Parlament übte sich in staatstragender Einmütigkeit. Adenauer ließ es sich nicht nehmen, die Reise nach Rom selbst anzutreten. Er hatte jahrelang auf diesen Tag hingearbeitet und maß

»Die Unterzeichnung der Römischen Verträge ist eine Sternstunde unseres Kontinents.«

Helmut Kohl

dem Ereignis größte Bedeutung bei. Als einziger Regierungschef neben fünf Außenministern setzte er seine Unterschrift unter die Verträge. »Man muss etwas Geduld haben«, erklärte er später. »Höchstwahrscheinlich werden erst unsere Enkel die Früchte dessen ernten, was jetzt beschlossen worden ist.« Zumindest in diesem Punkt sollte er einmal nicht recht behalten.

★ 1961

Über Grenzen – der Sprung in die Freiheit

Es geschah am **15. August 1961**. Seit zwei Tagen blockierten Mauer und Stacheldraht die Sektorengrenze zwischen Ost- und West-Berlin. Der 19 Jahre alte Volksarmist Conrad Schumann sollte am Stacheldraht Wache halten. »Die Staatsgrenze schützen.« So lautete sein Befehl. Doch er, der andere am Flüchten hindern sollte, floh selbst.

Brutale Teilung – entsetzt beobachten
Berliner, wie die Mauer errichtet wird.

Der Bau der Mauer war eines der dunkelsten Kapitel in der deutschen Nachkriegstragödie. Überraschend kam er nicht. Hunderttausende DDR-Bürger flohen jedes Jahr in den Westen. Nachdem allein im Juli 1961 die Zahl der sogenannten Republikflüchtlinge auf mehr als 30 000 gestiegen war, zog Staats- und Parteichef Walter Ulbricht die Notbremse.

Es war der 13. August, ein Sonntagmorgen, als sich an der Sektorengrenze in Berlin Volkspolizei, Betriebskampfgruppen und Volksarmee ans Werk machten. Pflaster und Asphalt wurden aufgerissen und Stacheldraht ausgerollt. Über Nacht wurden Freunde und Familien getrennt. Die Menschen traf die Spaltung ihrer Stadt wie ein Faustschlag. Auf beiden Seiten machte sich Empörung Luft – vergeblich. Es gab in diesen Tagen Tausende persönliche Tragödien. Als Conrad Schumann ein kleines Mädchen sah, das nicht von den Großeltern im Osten zu den Eltern im Westen

durfte, wurde dieser Moment für ihn zu einem Schlüsselerlebnis: »Da ist der Entschluss gereift, dass ich diesen Staat verlasse. Ich wollte das nicht mehr mitmachen. Ich wollte nicht auf Menschen schießen und nicht mehr eingesperrt sein.«

Jetzt drängte die Zeit. Noch war die Grenze nur ein Provisorium aus Stacheldraht, doch schon rollten LKWs, die Betonplatten für den Bau der Mauer brachten. Unbemerkt von den anderen drückte Schumann den Stacheldraht im Vorbeigehen immer wieder etwas nach unten. Dann gab er sich einen Ruck. Schumanns beherzter Sprung in Uniform und mit umgehängter Maschinenpistole brachte ihn in die Freiheit – und am nächsten Tag auf die Titelseiten der Weltpresse: Ein Fotograf hatte den flüchtigen Moment eingefangen. Das Bild geriet zur publizistischen Ikone – denn es offenbarte, wie absurd der Herrschaftsanspruch eines Staates war, der seine Bürger einmauern musste, um zu überleben.

★ 1962

Land unter – Sturmflut in Hamburg

In der Nacht vom **16. zum 17. Februar 1962** drückten ungeheure Wassermassen gegen die deutsche Nordseeküste. Innerhalb kürzester Frist standen auch weite Teile des hundert Kilometer elbaufwärts gelegenen Hamburg unter Wasser. Dort machte sich mit seiner großen Tatkraft ein Mann als umsichtiger Krisenmanager einen Namen: Innensenator Helmut Schmidt.

Die Flut überraschte die Stadt im Schlaf. Weil die Verbindung zum Pegel in Cuxhaven unterbrochen war, wurde viel zu spät Alarm ausgelöst. Rasch stand ein Fünftel Hamburgs unter Wasser – vor allem elbnahe Stadtviertel wie Wilhelmsburg, wo zudem viele Menschen in behelfsmäßigen Barackenkolonien und Kleingartensiedlungen lebten. Für sie kam oft jede Hilfe zu spät.

Der Innensenator, am späten Abend von einer Dienstreise zurückgekehrt, erfuhr erst am nächsten Morgen von dem Drama. Unverzüglich machte er sich auf den Weg ins Polizeipräsidium und installierte umgehend einen Katastrophenstab unter seiner Leitung. Ebenso unbürokratisch wie rücksichtslos riss er Kompetenzen an sich, die ihm eigentlich gar nicht zustanden, und unterstellte Bundeswehr- und Grenzschutzeinheiten seinem Kommando. Innerhalb von nur zwölf Stunden gelang es ihm, eine gewaltige Einsatztruppe von 25 000 Mann auf die Beine zu stellen, die neben der Bundeswehr auch Kräfte von Feuerwehr, DRK, Technischem Hilfswerk oder in Deutschland stationierte NATO-Einheiten umfasste. Hubschrauber und Sturmboote bargen die Überlebenden aus den überfluteten Stadtteilen. Notunterkünfte für Obdachlose wurden aus dem Boden gestampft; Verpflegung, Trinkwasser, Medikamente herbeigeschafft. Dennoch war die Lage erst nach zwei Tagen wieder unter Kontrolle. Als das Wasser wieder abgeflossen war, wurde das ganze Ausmaß der Katastrophe offenbar: 315 Todesopfer waren zu beklagen, Tausende obdachlos. Doch ohne Schmidts mutigen Einsatz wäre alles noch viel schlimmer gekommen.

Dass er damals wissentlich und ganz bewusst Kompetenzen überschritten hatte, machte ihm im Nachhinein niemand zum Vorwurf. Ganz im Gegenteil: Die Erfolge bei der Bewältigung der Krise prägten fortan das Bild des »Machers« Schmidt.

Innensenator Helmut Schmidt
organisierte die Rettungsaktionen.

Versöhnung in Reims – Adenauer und de Gaulle

Im Deutsch-Französischen Krieg 1870/71 zu »Erbfeinden« geworden, standen sich die Nachbarn auch in den zwei Weltkriegen feindlich gegenüber. Danach bemühten sich Politiker beider Seiten um Versöhnung. Den Durchbruch brachte der **8. Juli 1962**, als Kanzler Adenauer und Präsident Charles de Gaulle gemeinsam die Messe in der Kathedrale von Reims besuchten.

Sieben Tage hatte Bundeskanzler Adenauer im Juli 1962 in Frankreich verbracht und dabei Ehrungen erfahren wie kaum ein anderer ausländischer Staatsgast: Das französische Protokoll zog alle Register staatlicher Macht- und Prachtentfaltung. Den Höhepunkt bildete am 8. Juli der Besuch in Reims.

Zunächst nahmen Charles de Gaulle und Konrad Adenauer auf dem Truppenübungsplatz Mourmelon gemeinsam eine spektakuläre deutsch-französische Parade ab – noch wenige Jahre zuvor unvorstellbar. Dann folgte das Hochamt in der Kathedrale, der Krönungskirche der fränkischen und französischen Könige – und Symbol der gemeinsamen Wurzeln von Deutschen und Franzosen. Zugleich stand die gotische Kathedrale aber auch für feindselige Auseinandersetzungen: Im Ersten Weltkrieg war sie durch deutschen Artilleriebeschuss schwer beschädigt worden. Und nun die beiden betenden Staatsmänner vor dem Altar: Eine historische Sternstunde, die sich in das kollektive Gedächtnis auf beiden Seiten des Rheins einprägen sollte. Im Anschluss an das Hochamt sagte Adenauer bewegt: »Diese enge Verbundenheit des französischen und des deutschen Volkes, die sich gegen niemanden richtet, die den Frieden will und nur den Frieden, sie ist ein Wunder des Himmels.« Die Verbundenheit, die sich gegen niemanden richte – damit meinte der Kanzler offenbar Briten und Amerikaner, die argwöhnisch die Annäherung zwischen Deutschland und Frankreich beobachteten.

Mitte Januar 1963 sorgte de Gaulle tatsächlich für Unmut: Er sprach sich gegen den Beitritt Großbritanniens zur Europäischen Wirtschaftsgemeinschaft aus, weil er fürchtete, dass die USA über ihren engen Partner Einfluss auf die Gemeinschaft nehmen wollten. Deutschland indes war ein gutes Verhältnis zu den Amerikanern ebenso wichtig wie die deutsch-französische Freundschaft. Der Kompromiss: Als der Vertrag im Juli 1963 in Kraft trat, hatten ihn die Deutschen um eine Präambel ergänzt, in der die enge Bindung an die USA und der Wille zur Aufnahme Großbritanniens in die EWG erklärt wurden. Der Vertrag selbst regelt bis heute gemeinsame Beratungen in allen wichtigen Fragen der Außen-, Sicherheits-, Jugend- und Kulturpolitik zwischen Deutschland und Frankreich – er hat die alten »Erbfeinde« zusammengeführt.

»Ich bin ein Berliner« – JFK in Deutschland

Es war eine Sternstunde in der Geschichte Berlins: Am **26. Juni 1963** besuchte US-Präsident John F. Kennedy die geteilte Stadt. Nur acht Stunden dauerte sein Aufenthalt – doch diese haben sich tief ins Gedächtnis der Metropole eingegraben. Vor allem ein Satz sollte Kennedy unsterblich machen.

An den Schulen fiel der Unterricht aus, in Betrieben und Büros ruhte die Arbeit. Wo der Präsident auch ging und stand, überall jubelten ihm die Menschen zu. Anderthalb Millionen waren auf den Beinen. Mehr als fünfzig Kilometer lang war der Triumphzug durch die Straßen der Stadt. Mitunter glich Kennedys Tour einer regelrechten Konfettiparade – findige Berliner hatten kurzerhand Tausende alte Telefonbücher zerschnipselt. Höhepunkt dieses Tages war die Rede vor dem Rathaus Schöneberg. 400 000 Berliner hatten sich dort versammelt, um den Worten des Präsidenten zu lauschen. Kennedy eroberte die Herzen seiner Zuhörer im Sturm. »Alle freien Menschen, wo immer sie leben mögen, sind Bürger dieser Stadt West-Berlin«, schloss er seine Rede. Und fügte hinzu: »Deshalb bin ich als freier Mann stolz darauf sagen zu können: Ich bin ein Berliner!« Orkanartiger Jubel brach aus, die Menschen skandierten minutenlang den Namen des Präsidenten.

Was nur wenige wissen: Der Satz, der ihn unsterblich machte, war so gar nicht geplant gewesen. Wie sich Kennedys damaliger Übersetzer Robert Lochner erinnert, wollte er ihn eigentlich wie den Rest der Rede auf Englisch vortragen: »I am a Berliner.« Die starken Eindrücke dieses Tages veranlassten ihn jedoch dazu, die deutschen Worte einzufügen. »Schreiben Sie mir das auf ein Stück Papier!«, wies er seinen Übersetzer wenige Minuten vor seinem Auftritt an.

> »Ich habe gestern gesagt, dass ich meinem Nachfolger ein Briefchen hinterlassen werde, das nur zu einem Zeitpunkt großer Entmutigung zu öffnen sei. Es werden nur drei Worte darin stehen: ›Go to Germany.‹«
>
> JOHN F. KENNEDY, 26. JUNI 1963

»Leider hatte ich keinen Notizblock bei mir«, so Lochner heute. »Ich bin dann an Willy Brandts Schreibtisch gegangen, der zum Glück nicht abgeschlossen war, habe ein Stück Papier herausgeholt und es in Druckbuchstaben draufgeschrieben. Dann haben wir es zwei, drei Mal geübt.« Lochners Zettel ist erhalten geblieben. »Ish bin ein Bearleener« ist darauf zu lesen – in Lautschrift, denn der Präsident konnte kein Deutsch.

Auf dem Rückflug sagte Kennedy zu seinen Beratern: »Solange wir leben, werden wir nie wieder einen Tag wie heute erleben.« Fünf Monate später wurde er in Dallas erschossen.

★ 1963

Rettung aus der Tiefe – das Wunder von Lengede

Die ganze Nation nahm Anteil an ihrem Schicksal: Nach einem Unglück in der Eisenerzgrube im niedersächsischen Lengede waren über hundert Bergleute unter Tage eingeschlossen. Ein Großteil konnte bald nach der Katastrophe gerettet werden, doch mehrere Dutzend Männer wurden weiter vermisst. Als die Helfer die Suche schon aufgeben wollten, registrierten sie Klopfzeichen aus der Tiefe. Am **7. November 1963**, 14 Tage nach dem Unglück, konnten noch elf Überlebende geborgen werden – es war das »Wunder von Lengede«.

Begonnen hatte der hochdramatische Wettlauf mit der Zeit am 24. Oktober, einem Donnerstag, kurz nach 20 Uhr. Für die Bergleute unter Tage war es eine ganz normale Spätschicht; 129 Männer arbeiteten an diesem Abend im Schacht »Mathilde«. Unter ihnen der zwanzig Jahre alte Adolf Herbst, ein Elektromechaniker, der eine Pumpenanlage installieren sollte. Herbst hatte zu diesem Zeitpunkt eigentlich schon längst Feierabend, doch weil er am nächsten Tag freimachen wollte, hatte er eine Extraschicht drangehängt. Gegen halb acht machte er Schluss und lief erschöpft Richtung Ausgang. Er freute sich auf den freien Tag: Er wollte seine für Samstag geplante Verlobung vorbereiten. Doch dann kam alles ganz anders.

Plötzlich war im Berg ein Glucksen und Gurgeln zu vernehmen, das sich schnell zu einem tosenden Rauschen steigerte. Männer stürzten Herbst entgegen: »Weg, weg, weg!« – doch der Fluchtweg war versperrt: Eine Flutwelle schoss durch die Gänge. Was Herbst nicht wusste: Einer der Klärteiche, mit deren Wasser über Tage das Erz gewaschen wurde, war eingebrochen. Fast 500 000 Kubikmeter Wasser und Schlamm strömten in die Grube – ein Volumen, das dem Inhalt von 250 Hallenbädern

> »Wir sind in einen Seitenstollen geflüchtet, auch dort stieg das Wasser. Ich holte Zigaretten raus, sagte: »Jungs, jetzt rauchen wir noch eine, und das war's dann.«
> ADOLF HERBST

entspricht. Für die Kumpel tief unten im Schacht begann in diesem Augenblick der Kampf ums nackte Überleben.

Auf einigen eilig gebauten Flößen retteten sie sich vor den hereinbrechenden Fluten, andere schwammen oder wateten durch den Schlamm, erreichten Luftschächte und Materialstollen, durch die sie dann ins Freie kletterten. 79 Männer schafften es in den ersten Stunden dieser Nacht. Sieben weitere konnten am nächsten Tag geborgen werden. Für Adolf Herbst und die restlichen Kumpel schien die Lage jedoch aussichtslos. Vor ihren Augen riss das Wasser alles mit, was sich ihm in den Weg stellte: Werkzeug, Holzwagen, Kollegen. 15 Männer waren sofort tot.

Mit zwanzig Bergleuten flüchtete sich Adolf Herbst in einen sogenannten Alten Mann, einen nicht mehr benutzten Stollen:

1963

ein ungesicherter Hohlraum, in dem das Erz längst abgebaut und der wieder dem Berg überlassen worden war. Ein toter Gang, gut 55 Meter unter der Erde – aber oberhalb der gefluteten Stollen. Ein lebensgefährlicher Zufluchtsort, denn immer wieder lösten sich in solchen Gängen tonnenschwere Felsbrocken von der Decke.

Für große Überlegungen freilich war im Unglücksschacht keine Zeit: Für die Männer war der Stollen die einzige Chance. Sie harrten aus, lebendig begraben. Über Tage hatte die Werksleitung unterdessen Alarm ausgelöst. Vermessungstechniker und Ingenieure brüteten über Skizzen des Bergwerks, suchten nach Stollen und Hohlräumen, in die Bergleute sich gerettet haben könnten. Suchbohrungen wurden begonnen. Fast tausend Hilfskräfte waren im Einsatz, so viele wie nie zuvor bei einem Bergwerksunglück in Deutschland: Spezialbergungstrupps aus dem Ruhrgebiet, Druckkammerspezialisten, Bohrexperten von der Nordsee, Luftfahrtmediziner, Horchgeräteexperten. Es war die dramatischste und schwierigste Rettungsaktion in der Geschichte des deutschen Bergbaus. Und erstmals war auch das Fernsehen live dabei. 450 Journalisten aus aller Welt berichteten von den Ereignissen aus Lengede.

Von alldem bekamen Adolf Herbst und die anderen Eingeschlossenen nichts mit. Sie kauerten sich im Alten Mann zusammen: Vollkommen durchnässt, bei nur 7 Grad Celsius, in absoluter Dunkelheit – die Grubenlampen waren längst erloschen. »Wir führten Selbstgespräche, halluzinierten. Manche bettelten darum, sterben zu dürfen. Selbstmordgedanken machten die Runde«, erinnert sich Herbst. »Der größte Horror bei jedem war, der letzte Überlebende zu sein.«

Die Männer hatten Hunger und Durst. Adolf Herbst war der Erste, der von dem Wasser trank, das sie umgab. Wasser, in dem Leichen verwesten. »Keiner wollte von dem Leichenwasser trinken, aber ich hätte alles getrunken, was flüssig ist. Als die anderen merkten, dass ich das überlebe, tranken sie auch.« Immer wieder lösten sich Gesteinsbrocken aus dem Fels und erschlugen Kumpel. Zehn der 21 Männer im Alten Mann kamen durch herabfallendes Gestein ums Leben. Mitunter glaubten die Überlebenden, Bohrgeräusche zu hören. Doch über ihnen bohrte niemand, die Geräusche waren eine Illusion. Gesucht wurde an anderen Stellen, auch über dem östlichen Stollenende der Hundert-Meter-Sohle. Hier, das wusste man, hatten vier Kumpel gearbeitet.

Tatsächlich stieß der Bohrer am 27. Oktober in 79 Metern Tiefe auf einen Hohlraum. Klopfzeichen am Bohrgestänge signalisierten Überlebende. Mit größter Vorsicht begannen nun die Rettungsarbeiten – die unter starkem Überdruck stehende Luftblase durfte auf keinen Fall zerstört werden. Vier Tage später, am 1. November, konnten tatsächlich noch drei Kumpel geborgen werden – der vierte war ertrunken. Die Männer waren völlig erschöpft, aber unversehrt.

Doch das Glück dieser drei schien das Aus für die übrigen vierzig Vermissten zu bedeuten: Für sie sah die Grubenleitung keine Überlebenschance mehr. Schon am 26. Oktober waren sie für tot erklärt worden. Bohrtrupps und Rettungsmannschaften wurden abgezogen, eine Trauerfeier wurde für den 4. November angesetzt. In der Schulturnhalle des Ortes wurde schwarzer Stoff drapiert, Predigten wurden geschrieben,

Die erste Versorgungsbombe wird in den Berg hinabgelassen.

1963

Banges Warten – die Frau eines Eingeschlossenen bei den Bohrungen.

Gedenkreden ausgearbeitet. Jede Witwe erhielt 500 Mark, um die
bevorstehende Beerdigung zu finanzieren.

Einige Bergleute, die das unterirdische Labyrinth gut kannten, wollten jedoch nicht so einfach aufgeben. Sie hofften, dass
noch Kumpel am Leben sein könnten – irgendwo tief drin-
nen im Alten Mann. Der Gru-
bendirektor glaubte zwar nicht
an Wunder, fürchtete jedoch
den Zorn der Kumpel und den
Druck der Medien und der Öffentlichkeit. Er ließ noch einmal bohren – wider besseres
Wissen, wie er später sagte. Wo
genau der Alte Mann unter Tage
lag, konnte freilich niemand so
genau sagen. An der Stelle, die
die Vermessungstechniker für
die richtige hielten, lagen Ei-
senbahnschienen. Also wurde
die Bohrstelle einfach um zwei
Meter verlegt. An einen Treffer
glaubte ohnehin fast keiner der-
jenigen, die oben ausharrten.

Im Alten Mann trauten die
elf Überlebenden ihren Ohren
kaum – auf einmal hörten sie
wieder Bohrgeräusche, und sie kamen näher. Plötzlich brachen
Staub und Wasser auf sie ein. Es war der 3. November, vier Uhr
morgens. Die Männer brüllten
in Todesangst, dann war Ruhe.
Einer tastete die dunkle Höhle
ab: »Hier ist ein Rohr. Mensch,
die haben uns gefunden!« Minutenlang waren die Einge-
schlossenen wie gelähmt, dann brach Panik aus: Verzweifelt
suchten sie nach etwas, mit dem sie klopfen konnten. Einer von

> »Wir haben Bohrung gehört. Als wir
> mal merkten, dass der Bohrer stopp-
> te, wurden wir hysterisch.«
>
> ADOLF HERBST

234

Mit solchen Rettungskapseln wurden die Kumpel nach oben geholt.

ihnen hatte ein Taschenmesser im Stiefel, aber seine Beine waren so angeschwollen, dass er den Schuh nicht so schnell ausziehen konnte. Als sie endlich das Messer in Händen hielten, klopften sie wie verrückt auf das Metallrohr: »1-2, 1-2-3.« Über Tage herrschte Fassungslosigkeit, dann Freude.

Dass die Eingeschlossenen entdeckt wurden, war ein reiner Zufall und unglaubliches Glück: Hätte man an der berechneten Stelle gebohrt, wäre der Hohlraum unter Tage verfehlt worden. Die Bergungstrupps und ihre Gerätschaften wurden zurückbeordert, die Familien informiert, die Trauerfeier abgesagt. Über das schmale Rohr, es maß gerade einmal 4,2 Zentimeter, bekamen die elf Eingeschlossenen zunächst eine Taschenlampe, dann warmen Tee und Möhrensaft. Sie wünschten sich auch Zigaretten – aber die bekamen sie nicht. Über Mikrofone konnten die Männer mit ihren Angehörigen sprechen. Als man ihnen dann auch noch mitteilte, dass der Bundeskanzler mit ihnen reden wolle, fühlten sie sich im ersten Moment auf den Arm genommen.

Es sollte noch mehr als vier Tage dauern und komplizierteste Technik erfordern, bis man die Kumpel aus dem Blindstollen bergen konnte. Äußerste Vorsicht war geboten, damit die Höhle nicht einstürzte. Doch schließlich wurde das Wunder Wirklichkeit. Am 7. November 1963 wurde ein Kumpel nach dem anderen mit der sogenannten Dahlbuschbombe, einer torpedo-

»Meine lieben deutschen Landsleute, es war mir ein aufrichtiges Bedürfnis, heute hierher zu kommen, an die Unglücksstelle, um Ihnen Mut und Zuversicht zuzusprechen. Sie wissen, dass alles getan wird, um Ihnen zu helfen. Ich überbringe Ihnen zugleich die Grüße und die Wünsche der Bundesregierung und eine erste Hilfe für die Betroffenen.«

Kanzler Erhard am 6. November 1963 zu den Eingeschlossenen

förmigen, schmalen Rettungskapsel von nur 40 Zentimetern Durchmesser, nach oben gezogen.

Auch Adolf Herbst sah nach zwei Wochen das Sonnenlicht wieder. »Solange ich atmen kann, habe ich gehofft«, so Herbst später. »Mir hat auch sehr gut geholfen, dass ich einen Glauben habe an Gott. Ich hab ihn auch um ein zweites Leben gebeten, denn ich wollte mich verloben, ich wollte eine Familie gründen, das war für mich ganz wichtig.«

Nach sechs Wochen im Krankenhaus holte Adolf Herbst seine Verlobung nach. Unter Tage war er nie wieder.

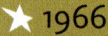

★ 1966

»Yeah, yeah, yeah« – die Beatles in Deutschland

Sie gelten als die größte Band aller Zeiten: die Beatles. Im **Juni 1966**, fast drei Jahre nach ihrer ersten Singleveröffentlichung und nach 17 Top-Ten-Hits in Deutschland, kamen die Superstars der 1960er-Jahre zum ersten und einzigen Mal für eine Konzerttournee in die Bundesrepublik. Überall, wo sie auftraten, herrschte Ausnahmezustand.

Dabei beschränkte sich die »Bravo-Blitztournee« gerade einmal auf drei Städte: München, Essen und Hamburg. Sie begann am 24. Juni 1966 in der bayerischen Landeshauptstadt, wo sich die Polizei auf die Stippvisite der »Fab Four« vorbereitet hatte wie heutzutage auf einen brisanten G-8-Gipfel: Ein Krisenstab wurde eingerichtet, ein »psychologischer Dienst« aus der Taufe gehoben und ein gewaltiges Arsenal an Beamten mobilisiert.

Die Angst der Behörden hatte einen Namen: Beatlemania. Seit die »Pilzköpfe« 1963 mit »Please, please me« die Hitparaden ge-

stürmt hatten, bot sich überall auf der Welt, wo die vier Musiker aus Liverpool auch auftauchten, dasselbe Bild: kreischende Mädchen, die wie von Sinnen tobten, sobald ihre Idole die Bühne betraten. Junge Männer, die sich die Haare wachsen ließen und schon allein deshalb zum öffentlichen Ärgernis wurden. Musik, die den süßlichen Schmalz der 1950er-Jahre im Stakkato harter Gitarrenriffs auflöste.

Wie nicht anders zu erwarten, ging es auch in München hoch her. Tausende jugendlicher Fans gerieten schon vor dem Hotel der Beatles in Ekstase. Spätestens mit Beginn der Auftritte im Circus Krone (die Beatles spielten zweimal nacheinander) steigerte sich die Begeisterung der 6000 Konzertbesucher zur Hysterie. »Ein konvulsivischer Dauer-Zucker neben mir brüllt«, notierte ein Reporter der »Süddeutschen Zeitung« pikiert. »Seine Stimme überschlägt sich, noch einmal bricht er in exzessives Geschrei aus und dann endgültig zusammen. Er reißt sich das Hemd auf, schlägt sich auf die Brust und kratzt sich im pubertätspickligen Gesicht.« Doch nach kaum einer halben Stunde war der Spuk schon wieder vorbei: So plötzlich, wie sie gekommen waren, verschwanden John, Paul, George und Ringo wieder von der Bühne. Sie hinterließen ein fassungsloses Publikum und eine Hundertschaft erleichterter Polizisten, denn die befürchteten Ausschreitungen waren ausgeblieben. Ähnlich verliefen die Konzerte in Essen und in Hamburg. Auch dort absolvierten die Beatles jeweils zwei Kurzauftritte.

Für die »Fab Four« hatte der Trip nach Hamburg dabei eine ganz besondere Note: Hier hatten sie 1960 – als unbekannte Band – ein halbes Jahr lang in kleinen Nachtlokalen gespielt, ehe ihr Aufstieg begann. Und hier gaben sie jetzt ihr letztes Konzert in Europa, ehe sie beschlossen, nur noch im Studio zu arbeiten.

Wo immer sie hinkamen, die Beatles sorgten für Hysterie bei den Fans.

★ 1969

Die Erfindung der Chipkarte

Bargeldloses Zahlen, Ausweise im Scheckkartenformat, Patientendaten auf der Krankenkassenkarte und die Speicherkarte im Handy: Chip-karten oder »Smartcards« sind aus dem Alltag nicht mehr wegzudenken. Doch von der Erfindung der »schlauen Karte« mit dem ersten Patent am **10. September 1969** bis zu ihrem weitverbreiteten Einsatz vergingen Jahrzehnte.

1969

In Deutschland meldeten Helmut Gröttrup und der Rundfunk-Mechanikermeister Jürgen Dethloff 1969 ein Patent für eine Plastikkarte mit integriertem Schaltkreis an. In Frankreich tat Roland Moreno in den 1970er-Jahren das Gleiche – bis heute gibt es in beiden Ländern unterschiedliche Modelle.

Gemeinsam haben sie das Grundprinzip: Im Unterschied zu einer passiven Karte, deren Inhalt zum Beispiel im Magnetstreifen gespeichert ist und lediglich abgelesen oder beschrieben werden kann, macht der karteninterne Prozessor die Chipkarte selbst zu einem aktiven Teilnehmer am Datenaustausch. Damit ist sie nicht nur sicherer als die Magnetstreifenkarte, sie kann auch vielfältigere Funktionen erfüllen. Doch trotz ihrer Vorteile eroberte sich die »intelligente« Karte nur schleichend ihren Platz in unseren Brieftaschen. Als Telefonkarte kam sie ab Anfang der 1980er-Jahre zum Einsatz. An den deutschen Bankautomaten scheiterten dagegen Großversuche mit Euroscheck-Chipkarten noch 1989 und 1990. Als Geldkarte von Kreditinstituten gibt es sie seit 1997, aber in spürbarem Maß genutzt wird sie erst seit dem Jahr 2007 – seitdem müssen sich Raucher beim Zigarettenkauf am Automaten mit der Karte ausweisen.

> »Die Chipkarte kann zu einem Teil unseres Selbst werden.«
>
> JÜRGEN DETHLOFF

Der Handy-Boom der 1990er-Jahre brachte den ersehnten Durchbruch: Die SIM-Karte mit ihrer Vielzahl an gespeicherten Daten ist heute die wohl bekannteste und am intensivsten genutzte Chipkarte – im Schnitt hat jeder Deutsche mindestens ein Mobiltelefon in Gebrauch, häufig ergänzt ein geschäftliches Handy das private in Hand- oder Brusttasche. Der 2002 verstorbene Jürgen Dethloff hatte an diesen Entwicklungen nicht nur mit dem Patent von 1969 maßgeblichen Anteil, sondern auch mit weiteren Arbeiten – sowie zeitlebens als Berater für Anwendungsmöglichkeiten der Karte in der Kommunikations-Industrie. Auch wenn Dethloff nicht als einziger Vater der Chipkarte gilt: Den Ehrenplatz in der »Erfindergalerie« des Deutschen Patent- und Markenamts, in der nur die besten 17 Erfinder Deutschlands präsentiert werden, hat er sich damit wahrlich verdient.

Der Kniefall von Warschau

Mit einer schlichten Geste hat Willy Brandt ein symbolisches Bild geprägt, das nach dem Zweiten Weltkrieg mehr als alle Reden und Verträge zur Rehabilitierung Deutschlands in der Welt beigetragen hat. Mit seinem Kniefall in Warschau am **7. Dezember 1970** bat er im Namen seiner Landsleute um Vergebung für die im deutschen Namen verübten Verbrechen.

1970

An jenem Tag war Willy Brandt an einen ganz besonderen Platz inmitten trist-grauer Hochhausblöcke gekommen: Hier hatte sich dreißig Jahre zuvor das Warschauer Ghetto befunden. Eine Bronzegruppe erinnert an die Opfer dieser Hölle. Neben dem Konzentrationslager Auschwitz war dieser Ort Sinnbild für das Grauen des Holocaust, ein Durchgangsbahnhof auf dem Weg in die Vernichtung. Die Träger hatten, wie es das Protokoll für einen derartigen Anlass vorsah, einen Kranz niedergelegt. Ebenfalls ganz protokollgerecht war der deutsche Bundeskanzler vorgetreten, um die Schleife des Gebindes, die eigentlich schon einwandfrei geordnet war, zurechtzuzupfen. Da plötzlich kam Bewegung in die Szenerie. »Wo ist er denn?« – »Ist er hingefallen?« Die Fotografen in den hinteren Reihen nahmen die Ellbogen zu Hilfe, um sich vorzudrängeln.

Willy Brandt hatte sich so plötzlich und unerwartet auf die Knie fallen lassen, dass man an einen Schwächeanfall des Bundeskanzlers glauben konnte. Da kniete er nun auf dem regennassen Asphalt: zehn Sekunden, zwanzig Sekunden, eine endlose halbe Minute. Sein Kopf war gesenkt, der Blick starr auf die gefalteten Hände gerichtet. Dann erhob er sich mit einem energischen Ruck, ohne die Arme zu Hilfe zu nehmen. Mit bedächtigen Schritten ging er zu seinen Begleitern zurück.

»Unter der Last der jüngsten deutschen Geschichte tat ich, was Menschen tun, wenn die Worte versagen«, erklärte Brandt später. »So gedachte ich der Millionen Ermordeter.« Das Wissen um die Gräueltaten, die das NS-Regime im Namen des deutschen Volkes verübt hatte, empfand der Bundeskanzler als schwere Bürde. 25 Jahre nach Kriegsende gab es weder einen Friedensvertrag zwischen den einstigen Kriegsgegnern, noch unterhielten beide Staaten diplomatische Beziehungen miteinander. Mit der Kanzlerschaft von Willy Brandt vollzog sich jedoch ein entscheidender Wendepunkt. An diesem 7. Dezember war auch die Unterzeichnung eines Vertrages über die Normalisierung der beiderseitigen Beziehungen vorgesehen. Doch noch bevor Brandt seine Unterschrift unter das Dokument setzte, hatte er schon Geschichte geschrieben. Das Bild des knienden Kanzlers vor dem Mahnmal ging um die Welt. »Was da geschehen ist, war eine ganz spontane

Sache«, urteilte später der Augenzeuge Henri Nannen, damals
Chefredakteur der Illustrierten »Stern«. »Brandt hat zwei Stunden
vorher nicht gewusst, dass er das tun würde. Er hat sich nicht hingekniet, es hat ihn hingekniet.« Seine Geste ergriff und verblüffte
die Menschen, auch auf polnischer Seite. »Damit haben auf der
moralischen Ebene die Deutschen den Opfern die Ehre erwiesen«, erklärte Marek Edelmann, ein Überlebender des Warschauer Ghettos. In der Heimat freilich waren damals die Meinungen
geteilt. Während die einen Brandts Geste als Bitte um Vergebung
und Versöhnung begrüßten, hielten viele Deutsche den Auftritt
für unangemessen. Erst der Lauf der Geschichte zeigte, dass letztlich die Fürsprecher Brandts recht behalten sollten.

★ 1972

Mit einem »Flop« zu Olympiagold

Sie war die Überraschungssiegerin der Olympischen Spiele **1972** in
München: Die erst 16-jährige Hochspringerin Ulrike Meyfarth gewann
die Goldmedaille und stellte den bisherigen Weltrekord ein. Zwölf Jahre
später wurde sie zur Legende: Nach durchschrittener Talsohle und hart
erarbeitetem Comeback sprang Meyfarth erneut zu olympischem Gold.

Lachend, sprachlos, fassungslos sitzt die 16-jährige Schülerin auf
einer grünen Schaumgummimatte – und auch die 80 000 Zuschauer im Münchner Olympiastadion können es kaum glauben:
Nachdem das schlaksige, schwarzhaarige Mädchen mit den un-
endlich langen Beinen sich schon mit übersprungenen 1,90 Metern die Goldmedaille gesichert hat, ist es auch noch über die 1,92
Meter hohe Latte gesegelt: das war neuer Weltrekord. Und es gibt

243

Zwölf Jahre nach München gewann
Meyfarth erneut Gold bei Olympia.

noch einen zweiten Rekord, den Ulrike Meyfarth bis heute hält:
Sie ist die jüngste Olympiasiegerin in einem Leichtathletik-Einzelwettbewerb.

Die junge Schülerin aus Wesseling profitierte von ihrer unbelasteten Position als Außenseiterin, von der Begeisterung des heimischen Publikums – und von der neuen Technik des »Fosbury-Flops«, den sie im Gegensatz zu ihren schärfsten Konkurrentinnen beherrschte: Während diese sich noch mit dem Rollsprung (dem sogenannten Straddle) über die Latte bewegten, überquerte Meyfarth das Hindernis rücklings. »Es war, als wenn man einen Film sah, in dem man selber mitspielte«, formulierte Ulrike Meyfarth später ihren triumphalen Moment. Doch dem hohen Sprung folgte der tiefe Fall: Mit dem ganzen Medienrummel um die Olympiasiegerin kamen weder sie selbst noch ihr Umfeld klar. Meyfarth scheiterte am Druck, ihre Leistungen in der Schule wie im Sport verschlechterten sich. Der Leichtathletikverband

> »Das größere Erlebnis war München. Ein Heimspiel, dieser Zuschauerkessel, jeder stand hinter mir und war begeistert. Einmalig. Solche Dinge möchte man am liebsten festhalten. Der zweite Sieg hat dann den Kreis geschlossen.«
>
> ULRIKE MEYFARTH

strich sie aus der Sportförderung, zum Sportstudium wurde sie nicht zugelassen. Doch sie arbeitete sich mit viel Kampfgeist und Disziplin wieder an die Weltspitze zurück: 1982 sprang Meyfarth erneut Weltrekord mit 2,02 Metern bei den Europameisterschaften in Athen. Und zwölf Jahre nach ihrem ersten Olympiasieg gewann sie 1984 in Los Angeles noch einmal die Goldmedaille im Hochsprung. Und damit hält die Deutsche noch einen Rekord: Zum Zeitpunkt ihres zweiten Triumphs war Ulrike Meyfarth die älteste Hochsprung-Olympiasiegerin in der langen Geschichte der Olympischen Spiele.

Deutschland ist wieder Fußball-Weltmeister

Zwanzig Jahre nach dem »Wunder von Bern« fand die Fußball-WM 1974 erstmals in Deutschland statt. Nach einer grandios gewonnenen Europameisterschaft zwei Jahre zuvor galt der Weltmeistertitel für viele Fans als reine Formsache. Und tatsächlich konnten die Kicker um Kapitän Franz Beckenbauer und Trainer Helmut Schön am **7. Juli 1974** endlich den umjubelten Titelgewinn feiern.

Dabei hatte es im Finale in München schon wenige Sekunden nach dem Anpfiff so ausgesehen, als sollten die Deutschen diesmal als Verlierer vom Platz gehen. Noch kein DFB-Spieler hatte den Ball überhaupt berührt, als der holländische Superstar Johan Cruyff ein gewagtes Dribbling Richtung deutsches Tor startete. Ein indisponierter Uli Hoeneß brachte ihn an der Strafraumgrenze zu Fall – Elfmeter für »Oranje«: Trocken netzte Neeskens ein.

Damit begann das Endspiel für die Deutschen so durchwachsen, wie das gesamte Turnier verlaufen war. Schon im Vorfeld hatte es erregte Diskussionen gegeben: Dass sich die Welt seit den Zeiten von Fritz Walter geändert hatte, war längst vor dem ersten Gruppenspiel klar geworden. Hatten die »Helden von Bern« noch weitgehend für die Ehre gespielt, verlangten ihre Nachfolger jetzt Cash. 100 000 Mark forderten sie vom DFB als Prämie für den Titel – pro Mann. 70 000 waren schließlich nach langem Feilschen der Kompromiss. Dass viel Moos längst keinen guten Fußball garantiert, zeigte sich in den ersten Matches. Einem erzitterten 1:0 gegen Chile folgte ein glanzloses 3:0 gegen Australien. Zur Legende wurde das nächste Spiel, ausgerechnet gegen die DDR, die sich zum ersten und einzigen Mal in ihrer Geschichte für eine Fußball-WM qualifizieren konnte. Die 0:1-Niederlage durch ein Tor des Magdeburgers Jürgen Sparwasser in der 78. Minute wurde im Westen zwar als Blamage empfunden. Doch ersparte sie der DFB-Auswahl in der Zwischenrunde die »Todesgruppe« mit Brasilien, Holland und Argentinien. Zudem fühlten sich die Spieler jetzt an ihrer Ehre gepackt. Nach der »Nacht von Malente«, so genannt nach der Teamunterkunft in der holsteinischen Provinz, in der laut Augenzeugenberichten die Fetzen flogen, rissen sich die Kicker zusammen: Nach Siegen gegen Jugoslawien (2:0) und Schweden (4:2) und einer »Wasserschlacht« gegen Polen (1:0) stand die deutsche Elf im Endspiel. Und auch hier rissen sich die Spieler am Riemen. In der 25. Minute holte Hölzenbein einen nicht ganz astreinen Strafstoß heraus, den Breitner sicher verwandelte. Kurz vor der Pause schoss Müller aus der Drehung eines der für ihn so typischen Tore: 2:1. Dabei blieb es, obwohl die Niederländer in der zweiten Hälfte den deutschen Kasten belagerten. Deutschland war zum zweiten Mal Fußball-Weltmeister.

★ 1976

Medaillenregen für Rosi Mittermaier

Einem freundlichen bayerischen Mädchen gelang im Februar 1976 der Triumph: Die Skiläuferin Rosi Mittermaier erfuhr sich bei den Olympischen Spielen **1976** in Innsbruck zweimal Gold und einmal Silber. Damit galt sie als erfolgreichste Skiläuferin aller Zeiten – und erhielt den Spitznamen »Gold-Rosi«.

Die Liebe zum Skifahren wurde Rosi Mittermaier praktisch in die Wiege gelegt: Ihre Familie lebte auf der Winklmoosalm oberhalb von Reit im Winkl und betrieb neben einer Gaststätte auch eine Skischule. Obwohl die kleine Rosi bereits mit drei Jahren auf den »Brettln« stand, absolvierte sie nach der Schule erst einmal eine Ausbildung zur Hotelgehilfin und arbeitete danach im elterlichen Betrieb mit. Im Winter allerdings verbrachte sie jede freie Minute auf Skiern. Der Lohn: 1966/67 wurde sie Deutsche Meisterin in der Kombination (Slalom und Riesenslalom) und errang diesen Titel auch in den Jahren 1972 und 1973.

Die Krönung ihrer sportlichen Laufbahn erlebte Rosi Mittermaier 1976: Am 8. Februar fuhr die 25-Jährige zu ihrer eigenen Überraschung plötzlich eine halbe Sekunde schneller als ihre österreichische Konkurrentin Brigitte Totschnig den Berg hinunter. Vor Freude über die Goldmedaille tanzte die junge Frau auf dem Siegerpodest eine Rumba, steckte damit die Zuschauer im Zielraum und weltweit an den Bildschirmen mit ihrer Begeisterung an. Eine unvergleichliche Welle der Sympathie schlug Rosi Mittermaier an diesem Tag entgegen. Fünf Tage später, mit zwei Goldmedaillein und einer Silbermedaille in Innsbruck, war der Mythos »Gold-Rosi« geboren. Im gleichen Jahr – ihrer letzten Profi-Saison – wurde sie noch Weltmeisterin in der Alpinen Kombination und Gesamtweltcupsiegerin.

> »Ich wäre doch auch ohne das Skifahren ein glücklicher Mensch geworden.«
>
> ROSI MITTERMAIER

Der Medaillenregen bei den Olympischen Spielen 1976 war nicht nur eine Sternstunde des Sports, sondern auch der Fairness: Über den tollen ersten Lauf ihrer Landsmännin Pamela Behr freute sich Rosi Mittermaier beim Slalom weithin sichtbar – obwohl diese ihre schärfste Konkurrentin für die zweite Goldmedaille war. Die Aussage Mittermaiers, dass sie »keine Rivalinnen in der Mannschaft haben wollte, sondern Freundinnen«, ist exemplarisch für die Sportlerin

»Sie hatte schon damals den viel besseren Charakter als ich«, sagt ihr Ehemann, der ehemalige Skiläufer Christian Neureuther, über seine Frau. Bis heute gilt die »Gold-Rosi« als Vorbild für Fairness und Toleranz, wurde dafür mehrfach ausgezeichnet und fungiert seit 1997 als nationale Botschafterin für Fair Play im Sport. Und der gemeinsame Sohn des skiverrückten Ehepaars – Felix – ist in seiner Generation einer der Besten. Im Slalom, wo sonst.

 1976

Märchenhochzeit – Silvia, Königin von Schweden

Die Geschichte hat alle Zutaten für ein klassisches Märchen: einen schmucken Königssohn, eine holde Maid und die Liebe. Dass Carl XVI. Gustaf von Schweden am **19. Juni 1976** Silvia Sommerlath heiratete, sollte sich als Glücksfall für die schwedische Monarchie erweisen.

Es begann während der Olympischen Sommerspiele in München 1972. Auf der Ehrentribüne erspähte der damalige schwedische Kronprinz eine brünette Schöne. Silvia Sommerlath war damals als Hostess tätig, und als der Adelsspross fragte: »Gehen wir tanzen?«, sagte sie spontan Ja. »Es hat klick gemacht«, beschrieb Carl Gustaf diesen Moment in der Rückschau.

Vier Jahre später, am 19. Juni 1976, warteten eine geschätzte Viertelmillion Menschen in Stockholm und Millionen Fernsehzuschauer in aller Welt auf die Traumhochzeit des Jahrhunderts. »Ich kann mich an jede Einzelheit erinnern«, berichtete Silvia später, »und merkwürdigerweise war ich überhaupt nicht nervös. Ich hatte meinen Mann an meiner Seite, und das war das Wichtigste. Die ganzen Menschen habe ich überhaupt nicht wahrgenommen.« Vor dem Altar ging alles glatt. Die in ein elfenbeinfarbenes Kleid gehüllte Braut hatte ihre Nerven im Griff. Und auch

1976

König Carl Gustaf und seine Frau Silvia
vor dem königlichen Palast.

die schwedische Antwort auf die Frage des Tages ging ihr flüssig
von den Lippen. Die zahlreichen Vornamen des Bräutigams zählte sie ebenfalls in der richtigen Reihenfolge auf – alles begleitet
von einem strahlenden Lächeln. Silvia hatte ihre Feuerprobe mit
Bravour bestanden. Nach der Trauung präsentierte sich das Paar
dem jubelnden Volk. Blauer Himmel und Sonnenschein bestä-
tigten wunschgemäß, dass es sich hier um eine wirklich glückliche Verbindung handeln musste.

Mit Silvias Einzug ins Stockholmer Schloss schossen die Sym-
pathiewerte der Königsfamilie in bislang unerreichte Höhen. Und
im Gegensatz zu einigen anderen Monarchien, in denen Schei-
dungen auf der Tagesordnung stehen, ist die Weste der Berna-
dottes bis heute nahezu rein geblieben. Das Königspaar und seine
drei Kinder sind so etwas wie die »Persil-Variante« von Monarchie: attraktiv, sympathisch und weitgehend skandalfrei. Thron-
folgerin Victoria heiratete am 19. Juni 2010 den bürgerlichen Da-
niel Westling. Am 23. Februar 2012 kam das erste gemeinsame
Kind, Estelle Silvia, auf die Welt.

★ 1977

Alice Schwarzer gründet die Zeitschrift »Emma«

Mit ihrem Kampf gegen den Abtreibungsparagraphen wurde Alice Schwarzer Anfang der 1970er zum Sprachrohr des Feminismus. Diese Stellung festigte sie mit der Gründung der Zeitschrift »Emma«, die im **Januar 1977** zum ersten Mal erschien. Schwarzer und »Emma« haben bis heute viel Kritik einstecken müssen – gleichwohl jedoch in Sachen Gleichberechtigung viel erreicht.

1977

Laut und fröhlich schwärmte eine Schar Frauen in das teure Fischlokal in der Brüsseler Altstadt. Sie speisten Hummer und begossen die Geburt ihres gemeinsamen Kindes: der unabhängigen feministischen Zeitschrift »Emma«. Außer dem harten Kern der Frauenbewegung glaubte niemand an eine Zukunft des Blattes, das in seiner blassen Schlichtheit optisch nicht mit den bunten Hochglanz-Illustrierten mithalten konnte. Die Häme war gewaltig – die »Bunte« nannte »Emma« ein »aggressives Blättchen, ein rührendes dazu«. Elke Heidenreich attestierte dem Blatt gar Schülerzeitungsniveau.

Das Startkapital von 250 000 Mark, Alice Schwarzers Honorar für ihren zwei Jahre zuvor erschienenen Bestseller »Der kleine Unterschied«, war lächerlich gering: Unter zweistelligen Millionensummen lief damals bei den professionellen Blattentwicklern der etablierten Verlage gar nichts. Doch »Emma« schlug tatsächlich ein: In kürzester Zeit war die Startauflage von 200 000 Exemplaren ausverkauft, mussten 100 000 Zeitschriften nachgedruckt werden. Auch wenn die Käuferzahlen sich später auf niedrigerem Niveau einpendelten: ein beachtlicher Anfang.

Mit der »Emma« setzte ihre Gründerin fort, was sie 1971 an die Spitze der deutschen Frauenbewegung katapultiert hatte: Im »Stern« hatte sie einen Beitrag veröffentlicht, in dem sich mehr als 350 prominente Frauen wie Senta Berger oder Romy Schneider zur Abtreibung bekannten – der Start einer Kampagne gegen den Paragraphen 218. Die »Emma« brach weitere Tabus: Sie berichtete über Inzest, Frauenliebe oder Scheidungsrecht. 1987 startete die Zeitschrift eine viel beachtete Anti-Porno-Kampagne. Damit zogen die »Emmas« stets Anfeindungen auf sich. Trotzdem blickt Schwarzers Zeitschrift inzwischen auf eine mehr als dreißigjährige Geschichte zurück. »Emma lebt«, schrieb Schwarzer im Editorial der Jubiläumsausgabe des Jahres 2007, »auch wenn die Jungs sich totärgern.« Und auch die Chefin selbst, der in den 1970ern und noch lange danach das Image der verbiesterten Emanze anhaftete, wird heute von weiten Kreisen der Bevölkerung geschätzt. Für ihre politische und publizistische Arbeit ist sie vielfach ausgezeichnet worden, trägt unter anderem das Bundesverdienstkreuz und ist Ritter(in) der Ehrenlegion in Frankreich.

Das Wunder von Mogadischu

Am **18. Oktober 1977**, kurz nach Mitternacht, stürmten Einsatzkräfte der GSG 9 die von Terroristen gekaperte Lufthansa-Maschine »Landshut« in Mogadischu. Während drei der vier Terroristen getötet wurden, überlebten alle an Bord befindlichen Passagiere die Befreiungsaktion. Es war das glückliche Ende einer Geiselnahme, die die ganze Welt in Atem gehalten hatte – und der Höhepunkt der blutigen Auseinandersetzung zwischen RAF und bundesdeutschem Staat im »heißen Herbst«.

1977

Die Insassen der »Landshut« wurden an jenem 13. Oktober 1977 jäh aus ihrem bisherigen Leben gerissen. Sie waren Mallorca-Touristen, die den Terror in ihrer Heimat während der Urlaubstage allenfalls aus der Ferne wahrgenommen hatten. Auch für die Crew, die sich an jenem Schicksalstag an Bord der Lufthansa-Maschine LH-181 begab, schien es nicht mehr als ein Routineflug zu sein.

Als sich plötzlich drei Männer und eine Frau mit lautem Geschrei den Weg zum Cockpit bahnten, erfassten nicht alle sofort den Ernst der Lage: »Meine Freundin sagte, ›hoffentlich kommen wir nicht zu spät nach Hause‹«, berichtet die Passagierin Simone Regelmann, damals 16 Jahre alt. »In dem Moment habe ich gesagt, hoffentlich kommen wir überhaupt noch nach Hause.«

Der Kopf der Entführer schrie kaum verständliche Parolen ins Bordmikrofon: »Als er ›Palästina‹ sagte, lief vor mir ein Film ab«, so die damalige Stewardess Gabriele von Lutzau, »Befreiung der Palästinenser – oder wir sprengen die Maschine in die Luft, so wirkte das auf mich. Was ich nicht wusste, war die direkte Verstrickung mit der RAF, das wurde erst nach einer Weile klar.«

> »Es war von vornehereein klar, dass die Entführung zu tiefgreifenden Konsequenzen und Veränderungen in der seelischen Lage des Volkes insgesamt führen konnte.«
>
> HELMUT SCHMIDT, DAMALS BUNDESKANZLER

Begonnen hatte der »heiße Herbst« bereits im April. Die Terroristen der RAF hatten das Land mit einer Welle der Gewalt überzogen, die sie euphemistisch »Offensive 77« nannten. Während die wichtigsten Mitglieder der Baader-Meinhof-Bande – darunter Andreas Baader, Gudrun Ensslin und Jan-Carl Raspe – seit Sommer 1972 im Gefängnis Stuttgart-Stammheim hinter Gittern saßen, hatte sich schon eine zweite Generation der RAF formiert. Ihr vorrangiges Ziel war, die »Stammheimer« aus der Haft freizupressen.

Die Ermordung des Generalbundesanwalts Siegfried Buback im April 1977 war der Auftakt des bislang blutigsten Terrorjahres in der bundesdeutschen Geschichte. Im Juli folgte die Ermordung des Dresdner-Bank-Chefs Jürgen Ponto. Als die RAF am 5. September auch noch Arbeitgeberpräsident Hanns Martin Schleyer entführte, drohte die Lage zu eskalieren. Doch die Bundesregierung demonstrierte Entschlossenheit. Anders als etwa bei der Entführung des West-Berliner CDU-Vorsitzenden Peter Lorenz 1975 war sie diesmal nicht zu einem Austausch gegen RAF-Gefangene bereit. »Der Staat hat nicht etwa irgendeiner Raison wegen seine harte Haltung eingenommen«, so der damalige Regierungssprecher Bölling. »Es gab schlicht keine andere Wahl. Alles andere wäre eine Kapitulation gewesen, ein Triumph für die Terroristen, und sie hätten wieder Anschläge verüben können.«

Die Situation schien festgefahren. Eine zweite Geiselnahme sollte die Regierung schließlich doch zum Einlenken zwingen. Angehörige der RAF hatten schon seit Jahren mit radikalen Palästinensern kooperiert. Nun aber kam es zu einem Bündnis mit einer besonders militanten Gruppe, dem »Sonderkommando« der PFLP (Volksfront zur Befreiung Palästinas) um Wadi Haddad. Bis heute ist unklar, wer den Anstoß zur Entführung der »Landshut« gab. Haddad selbst habe die Initiative ergriffen, so der Ex-Terrorist Peter-Jürgen Boock. Ehemalige Kämpfer der PFLP bestreiten dies.

Palästinensischer Terror als äußerstes Druckmittel – das Debakel der gescheiterten Geiselbefreiung beim Olympia-Attentat von München 1972 gehört zu den traumatischsten Erfahrungen der bundesdeutschen Nachkriegsgeschichte. Nun wurde die Bonner Republik – nur fünf Jahre nach München – wieder auf die Probe gestellt. War sie inzwischen gewappnet, einer solchen Lage Herr zu werden? Die Opfer der Entführung selbst glaubten bis zum Tag ihrer Befreiung nicht daran: »Wir hatten das Gefühl, wir sind in diese Blechbüchse gesperrt, von Wahnsinnigen umgeben und von unserer Regierung völlig allein gelassen«, so erinnert sich Gabriele von Lutzau an die dramatischen Tage.

Für die 86 Passagiere und fünf Besatzungsmitglieder begann eine höllische Odyssee: Rom, Larnaka, Dubai und Aden – Zwischenstationen eines tödlichen Dramas. Für die Geiseln wurde die »Landshut« in jenen fünf Tagen zu einem Vorhof der Hölle. Im Flugzeug herrschten bisweilen Temperaturen von bis zu fünfzig Grad. Die hygienischen Verhältnisse waren katastrophal, die Peiniger verbreiteten Angst und Schrecken. »Diese Leute wuchsen im Hass auf. Und das hat man zu spüren bekommen. Wir waren für

1977

In Dubai lehnten die Terroristen den
Austausch von Gefangenen ab.

die so gut wie Dreck. Da war totaler Hass«, so Gabriela Canellas.
»Es war das Prinzip Zuckerbrot und Peitsche«, berichtete der damalige Co-Pilot Jürgen Vietor, »mal die Androhung einer Erschießung, mal eine Torte für ein Geburtstagskind an Bord.« Mehrere
Geiseln mussten während der fünftägigen Odyssee Scheinexeku-
tionen über sich ergehen lassen.

Als das entführte Flugzeug trotz Verbots in Aden auf einer Sei-
tenpiste notlandete, drängten die Verantwortlichen vor Ort auf
ihren Weiterflug, obwohl völlig unklar war, ob die Maschine
überhaupt noch flugtauglich war. Die Entführer erlaubten Flug-
kapitän Jürgen Schumann, die »Landshut« zu verlassen und das
beschädigte Fahrwerk zu inspizieren. Zunächst unbemerkt von
den Terroristen begab er sich zum Tower, um mit dem Befehlshaber vor Ort zu verhandeln. Doch als er zu lange wegblieb, flog die
Sache auf und der Kopf der Entführer, der sich »Captain Martyr
Mahmud« nannte, stellte ein Ultimatum: Er werde Geiseln um-
bringen, wenn der Pilot nicht zur Maschine zurückkehre. Schumann ging zurück in dem Bewusstsein, ermordet zu werden. Die

Passagiere wurden Zeuge, wie er regelrecht hingerichtet wurde. Co-Pilot Vietor sollte die Maschine nun auf Geheiß der Entführer nach Mogadischu fliegen.

Ob die »Landshut« nach der Notlandung in Aden tatsächlich noch flugfähig war für die Strecke, war völlig offen: »Das war für mich ein regelrechter Horrortrip. Die ganzen Instrumente waren nah am roten Bereich, zum Teil schon im roten Bereich, durch den Sand, den die Triebwerke eingesogen hatten«, so Jürgen Vietor, der beim Weiterflug jeden Moment mit dem Schlimmsten rechnete.

Was er damals nicht wusste: Seit dem Zwischenstopp in Larnaka folgte der »Landshut« ein Flugzeug mit speziell geschulten Beamten der GSG 9, der An-

> »Wir haben den Terroristen in Dubai angeboten, dass sie Frauen und Kinder als Erstes rauslassen und ich dann in die Maschine reinkomme. Dann sollten die Männer freigelassen werden. Wir haben ihnen gesagt: ›Es wird euch doch genügen, wenn ihr ein Mitglied der Bundesregierung in den Händen habt.‹ Sie haben sich nicht darauf eingelassen.«
>
> HANS JÜRGEN WISCHNEWSKI, SONDER-BEAUFTRAGTER DER BUNDESREGIERUNG

titerrortruppe des Bundesgrenzschutzes. Während sich die Passagiere von ihrer Regierung völlig im Stich gelassen fühlten, kam es hinter den Kulissen zu einem erbitterten diplomatischen Ringen. »Die größte Herausforderung lag darin, durch internationale Verhandlungen die Voraussetzungen für die Befreiung der Geiseln zu schaffen«, erklärte der damalige Bundesaußenminister Hans-Dietrich Genscher später.

Mit dem – falschen – Argument, dass die Entführergruppe sich aus drei Deutschen und lediglich einem Araber zusammensetze und dass die PLO sich offiziell von der Flugzeugentführung distanziert habe, gelang es den Unterhändlern aus Deutschland, dem somalischen

»Regelrechte Hinrichtung« – eine der letzten Aufnahmen von Pilot Schumann.

Präsidenten Siad Barre ein deutsches Eingreifen schmackhaft zu machen. Siad Barre bestimmte zu dieser Zeit seinen politischen Standort zwischen den beiden Machtblöcken in Ost und West neu. Bislang hatte er sich jedoch stets solidarisch mit der Sache der Palästinenser gezeigt. Außerdem gab es Ausbildungslager verschiedener Gruppen vor Ort, sodass Mogadischu in den Augen der Entführer sogar ein potenzieller Ziel- bzw. Zufluchtsort war. Als Verbündeter des Westens wollte der somalische Präsident keinesfalls dastehen. Als Helfer im Kampf gegen einen Terror, von dem sich offenbar selbst Arafats PLO distanzierte, schon.

> »Plötzlich kamen die Stimmen: ›Köpfe runter! Köpfe runter! Wir holen euch hier raus!‹ Und dann wurde geballert, es hat geknallt und immer wieder: ›Köpfe runter, Köpfe runter, wir holen euch hier raus.‹ Da war mir klar, das ist die Rettung.«
>
> JÜRGEN VIETOR, CO-PILOT DER »LANDSHUT«

GSG-9-Chef Ulrich Wegener sah sich in Mogadischu freilich zunächst einem somalischen General gegenüber, der mit eigenen Truppen das Flugzeug stürmen wollte. Als aber einer der GSG-9-Männer demonstrierte, wie schnell er ein Flugzeug von außen öffnen konnte, entschieden Wegener und der General, von einer »Joint operation«, einer »gemeinsamen Aktion« zu sprechen. Weitere Argumente für ein derartiges Vorgehen kamen aus Bonn: »Es ist ja ganz natürlich«, meinte Klaus Bölling, »dass man nachher seine Dankbarkeit erweist, und zwar nicht mit ein paar Blumen, sondern mit Cash.«

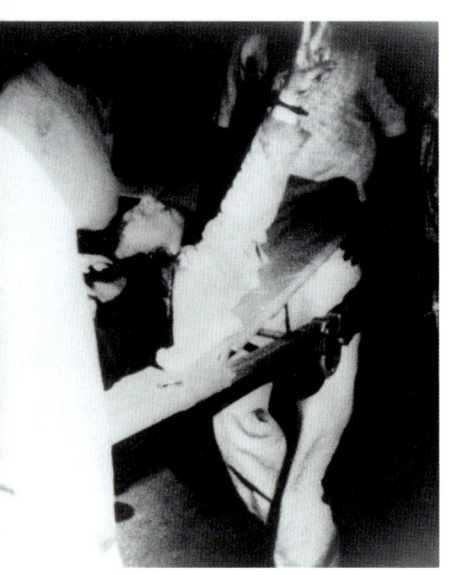

Die schwer verwundete Terroristin Soraya Andrawes hebt die Hand zum »Victory«-Zeichen.

Die Männer der GSG 9 wurden mit dem
Bundesverdienstkreuz geehrt.

Der Erfolg der Spezialeinheit GSG 9 war dabei keinesfalls vorprogrammiert, vielmehr hing das Unternehmen an einem seidenen Faden. Das Flugzeug, das die Elitetruppe nach Somalia brachte, flog über Kriegsgebiet und landete »mit dem letzten Tropfen Sprit«, da unterwegs kein Auftanken mehr möglich war.

Dass weder Angehörige der GSG 9 noch Passagiere ernsthaft verletzt wurden, ist nicht nur mit der Professionalität der Befreiungsaktion zu erklären. »Das Ganze grenzt an ein Wunder«, resümierte der damalige Regierungssprecher Klaus Bölling in der Rückschau. »Es hätte ja auch so sein können: Sie erstürmen das Flugzeug, und in dem Augenblick zündet einer der Terroristen die Bombe, und wir haben nur noch Tote.« Tatsächlich war an Bord eine Handgranate explodiert, hatte aber niemanden ernstlich verletzt. »Können und Fortune«, davon ist auch GSG-9-Chef Ulrich Wegener überzeugt, hätten letztlich dazu beigetragen, dass dieses Drama auf so glückliche Weise zu Ende ging.

★ 1978

Höhenflug – der erste Deutsche im All

»Der erste Deutsche im All – ein Bürger der DDR«, jubelte die
Ost-Presse am **26. August 1978**, als der »Fliegerkosmonaut« Sig-
mund Jähn in einem sowjetischen Raumschiff ins Weltall startete.
Der Westen dagegen reagierte verhalten: Als »Mitesser in der
Russen-Rakete« bezeichnete ihn die Tageszeitung *Die Welt*. Heute ist
seine Leistung in ganz Deutschland anerkannt.

125-mal umkreiste Sigmund Jähn gemeinsam mit seinem russischen Partner Waleri Bykowski nach dem Andocken an die Raumstation »Saljut 6« die Erde. Ganze sieben Tage, zwanzig Stunden, 49 Minuten und vier Sekunden dauerte der Flug, dann landete die Sojus-Raumkapsel wieder in der kasachischen Steppe.

Es war eine Mission im Grenzbereich zwischen Wissenschaft und Propaganda. Jähn züchtete Kristalle und führte Experimente zur Erdfernerkundung durch. Doch er dankte auch per Liveschaltung des DDR-Fernsehens dem Zentralkomitee der SED und widmete den Flug dem bevorstehenden dreißigsten Jahrestag der DDR. Die SED-Spitze triumphierte, sah sie sich doch als Sieger in der »Systemauseinandersetzung« mit der Bundesrepublik. Dieser Flug sei der Beweis »für das Voranschreiten des Sozialismus, das auch auf deutschem Boden unaufhaltsam ist«.

Nach seiner Rückkehr wurde der »Siggi Stardust« der DDR auf Triumphtour durch die Republik geschickt und mit Ehrungen überhäuft, auch wenn dem gebürtigen Vogtländer die Rolle als Vorzeigefigur des Systems zuwider war. Seit seiner Rückkehr litt er zudem unter Rückenschmerzen: Erst nach dem Ende des sozialistischen Staates wurde bekannt, dass es bei der Mission ins Weltall auch ernsthafte Komplikationen gegeben hatte: So hatte sich die Raumkapsel nach der Landung wegen eines defekten Fallschirms mehrfach überschlagen, was Sigmund Jähn einen bleibenden Rückenschaden eintrug.

In der Bundesrepublik wurde Jähn damals mit Spott bedacht: »Zum ersten Mal wird im Weltraum deutsch gesprochen, wenn auch mit sächsischem Akzent, was die Sache gleich wieder etwas ins Komische zieht, sodass wir sie nicht ganz so ernst nehmen müssen«, schrieb die »Süddeutsche Zeitung«. »Der erste richtige Deutsche soll schließlich erst 1980 mit einem amerikanischen Spacelab-Raumschiff in den Weltraum fliegen«, heißt es weiter. Der »erste richtige Deutsche« war Ulf Merbold, und der stammte übrigens ebenfalls aus dem Vogtland, war jedoch schon als Jugendlicher in den Westen geflohen.

Nach dem Mauerfall wurde Jähn Berater für das Deutsche Zentrum für Luft- und Raumfahrt sowie die Europäische Weltraumorganisation ESA. Der einzige Unterschied zu seinen Kollegen aus der alten Bundesrepublik ist heute nur noch sprachlicher Natur: Kosmonauten, so nennt Sigmund Jähn seine Zunft. Astronauten sagt man dagegen im Westen.

 1981

Karlheinz Böhm gründet »Menschen für Menschen«

Es begann mit einer Wette: Am **16. Mai 1981** forderte Böhm in der ZDF-Show »Wetten, dass …?« das Publikum heraus. Er wettete, »dass nicht einmal ein Drittel der Zuschauer, die uns jetzt zusehen, bereit ist, nur eine Mark für die hungernden Menschen in der Sahelzone zu spenden«, und fügte hinzu: »Diese Wette möchte ich gern verlieren.«

Etwa 18 Millionen Menschen hatten an diesem Samstagabend den Fernseher eingeschaltet; rund 1,7 Millionen D-Mark kamen zusammen. Böhm hatte damit seine Wette gegen das Publikum »gewonnen« – und machte den Kampf gegen den Hunger in Afrika fortan zu seinem Lebensinhalt. Im Oktober 1981 flog er zum ersten Mal nach Addis Abeba. In Äthiopien, einem der ärmsten Länder der Welt, suchte er nach geeigneten Projekten. Fündig geworden, gründete er einen Monat später in München die Hilfsorganisation »Menschen für Menschen«.

Bald wurden Stimmen laut, das karitative Engagement diene auch dazu, Böhms etwas lahmender Schauspielerkarriere wieder neuen Schwung zu verleihen. Davon allerdings konnte keine Rede sein: »Menschen für Menschen« krempelte das Leben des vor allem durch seine Rolle als adretter Kaiser Franz Joseph in den »Sissi«-Filmen an der Seite Romy Schneiders bekannt gewordenen Mimen komplett um. Böhm ist bis heute unermüdlich: »Als Moti-

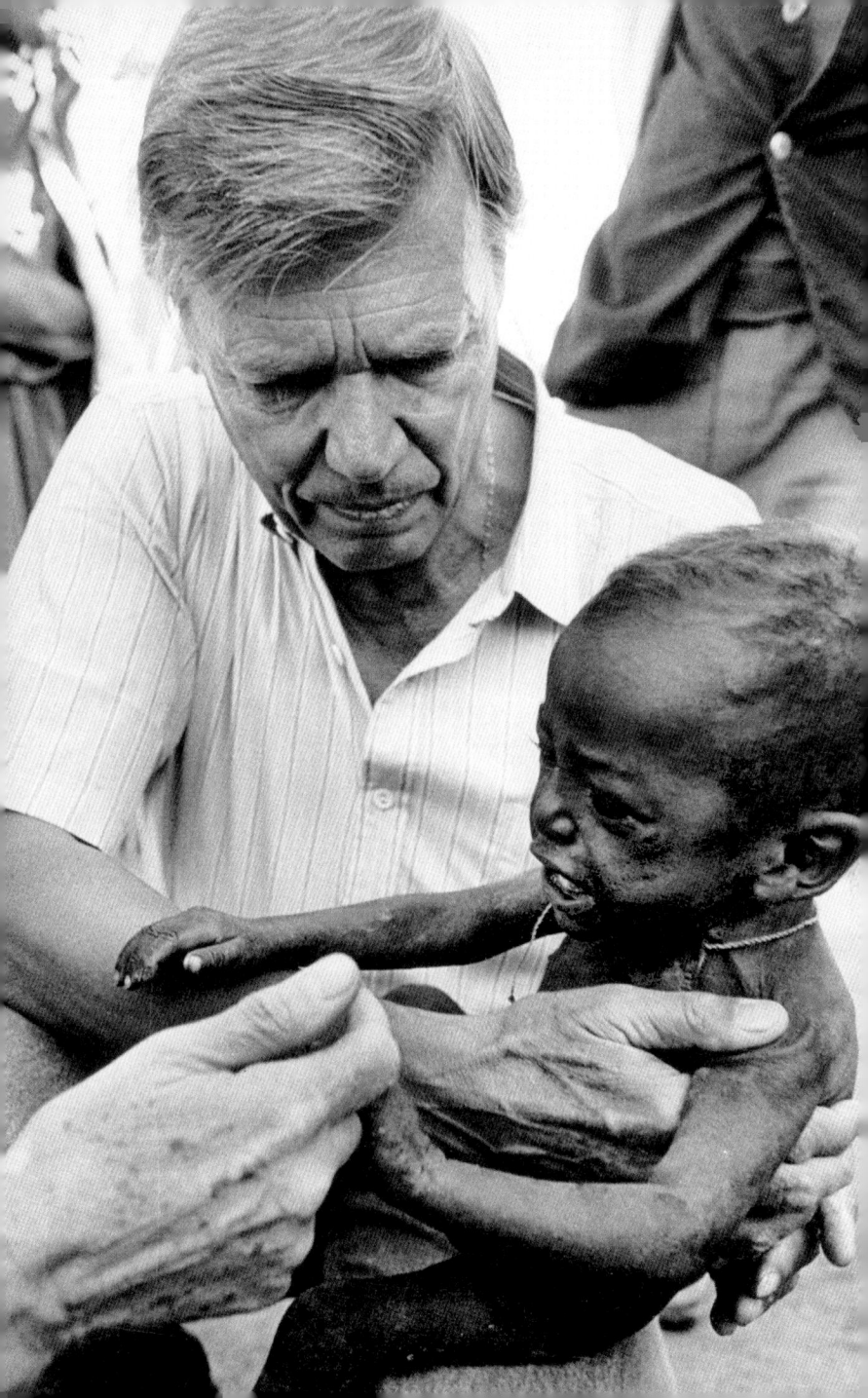

Traumpaar der Fünfzigerjahre –
Böhm und Romy Schneider 1956.

vation dient mir das kleine Wort Wut. Wut über die ungerechte, menschenverachtende Diskrepanz zwischen Arm und Reich.« Er selbst arbeitet ehrenamtlich, ohne Gehalt oder Honorar. Bis vor kurzem lebte er noch mehrere Monate pro Jahr unter einfachsten Bedingungen in Äthiopien. »Menschen für Menschen« leistet Hilfe zur Selbsthilfe, finanziert hauptsächlich langfristige Entwicklungsprojekte, um die Situation der notleidenden Landbevölkerung zu verbessern.

> »Alles, was ich bis zu diesem Tag in meinem Leben gemacht hatte, war für mich. Ich habe versucht, gute Verträge zu bekommen, gute Gagen, gute Kritiken. Seither ist alles anders, es gibt in meinem Leben nichts, was nicht für andere Menschen ist.«
> KARLHEINZ BÖHM

Inzwischen haben die Hilfsmaßnahmen über drei Millionen Menschen in Äthiopien erreicht. Bis Anfang 2012 kamen rund 415 Millionen Euro Spendengelder zusammen, die unter anderem für Wasserstellen, Schulen und Ausbildungszentren, Brücken, Straßen und Krankenhäuser verwendet wurden. Die Zahlen können sich sehen lassen: Unter anderem entstanden 285 Schulen, 86 Krankenstationen, elf Polikliniken und drei Krankenhäuser. Experten schätzen, dass mehrere Hunderttausend Menschen ihr Leben Böhms Initiative verdanken.

Diese humanitäre Leistung reklamiert der Schauspieler allerdings nicht für sich: »Der Dank gebührt den Millionen Menschen, die mir mit ihrer Spende das Vertrauen ausgesprochen haben.«

Am 16. Mai 2011 jährte sich die legendäre Wette zum dreißigsten Mal. Karlheinz Böhm, der 2009 mit dem UNESCO-Ehrenpreis ausgezeichnet wurde, hat den Vorsitz inzwischen aus gesundheitlichen Gründen an seine Frau Almaz übergeben, eine gebürtige Äthiopierin. Sie wird sein beeindruckendes Lebenswerk ganz in seinem Sinne weiterführen.

★ 1981

Friedensdemo in Bonn

Die frühen 1980er-Jahre waren geprägt von kollektiven Ängsten: Waldsterben, Atomunfälle und das Wettrüsten der Supermächte waren Anlässe für eine weitverbreitete Weltuntergangsstimmung. In der Bundesrepublik konnte die Friedensbewegung in diesen Jahren Millionen mobilisieren. Am **10. Oktober 1981** demonstrierten in Bonn fast 300 000 Menschen für ein atomwaffenfreies Europa.

1981

Gut zwei Jahre zuvor hatte die NATO ihren »Doppelbeschluss« gefasst: In der Bundesrepublik sollten neue amerikanische Pershing-Raketen und Cruise-Missile-Marschflugkörper stationiert werden – als Gegengewicht zu den sowjetischen SS-20-Raketen mit nuklearen Sprengköpfen, die ganz Westeuropa bedrohten. Verbunden war diese »Nachrüstung« mit einem Gesprächsangebot an den Osten: Man sei bereit, die Nachrüstung zu überdenken oder zu begrenzen, wenn auch die SS-20-Raketen abgebaut würden.

Während das politische Establishment, allen voran SPD-Bundeskanzler Helmut Schmidt, zu den strikten Befürwortern der Raketenstationierung gehörte, machten sich in weiten Teilen der Bevölkerung diffuse Ängste breit: Im Fall einer kriegerischen Auseinandersetzung wäre Deutschland mit seiner exponierten Lage an der Nahtstelle der Blöcke potenzielles nukleares Schlachtfeld gewesen. Immer mehr Bürger lehnten den atomaren Rüstungswettlauf daher ab. Eine neue Friedensbewegung formierte sich und wurde innerhalb weniger Monate zum Massenphänomen. Demonstrationen, Menschenketten oder Sitzblockaden vor NATO-Stützpunkten waren jetzt an der Tagesordnung.

Am 10. Oktober 1981 strömten Hunderttausende nach Bonn; es war eine der größten politischen Demonstrationen in der Geschichte der Bundesrepublik. Aus Angst vor Krawallen hatten viele Geschäfte ihre Schaufenster mit Brettern vernagelt. Doch alles blieb friedlich. In zahlreichen Demonstrationszügen marschierten Junge, Alte, Christen, Grüne, Pazifisten, Sozialisten, Gewerkschafter zum Hofgarten, wo unter dem Motto »Frieden schaffen ohne Waffen« die Abschlusskundgebung stattfand. Dass die Sympathien für die Proteste auch bis weit in die Regierungspartei SPD hinein reichten, zeigte sich, als der Parteilinke Erhard Eppler seinen Kanzler kritisierte: »Es kann doch kein Naturgesetz sein, dass Ost und West in gleicher Weise die eigene Rüstung immer als unvermeidliche Nachrüstung deklarieren.«

Die Stationierung der Mittelstreckenraketen konnte die Friedensbewegung freilich nicht aufhalten. 1983 wurden die ersten Pershings in der Bundesrepublik aufgestellt. Vier Jahre später einigten sich Michail Gorbatschow und Ronald Reagan auf die Null-Lösung: die Abrüstung aller Atomwaffen in Europa.

★ 1982

»Ein bisschen Frieden« –
Nicole beim Grand Prix

27 lange Jahre hatten deutsche Sänger und Sängerinnen vergeblich den Versuch unternommen, die Krone des europäischen Schlagerwettbewerbs in die Bundesrepublik zu holen. Mehr als zweimal Platz 2 war dabei nie herausgesprungen. Erst einem 17-jährigen Mädchen aus dem Saarland gelang es, den Grand Prix zu gewinnen. Ein Erfolg, der sich erst weitere 28 Jahre später wiederholen sollte.

Die Stimme knarzte, die Leitung rauschte. Liveübertragung – das hieß anno 1982 noch Kommentar per Telefon. Aus dem britischen Harrogate flimmerte der Eurovision Song Contest über die bundesdeutschen Mattscheiben. »Halten Sie ganz fest die Daumen jetzt zu Hause«, beschwor der Kommentator die Fangemeinde in der Heimat. »Vielleicht schaffen wir es ja einmal, den ersten Platz zu belegen.«

Und dann trat Nicole vor das Publikum: in einem hochgeschlossenen dunklen Kleid mit weißem Chiffonkragen und glitzernden Steinen, engelsgleich gebürsteten blonden Haaren, in der Hand eine weiße Gitarre. »Ein bisschen Frieden, ein bisschen Sonne, für diese Erde, auf der wir wohnen«, sang sie. »Ein bisschen Frieden, ein bisschen Freude, ein bisschen Wärme, das wünsch' ich mir« – schlichte Sätze, die jedoch die Weltuntergangsstimmung der frühen 1980er-Jahre auf den Punkt brachten. In Zeiten von NATO-Doppelbeschluss, von engagierten Friedensdemonstrationen gegen amerikanische und sowjetische Raketenaufrüstung atmete dieser Song mehr Zeitgeist als manch dicker Wälzer zur Lage der Nation.

> »›Ein bisschen Frieden‹ ist ein Kulthit geworden. Das zeigt, der Wunsch nach Frieden ist in den Herzen der Menschen ungebrochen.«
>
> NICOLE

Dass die Zukunftsängste dieser Zeit nicht auf Deutschland allein beschränkt waren, zeigte Nicoles überwältigender Erfolg in Harrogate. Zwar durfte damals noch nicht das TV-Publikum über den Sieger entscheiden, sondern eine internationale Jury – doch niemals zuvor hatte es beim Grand Prix einen derart eindeutigen Siegertitel gegeben. Der Friedensbewegung, die in diesen Jahren Millionen Westdeutsche mobilisierte, war Nicoles überraschender Erfolg indes suspekt. Warum nur ein bisschen Frieden? – so der boshafte Vorwurf. Ihr wurde unterstellt, sie sei eine verkappte »CDU-Tussi«, eine »Landpomeranze«, die eine heile Welt herbeiträllern wolle. Den Erfolg konnten solche gehässigen Kommentare freilich nicht aufhalten. Der Titel verkaufte sich weltweit über fünf Millionen Mal und war in einem halben Dutzend Sprachen zu hören. Eine englische Version schaffte es sogar auf Platz eins der britischen Charts.

Sonderzug nach Pankow – Lindenberg in der DDR

Am **25. Oktober 1983** wurde eine »Udopie« zur Wirklichkeit: An diesem Tag durfte der bundesdeutsche Rockstar Udo Lindenberg im Ost-Berliner »Palast der Republik« singen. Was als Auftakt einer groß angelegten DDR-Tournee geplant war, blieb jedoch ein einmaliges Ereignis.

1983

Jahrelang hatte sich der selbsternannte »Panikpräsident« darum bemüht, in der DDR spielen zu dürfen, wo er zahlreiche Fans hatte. Doch die zuständigen ostdeutschen Behörden hatten stets dankend abgelehnt. Seinem Unmut machte Udo Lindenberg mit einem Lied Luft: dem »Sonderzug nach Pankow«. Ein Titel, direkt adressiert an »Oberindianer« Honecker: »Erich, ey, bist du denn wirklich so ein sturer Schrat? Warum lässt du mich nicht singen im Arbeiter- und Bauernstaat?«

Das an den Klassiker »Chattanooga Choo Choo« angelehnte Stück schlug Anfang 1983 ein wie eine Bombe. Im Westen war es sieben Wochen lang in den Top Ten. Im Osten durfte der »Sonderzug« offiziell zwar nicht gespielt werden; doch war er so populär, dass ihn fast schon die Spatzen von den Dächern pfiffen.

Paradoxerweise war es ausgerechnet dieses rotzfreche Liedchen, das nun den Stein ins Rollen brachte. »Ich sing' für wenig Money im Republik-Palast, wenn ihr mich lasst«, hatte Lindenberg im »Sonderzug« dreist behauptet und dem »Sehr geehrten Herrn Honecker« einen Brief hinterhergesandt, in dem er erklärte, er habe den Staatsratsvorsitzenden mit dem Song nicht diskreditieren wollen: »Mein Wunsch in diesem Lied, im Palast der Republik auftreten zu dürfen, ist ernst gemeint.« Nun nahmen ihn die Genossen tatsächlich beim Wort und diktierten ihm sogleich die Bedingungen für einen Auftritt. Gemeinsam mit Künstlern wie Harry Belafonte, Dean Reed oder Perry Friedman durfte er im Großen Saal des Palasts der Republik auftreten – im Rahmen eines »Konzerts für den Frieden«, mit dem die ostdeutsche Staatsjugend FDJ gegen den NATO-Doppelbeschluss protestieren wollte.

Was Lindenberg nicht wusste: Das Publikum im Saal bestand aus handverlesenen FDJ-Kadern; die wahren Udo-Fans mussten draußen bleiben. So fiel der Applaus für den Westkünstler dann auch eher verhalten aus. Als Lindenberg schließlich am Ende seines zwanzigminütigen Auftritts auch noch forderte: »Weg mit dem Raketenschrott in der Bundesrepublik und in der DDR – keine Pershings und keine SS-20!«, war das Tischtuch zwischen dem Sänger und den DDR-Oberen auch schon wieder zerschnitten. Die bereits fest für das darauffolgende Jahr vereinbarte Tournee durch das Land wurde postwendend abgesagt.

Lindenberg aber ließ nicht locker. Im Umfeld des Honecker-Besuchs in der Bundesrepublik im Jahr 1987 pirschte er sich mit einem Geschenk erneut an den von ihm als »heimlicher Rocker« eingestuften DDR-Staats- und Parteichef heran. Für Gitarre und Lederjacke revanchierte sich Erich Honecker mit einer Schalmei. Doch es blieb beim Auftrittsverbot für den Mann mit Hut – bis zum Mauerfall zwei Jahre später.

★ 1984

Hand in Hand – Kohl und Mitterrand in Verdun

Politik kann auf symbolische Gesten nicht verzichten – machen sie doch in augenfälliger Weise deutlich, was sonst langer Erklärungen bedarf. Der Händedruck von François Mitterrand und Helmut Kohl am **22. September 1984** in Verdun war eine solche Geste: Sie bekräftigte die Freundschaft zweier Nationen, die sich jahrhundertelang als Feinde gegenübergestanden hatten.

Es regnete in Strömen an diesem Tag. Kohl und Mitterrand waren nach Verdun gekommen, um gemeinsam der unzähligen Toten zweier verheerender Weltkriege zu gedenken. Der Besuch war eine hohe Ehre für den deutschen Bundeskanzler: Noch 1966 hatte Charles de Gaulle bei der Fünfzig-Jahr-Feier für die Schlacht von Verdun niemanden hinzugebeten – keine Amerikaner, keine Briten, schon gar keine Deutschen. Verdun 1916, das sollte die Schlacht und der Sieg des französischen Volkes bleiben. Doch de Gaulles Nachfolger Mitterrand wollte mehr: Er wollte ein »sichtbares Zeichen« für die längst in Gang gekommene Aussöhnung zwischen den beiden Völkern setzen.

Vor dem Beinhaus von Douaumont, in dem die sterblichen Überreste von über 130000 nicht identifizierten Gefallenen aller Nationen aufbewahrt werden, verharrten die beiden Staatsmänner stumm im Angesicht eines Katafalks, den die Trikolore und die schwarz-rot-goldene Fahne schmückten. Als die ersten Töne der Nationalhymnen erklangen, nahmen sich Mitterrand und Kohl an der Hand und verharrten so – minutenlang.

Das Bild des groß gewachsenen Kanzlers und des schmächtigen französischen Präsidenten ging um die Welt. Es war ein Symbol der Versöhnung auf der Erde, die einst die mörderischste Schlacht der Weltgeschichte gesehen hatte: Das Inferno von Verdun ist der Inbegriff des Grauens moderner »Materialschlachten«. Über 700000 Deutsche und Franzosen starben, wurden verwundet oder blieben vermisst, ohne dass sich über Monate der Frontverlauf wesentlich geändert hätte. Verdun wurde zum Synonym für die Sinnlosigkeit des Krieges.

Für die beiden Staatsmänner war dieser geschundene Ort kein abstrakter Begriff. Kohls Vater hatte hier im Ersten Weltkrieg in Stellung gelegen und war schwer verwundet worden. Mitterrand selbst war im Zweiten Weltkrieg dasselbe widerfahren, ehe er wenig später in deutsche Gefangenschaft geriet. Es war vor allem die unauflöslich miteinander verwobene Geschichte dieser beiden Nationen, die das Handeln der Männer bestimmte.

»Frankreich und Deutschland haben die Lehren aus der Geschichte gezogen«, hieß es in einer gemeinsamen Erklärung.

> »Wir vollendeten damals, was Adenauer und de Gaulle mit ihrer Umarmung in der Kathedrale von Reims 1962 besiegelt hatten: die deutsch-französische Versöhnung.«
> HELMUT KOHL

»Wir haben uns versöhnt, uns verständigt und sind Freunde geworden. Die Einigung Europas ist unser gemeinsames Ziel – dafür arbeiten wir – im Geist der Brüderlichkeit.« In der Tat verband Kohl und Mitterrand, zwei Männer, die im Grunde kaum unterschiedlicher sein konnten, nach der aussöhnenden Begegnung von Verdun eine tiefe Freundschaft. Gemeinsam trieben sie in den darauffolgenden Jahren die europäische Einigung maßgeblich voran.

★ 1985

Boris Becker triumphiert in Wimbledon

Elf Millionen deutsche Fernsehzuschauer erlebten am **7. Juli 1985** die Geburtsstunde eines Weltstars. Um 17:26 Ortszeit durchbrach der Aufschlag von Boris Becker die Rückhandseite seines Gegners Kevin Curren. Spiel, Satz und Sieg – der erst 17 Jahre alte deutsche Tennisprofi hatte das prestigeträchtige Tennisturnier von Wimbledon gewonnen.

In der Sekunde des Triumphs warf der Rotschopf aus dem badischen Leimen die Arme in die Luft, riss den Kopf zurück und stieß einen Schrei aus, der die Luft über Wimbledon zerschnitt. Nicht allein, dass er als bis dahin jüngster Spieler die »All England Championships« gewonnen hatte – er triumphierte auch als erster nicht Gesetzter. »Es war ein Schicksalstag«, sagte er später. »Mein Leben wurde nach diesem denkwürdigen Tag auf einmal in den Mittelpunkt des öffentlichen Interesses gerückt. Das hat seine schönen Seiten, aber auch seine negativen Seiten.«

Der völlig unerwartete Sieg in Wimbledon machte ihn auf einen Schlag zum deutschen Sportidol Nummer eins – und Tennis vom großbürgerlichen Clubsport zum nationalen Medienereignis. 14 Jahre litten und siegten die Deutschen mit ihm: es gab kaum ein Spiel ohne faszinierende Höhen und Tiefen, ohne »Becker-Hecht« und »Becker-Faust«.

Die Nation hatte einen neuen Mythos – wie Max Schmeling vor dem Krieg, wie 1954 die »Helden von Bern« oder 1974 Franz Beckenbauer. Kalt ließ er niemanden, zu keiner Zeit, was sicher nicht nur an sportlichen Höhen und Tiefen lag, sondern auch daran, dass bei ihm auch das Private stets öffentlich war. Nicht ganz zufällig begann seine Karriere mit dem Aufstieg des Privatfernsehens. Die Regeln dieser neuen Medienwelt hat »Bobbele« früh begriffen. Mit Becker veränderte sich auch das Verhältnis der Gesellschaft zu ihren Sportidolen insgesamt. Sportler wurden jetzt als gleichwertige Gesprächspartner von Nobelpreisträgern, Kulturschaffenden oder Politikern akzeptiert. So parlierte etwa Bundespräsident von Weizsäcker im »Aktuellen Sportstudio« mit Becker, auch Nelson Mandela und Papst Johannes Paul II. ließen sich mit ihm ablichten. Insgesamt 49 Weltranglistenturniere gewann Becker, dreimal davon allein in Wimbledon, außerdem den Daviscup, er wurde 1992 mit Michael Stich Olympiasieger im Doppel und viermal Sportler des Jahres. Doch alles verblasst vor jener Sternstunde am 7. Juli 1985, die ihn in die Herzen der Deutschen katapultierte.

> »Ich glaube, das wird das Tennis in Deutschland verändern. Die Tennisfans hatten nie ein Idol. Vielleicht haben sie jetzt eins.«
>
> BORIS BECKER NACH DEM FINALSIEG

Klassenkampf in Calgary – Kati Witt holt Gold

Es war ein Duell, das Sportgeschichte schrieb: der Kampf um die Goldmedaille im Eiskunstlauf der Damen bei den Olympischen Winterspielen im kanadischen Calgary **1988** – der Zweikampf zwischen der US-Amerikanerin Debi Thomas und Katarina Witt aus der DDR. Ein Klassenkampf, Kapitalismus gegen Sozialismus.

Vor der entscheidenden Kür lag das dunkelhäutige Glamourgirl aus Kalifornien auf Goldkurs vor der »roten Kati« aus dem Osten Deutschlands. Es war Showdown im Eisstadion: Für ihren letzten Auftritt hatten sich beide Läuferinnen denselben Titel ausgesucht: George Bizets »Carmen«. Das Publikum auf den vollbesetzten Rängen und vor den Fernsehapparaten in aller Welt hielt gebannt den Atem an. Zuerst musste Katarina Witt aufs Eis. Ihre dunklen Haare hatte sie streng nach hinten gesteckt, das enge Kleid mit seinen feuerroten Rüschen schmeichelte der Figur. Ausdrucksvoll interpretierte sie die »Carmen« – und brachte das Eis schier zum Schmelzen. Ihre amerikanische Konkurrentin zeigte sich von dem fulminanten Auftritt beeindruckt. Nach einer schwachen Vorstellung fiel Debi Thomas sogar noch auf Rang drei zurück. Katarina Witt dagegen gewann erneut olympisches Gold, zum zweiten Mal nach 1984.

Wie so oft hatte sie freilich auch in Calgary in rein sportlicher Hinsicht keine Glanzpunkte gesetzt. Es war die ausgeklügelte Choreografie, die den Grundstein für ihre Erfolge legte. »Alles über die B-Note. Die Kunst muss siegen«, war ihre Maxime. Kostüme und Frisuren wurden optimal auf die Inszenierung abgestimmt. Ein US-Journalist erklärte danach schmunzelnd: »Wenn dies das wahre Gesicht des Sozialismus ist, dann kann Amerika von mir aus sozialistisch werden.«

Für das Mädchen aus Karl-Marx-Stadt war dieser Titel der Höhepunkt einer Karriere, die sie zu einer der erfolgreichsten Eiskunstläuferinnen aller Zeiten machte. DDR-Meisterschaften im Dauerabonnement, vier Mal Gold bei Weltmeisterschaften, zwei Mal bei Olympia – das hatte noch keine vor ihr erreicht. Die SED machte sie zur Vorzeigesportlerin. »Was ich bin, verdanke ich der DDR«, erklärte sie gebetsmühlenartig. Sie selbst konnte freilich den Verlockungen des Kapitalismus nicht widerstehen: Schon vor dem Mauerfall durfte sie als erste DDR-Sportlerin überhaupt gegen harte Devisen in westlichen Eisrevuen auftreten. Heute ist sie weiterhin in den Medien präsent. Vom Klassenkampf ist allerdings keine Rede mehr – Katarina Witt lächelt nur noch im eigenen Auftrag. Oder als Olympiabotschafterin, wie zuletzt 2011 im Rahmen der Bewerbung Münchens für die Spiele 2018.

★ 1988

Steffi Graf holt den »Golden Slam«

Mit einem einzigartigen Rekord sicherte sich Steffi Graf am **1. Oktober 1988** den Eintrag in die Tennis-Geschichtsbücher: Sie gewann innerhalb eines Kalenderjahres die prestigeträchtigen Tennisturniere von Melbourne, Paris, Wimbledon und New York – den sogenannten Grand Slam. Ein derartiges Kunststück war vor ihr nur zwei Spielerinnen gelungen.

Doch der spektakuläre Erfolg eines Grand Slam allein reichte der erst 19 Jahre alten Heidelbergerin noch lange nicht. Erstmals seit 1924 war Tennis in diesem Jahr wieder olympische Disziplin. Mit der ihr eigenen Souveränität spielte sich Steffi Graf auch ins Finale von Seoul, wo sie am 1. Oktober 1988 auf die Argentinierin Gabriela Sabatini traf.

Nach 81 Minuten griff sie endgültig nach den Sternen: »Fräulein Vorhand« hatte bei Aufschlag Sabatini zwei Matchbälle. »Zweiter Aufschlag jetzt, und der kommt auf die Vorhand von Steffi, die spielt einen wuchtigen Vorhand-Return ... Das Spiel ist vorbei!«, kommentierte ein völlig atemloser Rundfunkreporter. »Steffi Graf gewinnt 6:3 und 6:3. Sie gewinnt nicht nur dieses Spiel, sie gewinnt auch Olympisches Gold mit diesem Erfolg im Finale über Gabriela Sabatini. Es ist das Jahr der Steffi Graf.«

Das war es definitiv. Aus dem Grand Slam war ein »Golden Slam« geworden – ein Begriff, den Journalisten schon geprägt hatten, bevor das Finale überhaupt begonnen hatte. Der Erfolg von Steffi Graf ist umso höher einzuschätzen, als sie erst ein Jahr zuvor wirklich in der Weltspitze angekommen war.

Mit den French Open hatte sie im Sommer 1987 ihr erstes Grand-Slam-Turnier gewonnen und danach erstmals die Führung der Tennis-Weltrangliste übernommen. Dort hielt sie sich, mit Unterbrechungen, insgesamt 377 Wochen lang. Ebenfalls ein einsamer Rekord. Sie siegte bei insgesamt 107 Turnieren, 22 davon waren Grand-Slam-Turniere. Es waren goldene Jahre, in denen die »Gräfin« die Konkurrenz fast nach Belieben dominierte. Doch immer wieder gab es auch Rückschläge, Verletzungspech, Skandale um den Vater. Steffi Graf rappelte sich immer wieder auf und reifte auch in der Niederlage.

Dem sportlichen Märchen folgte nach dem Rücktritt im Jahr 1999 schließlich das private Happy End – mit dem schrägen Paradiesvogel der Tennisszene, Andre Agassi. Inzwischen hat das Paar zwei Kinder. Dass es in Deutschland in naher Zukunft noch ein-

> »Es war ein unglaubliches Gefühl, und ich war erleichtert, dass es vorbei war. Auf der einen Seite war ich glücklich, auf der anderen Seite fühlte ich die totale Leere.«
>
> STEFFI GRAF

mal eine ähnlich erfolgreiche Spielerin geben wird, war nach Expertenmeinung lange auszuschließen. Inzwischen gibt es mit Angelique Kerber (im Juni 2012 auf Platz 7 der Weltrangliste) und Sabine Lisicki (auf Platz 12) jedoch sehr gute Ansätze.

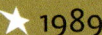 **1989**

»Endlich raus« – das Picknick von Sopron

1989 wurde offensichtlich: Das DDR-Regime hatte seinen Bürgern zu viel zugemutet. Hunderttausende Ostdeutsche wollten nur noch eines – weg aus der DDR, im Westen ein neues Leben beginnen. Doch noch stand der Eiserne Vorhang, der Ost und West voneinander trennte. Aber die Mauern begannen in diesem Jahr endlich zu bröckeln – zuerst in Ungarn.

Im März 1989 verkündete Michail Gorbatschow dem neuen ungarischen Ministerpräsidenten Miklos Németh im Kreml das Ende der »Breschnew-Doktrin«, der zufolge alle Staaten des Ostblocks notfalls mit Gewalt unter Moskaus Joch gezwungen wurden. Die Ungarn nahmen Gorbatschow beim Wort – und begannen am 2. Mai des Jahres 1989, die Grenzbefestigungen zu Österreich abzubauen. Tausende DDR-Bürger strömten daraufhin nach Ungarn, um in den Westen zu fliehen.

Zunächst wurden sie jedoch durch ein Abkommen zwischen beiden Staaten daran gehindert. Und noch wurde die Grenze bewacht. Die Lage spitzte sich in den folgenden Tagen bedrohlich zu: Auf grenznahen Zeltplätzen campierten Zehntausende Ostdeutsche. Per Mundpropaganda informierten sie sich, wie und wo die Grenze am gefahrlosesten zu überqueren war. Mitte August

1989

Österreichische Grenzsoldaten
öffnen das Tor in die Freiheit.

wurden viele von ihnen hellhörig: Der Grund waren Flugblätter, mit denen das ungarische »Demokratische Forum« sowie die österreichische »Paneuropa-Union« für den 19. August in das Grenzstädtchen Sopron einluden – zum »Paneuropäischen Picknick«. Für drei Stunden, so hieß es, sollte das alte Grenztor von Ungarn nach Österreich geöffnet werden, als symbolischer Akt.

> »Da war das Tor auf einmal auf. Die Leute sind durchgeströmt, wir hinterher. Das war ziemlich bewegend.«
>
> SIMONE SOBEL, AUGENZEUGIN

Den DDR-Bürgern, die sich in Ungarn aufhielten, stand jedoch der Sinn nicht nach Symbolen – sie hofften nur eines: das Picknick tatsächlich als Schlupfloch in den Westen nutzen zu können. Mit nichts als den Sachen, die sie am Leib trugen, liefen sie Richtung Grenze. Autos, Motorräder, Zelte, alles blieb zurück in Ungarn. Fast 700 DDR-Bürger gelangten an diesem Tag nach

Österreich. Dass es nicht mehr waren, lag an der unübersichtlichen Situation. Denn im Grunde galt noch immer der Schießbefehl für die ungarischen Grenzer. Ihr besonnenes Handeln verhinderte ein Blutbad.

Die Bilder der überglücklichen, in Freudentränen aufgelösten Menschen jedoch gingen um die Welt und gelangten über die Nachrichten des Westfernsehens auch in zahlreiche DDR-Wohnzimmer. Das Thema Ausreise war dort nun in aller Munde. Der große Zug gen Westen ließ sich nicht mehr stoppen.

★ 1989

Die Botschaft von Prag – Genschers legendärer Satz

Es war einer jener großen Momente auf dem Weg zur deutschen Wiedervereinigung: die Szene auf dem Balkon der bundesdeutschen Botschaft in Prag am **30. September 1989.** Auf dem Gelände des Palais Lobkowicz kampierten Tausende DDR-Flüchtlinge, die ihre Ausreise in die Bundesrepublik erzwingen wollten. Sie setzten ihre Hoffnungen auf den Besuch von Bundesaußenminister Genscher.

Über den Gitterzaun der Botschaft waren in den Wochen zuvor täglich Hunderte von DDR-Bürgern geklettert. Ende September 1989 waren es bereits über 4000 Flüchtlinge. Es herrschten unzumutbare sanitäre Zustände, die Menschen mussten unter freiem Himmel kampieren. Die dramatischen Bilder gingen damals um die ganze Welt.

Bundesaußenminister Hans-Dietrich Genscher und sein DDR-Amtskollege Oskar Fischer trafen sich schließlich in New York, um einen Kompromiss auszuhandeln. Beide Seiten einigten sich auf die Regelung, dass die Flüchtlinge von Prag aus per Bahn über das Gebiet der DDR ausreisen durften. Ost-Berlin nannte es »aus-

Genscher auf dem Balkon der
deutschen Botschaft in Prag.

weisen« – aus Imagegründen. Es war ein Fehler, der Staatchef
Honecker letztlich das Amt kostete. Wer aber sollte den Flüchtlin-

gen vor Ort die frohe Botschaft überbringen? Innerdeutsche An-
gelegenheiten oblagen nicht dem Außenamt, da die DDR nach
Bonner Rechtsauffassung kein
Ausland war. Der Bundeskanzler hatte die Deutschlandpolitik zur Chefsache gemacht und
damit praktisch an das Bundes-
kanzleramt gebunden. Nun ging
es aber um die Botschaft von
Prag, und die war eine Außen-
stelle des Außenamts – sie unterstand damit dem zuständigen Minister. Kohl bekannte später, dass es ihn sehr gereizt habe, nach
Prag zu fahren, doch die Ärzte hatten ihm wegen einer Prostata-
Erkrankung Ausgehverbot erteilt. Schließlich flogen der Außenminister und der Kanzleramtschef Seiters nach Prag.

»Man muss ja verstehen, dass ich
selbst die DDR verlassen hatte, dass
ich nun das empfand, was die Menschen da unten denken, erwarten,
erhoffen.«

HANS-DIETRICH GENSCHER

Doch es war Genscher, der zielsicher auf das Mikrofon zuging, einen Moment lang Stille einkehren ließ und dann der Menge zurief: »Wir sind zu Ihnen gekommen, um Ihnen mitzuteilen, dass heute Ihre Ausreise ...« – die weiteren Worte gingen in einem Aufschrei der Freude und Erleichterung unter. Es ist der schönste unvollendete Satz der deutschen Geschichte. Dann sangen die Menschen die deutsche Nationalhymne. »Auch heute, im Rückblick«, so der gebürtige Hallenser Genscher, »ergreift mich bei dieser Erinnerung noch immer tiefe Bewegung.« Dies war sein Tag – und der Tag der Freiheit für Tausende DDR-Bürger.

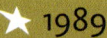 **1989**

Tag der Entscheidung – der 9. Oktober in Leipzig

Der **9. Oktober 1989** war der Tag der Entscheidung. 70 000 Menschen gingen an diesem Tag in Leipzig auf die Straße, um für Veränderungen in der DDR zu demonstrieren. Sie wussten nicht, dass sich die Staatsmacht im Vorfeld auf ein hartes Vorgehen gegen »Provokateure« festgelegt hatte. Doch alles blieb friedlich. Diesmal war das Glück mit der Veränderung im Bunde.

Es gab gute Gründe, warum damals gerade Leipzig zu einem Zentrum des Unmuts wurde. Die Messestadt litt unter der desolaten Wirtschaftslage in der DDR ganz besonders. Der Leipziger Alltag war grau, die Stadt zerfiel. Die Friedensgebete in der Nikolaikirche erlebten jetzt einen ungeheuren Zustrom. Im Mai des Jahres 1989 kam es erstmals zu Verhaftungen im Anschluss an den Gottesdienst. Bald demonstrierten an jedem Montag Hunderte für mehr Freizügigkeit.

288

1989

**Friedlicher Protest –
Montagsdemo in Leipzig.**

Die SED-Führung dagegen war in diesen Tagen ganz auf den vierzigsten Jahrestag der DDR-Gründung fixiert. Eine »chinesische Lösung«, also Blutvergießen, kam zumindest im Vorfeld der Feierlichkeiten nicht in Frage. Man wollte den 7. Oktober glanzvoll zelebrieren, um der Welt ein Staatsschauspiel zu zeigen. Danach freilich sollte mit den »konterrevolutionären Elementen« ein für alle Mal abgerechnet werden. Es gab Vorkehrungen, die Montagsdemonstration am 9. Oktober gewaltsam zu zerschlagen. Betriebskampfgruppen waren schon bewaffnet, Listen waren angelegt für Internierungslager, Krankenhäuser alarmiert. Die Blutkonserven lagen bereit.

Dass es dennoch friedlich blieb, war nicht allein das Resultat von friedlichem Protest und dem Aufruf zur Gewaltfreiheit – es war auch die verlegene Unentschlossenheit der Machthaber. Offenkundig konnte sich die Führungsgarde eine wirkliche Bedrohung ihrer Herrschaft nur als Putsch einer gewaltbereiten Gruppe vorstellen. »Der gewaltlose Aufstand passte nicht in unsere Theorie«, erklärte SED-Mann Horst Sindermann im Frühjahr 1990: »Wir haben ihn nicht erwartet, er hat uns wehrlos gemacht.«

Das wussten allerdings die 70 000, die auf dem Ring von Leipzig für die Freiheit demonstrierten, nicht. In den Seitenstraßen stand die Staatsmacht, schwer bewaffnet, und die Demonstranten – darunter Frauen, die Kinderwagen schoben – mussten damit rechnen, dass es zu einem Blutbad kommen könnte, wie in Peking ein paar Monate zuvor auf dem Platz des Himmlischen Friedens. Dass sie trotzdem auf die Straße gingen, das war ihr Heldentum. Und der eigentliche Durchbruch – für das Ende der DDR, für ein geeintes Deutschland.

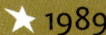 1989

Das Wunder von Berlin – der Fall der Mauer

Es war der schönste Fehler der deutschen Geschichte: Ein beiläufig verlesener Satz von SED-Politbüromitglied Günter Schabowski und eine gezielte Nachfrage eines italienischen Journalisten auf einer Pressekonferenz in Ost-Berlin am **9. November 1989** brachten die Mauer zum Einsturz. »Sofort« und »unverzüglich« sollten DDR-Bürger ins Ausland reisen dürfen, so Schabowski. Die Berliner nahmen ihn beim Wort und erzwangen noch in der Nacht die Maueröffnung – damit begann das »Wunder von Berlin«.

Auf der Mauer direkt vor dem Brandenburger Tor, dem steinernen Symbol der vier Jahrzehnte währenden deutschen Teilung, tummelten sich zahllose Menschen aus Ost und West im Glückstaumel eines historischen Augenblicks. Fremde lagen einander in den Armen, lachten und jubelten. Ausgelassen feierten sie den

291

Triumph des Volkes über die steinerne Grenze, die mehr als 28 Jahre lang die deutsche Hauptstadt geteilt und ihre Bewohner so unmenschlich getrennt hatte. Überall knallten Sektkorken, Mauerspechte hämmerten sich Stücke aus dem »antifaschistischen Schutzwall«, der bald Vergangenheit sein sollte. Aufbruchsstimmung lag über der Nacht. Berlin war frei, und die Ära des Kalten Krieges, die Deutschlands Zweistaatlichkeit besiegelt hatte, ging unwiderruflich zu Ende. Mit der Öffnung der Mauer am Abend des 9. November 1989 kapitulierte die DDR-Führung am Ende vor dem übermächtigen Druck einer »friedlichen Revolution«.

Noch im Januar des Jahres 1989 hatte DDR-Staats- und Parteichef Erich Honecker alterstrotzig behauptet: »Die Mauer wird so lange bleiben, wie die Bedingungen nicht geändert werden, die zu ihrer Errichtung geführt haben. Sie wird in fünfzig und auch in hundert Jahren noch bestehen, wenn die dazu vorhandenen Gründe noch nicht beseitigt sind.« Worte, die viele DDR-Bürger schockierten, hatte es in den vorangegangenen Jahren doch so ausgesehen, also sollte die offiziell verlautbarte Politik »menschlicher Erleichterungen« die Mauer von Osten her durchlässiger machen. Nun fürchteten viele Menschen eine neue Eiszeit und wollten nur noch eins – weg aus der DDR. Zehntausende strömten nach Ungarn, als das Land begann, seine Grenzanlagen zu Österreich abzubauen. Andere drängten sich in den Bonner Botschaftsgebäuden in Prag, Warschau und der Ständigen Vertretung in Ost-Berlin, um ihre Ausreise zu erzwingen.

Bis Ende September 1989 hatten über 100 000 Menschen die DDR verlassen. In der Hoffnung auf ein besseres Leben im Westen gaben sie nahezu alles auf: Freunde und Verwandte, Wohnung und Arbeitsplatz sowie den Großteil ihrer Habe. Die meisten von ihnen waren zwischen zwanzig und vierzig Jahre alt, darunter viele Familien mit Kindern. Das Kürzel »DDR« buchstabierten viele Menschen zunehmend sarkastisch als »Der doofe Rest«.

Doch auch im Lande selbst verschärfte sich unterdessen die Stimmung gegen jahrzehntelange Mangelwirtschaft und staatlichen Machtmissbrauch. Die Rufe nach demokratischen Reformen wurden immer lauter. Die Kirchen öffneten ihre Pforten für die wachsende Zahl von Oppositionellen, die mit Mahnwachen, Friedensgebieten und Podiumsdiskussionen beständig mehr Unzufriedene um sich scharen. Die Ausreiseflut und die Starrköpfigkeit eines senilen Regimes, das die innere Krise nach alter Manier als Werk westlicher Provokateure verbrämte, ließen die Proteste der Bevölkerung zur Massenbewegung anschwellen.

Dem Druck von der Straße folgte der Aufstand im Politbüro. Im Handstreich enthoben Egon Krenz und seine Mitverschwörer am 17. Oktober Erich Honecker aller Ämter. Der langjährige Honecker-Kronprinz Egon Krenz übernahm die Macht in Staat und Partei, mit dem Ziel, »die DDR als souveränen Staat zu erhalten«. Der neue SED-Generalsekretär versprach demokratische Reformen. Doch das Volk wollte nicht mehr länger warten. Krenz versuchte, die Proteste durch ein neues Reisegesetz abzumildern. Doch der am 31. Oktober vorgelegte Entwurf überzeugte nicht einmal mehr die Basis der eigenen Partei. Der Gesetzentwurf sah eine Reisedauer von höchstens dreißig Tagen jährlich vor, zudem konnten Genehmigungen »bei Vorliegen außergewöhnlicher gesellschaftlicher Erfordernisse« ausgesetzt werden.

Hilflos sah die Führungsriege ihre Machtbasis im reißenden Strom der Ereignisse schwinden. Während ein Millionenheer friedlicher Demonstranten an diesem Wochenende die Straßen des Landes eroberte, öffnete die Tschechoslowakei überraschend ihre Grenzen. Allein am 4. und 5. November 1989 reisten rund 23 000 DDR-Bürger in die Bundesrepublik aus, in den nächsten Tagen folgten Zehntausende weitere Menschen.

Honecker und Krenz glauben noch im Herbst 1989 an einen Machterhalt.

Zur Montagsdemonstration am Abend des 6. November zogen 500 000 durch die Leipziger Innenstadt. Sie forderten das Ende des alleinigen Führungsanspruchs der SED und skandierten: »Die Mauer muss weg!« In letzter Verzweiflung und heillos verspätet versuchte das ausgediente Regime, auf den längst verpassten Reformzug aufzuspringen. Am 7. November trat die Ost-Berliner Regierung geschlossen zurück, am Tag darauf entließ das Zentralkomitee der SED die »Alten« aus dem Politbüro. In einem »Aktionsprogramm« kündigte die Parteiführung einschneidende Reformen an, stellte freie Wahlen, Pressefreiheit sowie die Zulassung neuer Parteien in Aussicht.

Am Morgen des 9. November trat eine vierköpfige Arbeitsgruppe zusammen, um einen Vorschlag zur Regelung der »ständigen Ausreise« aus der DDR zu erarbeiten. Um die innenpolitische Krise nicht zusätzlich anzuheizen, nahmen die Männer in ihren Entwurf kurzerhand auch die Regelung von »Privatreisen« auf, die jederzeit beantragt werden könnten. Gegen Mittag erreichte die Beschlussvorlage die Sitzung des Zentral-

> »Dass die Mauer fällt, daran hat keiner gedacht, dass dieser Traum in Erfüllung gehen könnte. Ich dachte, irgendwas wird passieren, Reisefreiheit, Pressefreiheit, vielleicht wird es ein bisschen lockerer.«
>
> KATRIN SASS, SCHAUSPIELERIN, IN »GOODBYE LENIN«

komitees. Ohne die Tragweite des Entwurfs zu erkennen, stellte Egon Krenz den Text als Übergangsregelung vor, bis das eigentliche Reisegesetz in Kraft treten sollte. Ost-Berlins SED-Bezirkschef Günter Schabowski, gerade zum Informations- und Mediensekretär des Zentralkomitees ernannt, hatte weder die Krenz-Rede gehört noch den Text der Reiseregelung gelesen, als er am frühen Abend vor die internationale Presse trat.

Um 18.57 Uhr fragte ein italienischer Journalist nach dem »Reisegesetz« und lieferte damit das Stichwort zu Schabowskis historischer Erklärung: »Privatreisen nach dem Ausland können ohne Vorliegen von Voraussetzungen beantragt werden. Die Genehmigungen werden kurzfristig erteilt.« Darauf

Günter Schabowski während der legendären Pressekonferenz.

die Frage: »Wann tritt das in Kraft?« – Schabowski, in seinen Unterlagen blätternd: »Das tritt nach meiner Kenntnis … ist das sofort, unverzüglich.« Ein fataler Irrtum, denn eigentlich sollte das Gesetz erst am folgenden Tag verkündet werden, um den Behörden genügend Zeit zu geben, sich auf die neue Lage einzustellen.

Während sich der größte Teil der Presseleute noch die Köpfe über die Bedeutung des eben Gehörten zerbrach, kamen wenige Minuten nach 19 Uhr die ersten Meldungen der Presseagenturen heraus. In der »Heute«-Sendung des ZDF war von einer Möglichkeit der Ausreise die Rede. Um 19.30 Uhr verkündete die »Aktuelle Kamera«, dass »Privatreisen nach dem Ausland ab sofort ohne besondere Anlässe beantragt werden können«. Um 19.41 Uhr meldete die Nachrichtenagentur DPA: »Die DDR-Grenze zur Bundesrepublik und nach West-Berlin ist offen!« Und die »Tagesschau« begann mit der Meldung: »DDR öffnet die Grenze.«

> »Ich nehme an, Schabowski war unkonzentriert, als er dort sagte, dieser Beschluss gelte ›sofort‹ … Als Vorsitzender der Einsatzleitung in Berlin kannte er die Situation an der Grenze. Er konnte sich ausrechnen, dass man eine solche Verordnung nicht sofort in Kraft treten lassen kann, wenn die Grenzsoldaten noch keine Befehle dazu hatten.«
>
> EGON KRENZ

Eine Stunde nach dem Ende der Pressekonferenz hatten sich noch keine 200 Menschen an den Grenzübergängen eingefunden. Doch inzwischen hatte die »Tagesschau«-Meldung die Neugier und den Zustrom verstärkt. Die überforderten Volkspolizisten an der Grenze versuchten verzweifelt die Bürger zu überreden, wieder nach Hause zu gehen und doch auf den nächsten Tag zu warten.

Aber die Menschen blieben – und es wurden immer mehr.

Die Grenzen sind plötzlich offen, Tausende, wie hier in Berlin, drängen sich an den Übergängen.

Vom Massenansturm völlig überrascht, sahen sich die Grenzposten binnen Stunden im Belagerungszustand. »Tor auf«, forderten Sprechchöre und versprachen: »Wir kommen wieder.«

> **»Dass dieser Sturm auf die Grenze in Minutenschnelle einsetzte, damit habe ich nicht gerechnet.«**
> GÜNTER SCHABOWSKI

Gegen 23.30 Uhr sahen die bedrängten Grenzer nur noch einen Ausweg: die Öffnung der Schlagbäume nach West-Berlin. Seit dem 13. August 1961 hatten über 500 Menschen ihre Fluchtversuche an der stark bewachten innerdeutschen Grenze und der Mauer in Berlin mit dem Leben bezahlt. Jetzt strömten Hunderttausende Ost-Berliner mit dem Wort »Wahnsinn« auf den Lippen in den unbekannten Teil ihrer Stadt. Menschen aus Ost und West umarmten sich mit Freudentränen in den Augen und begossen das Wiedersehen. Bis in den frühen Morgen feierten Zehntausende auf dem Kurfürstendamm.

Ein amerikanischer Reporter registrierte angesichts der unzähligen »Trabants« und »Wartburgs« einen gewissen »stench of freedom«, die Duftmarke der Freiheit. Dann kehren die Menschen wieder heim – in der erklärten Absicht, wiederzukommen. Doch ihre DDR war nicht mehr derselbe Staat, den sie wenige Stunden zuvor verlassen hatten. Die 28 Jahre währende Geiselnahme der DDR-Bevölkerung hatte endlich ein unblutiges Ende genommen.

Friedliche Eroberung des »antifaschistischen Schutzwalls« am 9. November des Jahres 1989.

»Einig Vaterland« –
die deutsche Einheit

Es war ein wahrhaft historischer Moment: Fast zwei Millionen Menschen aus Ost und West waren rund um den Berliner Reichstag versammelt, um in der Nacht zum **3. Oktober 1990** die deutsche Einheit zu feiern. Die Nachkriegszeit war unwiderruflich zu Ende. Deutschland war souverän und wiedervereinigt. Eines der größten Dramen des 20. Jahrhunderts hatte ein glückliches Ende gefunden: Friede, Freude, Feuerwerk am Brandenburger Tor. Die Deutschen schienen ein Volk im Glück.

Fackeln, Fahnen, Chöre, Laserstrahlen und riesige Bildschirme beherrschten die Szenerie. Der Sekt floss in Strömen. »Helmut, Helmut«, feierten Rufe aus der Menge den Kanzler, der vom Portal des Parlamentsgebäudes majestätisch in die Runde winkte. Gegen Mitternacht steigerten sich Jubel und Applaus zu einem heftigen Begeisterungsorkan. Kirchenglocken läuteten. Ein gewaltiges Feuerwerk erhellte die Nacht. Junge Sportler aus dem Ost- und Westteil der Stadt hissten eine riesige schwarz-rot-goldene Fahne. Die Nationalhymne erklang. Allgemeine Ergriffenheit machte sich breit. Und dennoch – es lag eine seltsame Ungewissheit über dieser Nacht. »Den Beginn der deutschen Einheit verbrachte der Großteil der Anwesenden in jenem unbestimmten Gefühl, einem historischen Moment beizuwohnen. Ein Gefühl, das den Deutschen in den vergangenen Monaten vertraut geworden ist«, schrieb eine Schweizer Zeitung. Trotzdem habe die Begeisterung dieser Berliner Nacht nicht an die Herzensfreude des Mauerfalls am 9. November 1989 oder die rauschhafte Ekstase des Jahreswechsels 1989/90 herangereicht. Dazu passten Stimmen wie die des SPD-Politikers Willfried Penner, der über die Zeremonie lästerte: »Letztlich ist es nur das Inkrafttreten eines Verwaltungsakts, was wir hier feiern.«

Seine Haltung stand für viele westdeutsche Politiker: Das Geschenk der deutschen Einheit wurde weithin nicht als emotionales Ereignis, als »Wiedergeburt« der Nation empfunden. Nach einem kurzen Aufflackern patriotischer Gefühle wickelten nicht Wenige den Prozess der inneren Vereinigung so nüchtern ab wie die Filialeröffnung einer Provinzsparkasse. In der

> »Es ist richtig, dass Helmut Kohl die deutsche Einheit durchs große Tor geschossen hat, aber die Vorlage haben wir Ostdeutsche ihm gegeben.«
>
> LOTHAR DE MAIZIÈRE, LETZTER MINISTERPRÄSIDENT DER DDR

Rückschau mag es manchem scheinen, dass der Weg zur Einheit eine Einbahnstraße der Geschichte war. Es habe einfach dazu kommen müssen. Aber das war nicht so. Der Weg zur Einheit war ein Ritt in Siebenmeilenstiefeln, und er war gelegentlich extrem gefährdet. Die besagte Tür zur Einheit stand nur einen Spaltbreit offen – und nur kurze Zeit. Schon im Dezember 1990, nach dem

1990

Plakat auf einer Demo in
Leipzig im Februar 1990.

Rücktritt des sowjetischen Außenministers Schewardnadse, wäre wohl manches schwieriger geworden. Und nach dem Sturz von Gorbatschow im Jahr 1991 ohnehin.

Der viel zitierte »Mantel der Geschichte« wehte also nur ein kurzes Weilchen. Und so konnte der bewusste Königsweg zur Einheit wohl nur so aussehen, mit angelegten Ohren und bei Gegenwind zunächst die äußeren Aspekte unter Dach und Fach zu bringen – wie der Bauer, der bei Blitz und Donner seine Fuhre mit der Peitsche antreibt, um die Ernte fünf vor zwölf noch in die Scheuer einzufahren. Wie man die Ernte anschließend lagert und welche Mühlen weiter mahlen – mahlen können, mahlen dürfen –, das stand auf einem ganz anderen Blatt. Wir wissen heute, dass es 1990 einen ernsten Putschplan gegen Gorbatschow gegeben hat. Es waren Generäle der NVA, die genau wussten, dass sie abgewickelt werden würden, und sich deshalb mit Generälen der Sowjetarmee zusammentaten. Sie planten, Gorbatschow in die DDR einzuladen und dort zu verhaften. Das Ganze scheiterte daran, dass die anstelle Gorbatschows erkorene Galionsfigur des Putsches, Marschall Sergej Achromejew, im letzten Augenblick Skrupel bekam und sich verweigerte. Ein Jahr später aber, im August des Jahres 1991, zählte Achromejew zu den Moskauer Putschisten. Als dieser Umsturzversuch am Widerstand von Boris Jelzin scheiterte, erschoss sich Achromejew – eine tragische Figur. Wenn der Putsch bereits im Sommer des Jahres 1990 stattgefunden hätte, hätten wir die deutsche Einheit wohl vergessen können.

Warum war uns Deutschen 1989/90 das Glück ausnahmsweise einmal hold? Es hat zu tun mit dem Element Vertrauen. Helmut Kohl und Hans-Dietrich Genscher wucherten mit diesem Pfund. Kohl, der Pfälzer, war für seine Partner in den Machtzentren der Welt der Prototyp des guten Hausvaters, auf dessen Ehrenwort man sich verlassen kann – in jedem Fall. Und sein Partner Genscher, die personifizierte vertrauensbildende Maßnahme, der so viele europäische Politiker in Ost und West kannte und seine Kollegen so häufig traf, dass ihm die Gabe der Bilokation nachgesagt wurde – der Präsenz an zwei Orten zugleich –, diesem souveränen Elder Statesman kauften seine Partner ohne Mühe das Versprechen ab, dass die Deutschen mit der unverhofften Einheit keinen Unsinn machen würden.

> »Manchmal kommt es mir vor, als hätte ich damals vor einem riesigen Hochmoor gestanden, mitten im Nebel, hätte nur gewusst, es gibt einen Weg. Irgendwie bin ich dann da hindurchgeführt worden.«
> HELMUT KOHL

Helmut Kohl wusste genau, dass der deutsche Einigungsprozess nur Erfolg haben konnte, wenn die UdSSR nicht weiter an der Existenz ihres Bündnispartners DDR festhielt. Im Februar 1990 traf er zum ersten Mal nach dem Fall der Mauer mit Gorbatschow zusammen. Bereits zwei Wochen zuvor hatte DDR-Ministerpräsident Hans Modrow dem sowjetischen Präsidenten in Moskau schon gestanden, dass sein Land infolge der desolaten wirtschaftlichen Lage nicht mehr zu halten sei. Modrow schlug eine mehrstufige Vereinigung zu einem militärisch neutralen Deutschland vor. Kanzler Kohl jedoch ließ keinen Zweifel daran aufkommen, dass er sich ein vereintes Deutschland nur als Mitglied der NATO vorstellen konnte. Zu seiner Überraschung sagte Gorbatschow zu ihm am 10. Februar in Moskau geradeheraus: »Die Deutschen in der Bundesrepublik und in der DDR müssen selbst ihre Entscheidung über die Einheit treffen.« Der sowjetische Präsident hatte Helmut Kohl damit indirekt grünes Licht für die innere Gestaltung der deutschen Einheit gegeben.

Von einer NATO-Mitgliedschaft des vereinten Deutschlands indes wollte Gorbatschow nichts wissen. Das Bündnis war für ihn ein Relikt des Kalten Krieges. Die Bündnisfrage überschattete denn auch die Zwei-plus-Vier-Verhandlungen, die nun zum Zuge kamen. Hier verhandelten die Außenminister der beiden deutschen Staaten mit denen der alliierten Siegermächte des Zweiten Weltkriegs, der UdSSR, den USA, Frankreich und Großbritannien. Mangels eines Friedensvertrags besaßen die Siegermächte zu diesem Zeitpunkt noch Besatzerrechte in Deutschland, die sie nun zugunsten der Souveränität eines vereinten Deutschlands abtreten mussten. Die Bedenken der Regierungschefs von Frankreich und Großbritannien, François Mitterrand und Margaret Thatcher, gegenüber einem wiedervereinten und wohl mächtigeren Deutschland gerieten angesichts der Unterstützung des US-Präsidenten George Bush schnell in den Hintergrund. Noch aber gab es auch Widerstand aus Moskau.

Bei seinem Besuch am 30. Mai in Washington deutete Gorbatschow zwar ein Nachgeben in der Bündnisfrage an, eine formelle Zusage blieb aber noch aus. Die wollte sich Kanzler Helmut Kohl holen, als er im Juli 1990 erneut nach Moskau aufbrach. Die Verhandlungen am Morgen des 15. Juli verliefen stockend. Doch Gorbatschow zeigte insofern Entgegenkommen, als er seine im Vorjahr ausgesprochene Einladung in seine Heimat Kaukasus wiederholte. »In der Bergluft sieht man vieles klarer«, versprach der sowjetische Präsident.

Kanzler Helmut Kohl hatte in diesem Moment den richtigen Instinkt: »Ich sagte zu Gorbatschow, wenn Sie weiterhin darauf bestehen, dass die Bundesrepublik aus der NATO ausscheidet, werde ich heimfahren; dann brauchen wir erst gar nicht in den Kaukasus fliegen.« Da sagte Gorbatschow weder »nein« noch »ja«. Er entgegnete nur: »Wir sollten fliegen.« Damit wusste der Kanzler: Michail Gorbatschow würde der NATO-Mitgliedschaft des vereinten Deutschlands nun nicht länger ablehnend gegenüberstehen. Nahe dem Gebirgsdorf Archys im Kaukasus machten die beiden Staatsmänner am Abend des 15. Juli 1990 einen Spaziergang zum wilden Fluss Selemtschuk. Später schrieb Gorbatschow in seinen Memoiren: »In jener wunderbaren Umgebung besiegelten wir die deutsche Einheit.« Nach weiteren Verhandlungen gab Helmut Kohl tags darauf mit einiger Genugtuung der Öffentlich-

Hunderttausende feiern in der Nacht vom
2. auf den 3. Oktober vor dem Reichstag.

keit kund, dass das vereinte Deutschland nun Mitglied der NATO
werden sollte. Der sowjetische Präsident war ihm in allen Ver-
handlungspunkten entgegengekommen. Helmut Kohl hatte wirtschaftliche Hilfen für die hoch verschuldete UdSSR zugesagt – die
Schulden sollten zuletzt eine Höhe von etwa 15 Milliarden Euro
erreichen. Es war gut investiertes Geld.

Der Weg zur deutschen Einheit war frei. Mit der Währungs-
union vom 1. Juli war bereits der erste Schritt getan worden. Am
23. August erklärte die Volkskammer dann den Beitritt der DDR
zum 3. Oktober. Am 1. Oktober 1990 traten die Siegermächte von
ihren Besatzerrechten zurück, und zwei Tage später erhellte das
gigantische Feuerwerk über den Einigungsfeierlichkeiten den Himmel von Berlin. Deutschland war vereint.

★ 1994

»Schumi« wird Formel-Eins-Weltmeister

Die Formel-Eins-Saison 1994 war wie kaum eine andere geprägt von Turbulenzen und tödlichen Crashs. Doch für den jungen Michael Schumacher endete sie am **13. November** mit einer Sternstunde: Als erster Deutscher gewann er den Weltmeistertitel, dem in einer beispiellosen Rennfahrer-Karriere noch sechs weitere WM-Siege folgen sollten.

Ausgeschieden! Ausgerechnet im entscheidenden WM-Finale am 13. November im australischen Adelaide. Nach einem Fahrfehler im Duell mit seinem Rivalen Damon Hill touchierte Michael Schumacher eine Mauer, kam aber wieder auf die Piste – und kollidierte mit Hill, der versucht hatte, ihn zu überholen. Der Unfall warf den Deutschen aus dem Rennen, Hill fuhr weiter. Der Weltmeistertitel schien verloren. Doch dann erfuhr Schumacher, dass auch Hills Wagen beschädigt worden war. Mehrere Rennrunden Unsicherheit – und plötzlich gratulierte ein Streckenposten dem 25-Jährigen zur Weltmeisterschaft. Erst als er sein Team in der Box feiern sah, konnte er es selbst glauben.

Der Titel war der erste Höhepunkt einer Motorsportkarriere, die schon früh begonnen hatte: Mit vier Jahren bretterte Klein-Schumi mit einem vom Vater selbst gebauten Kart herum, wenige Jahre später finanzierten erste Sponsoren das teure Hobby. Mit 15 Jahren wurde Schumacher Deutscher Juniorenmeister im Kart, mit 16 Vizeweltmeister. Ab 1987 saß er am Steuer von Rennautos in verschiedenen Nachwuchsserien, bevor er 1991 in die Königsklasse aufsteigen konnte.

Die Formel-1-Saison 1994 begann vielversprechend: Zweimal siegte Schumacher, während Titelfavorit Ayrton Senna jeweils ausschied. Das dritte Rennen im italienischen Imola stand unter keinem guten Stern: Im Freitagstraining hatte Rubens Barrichello einen schweren Unfall, im Qualifying verunglückte Roland Ratzenberger tödlich. Im Rennen dann traf es Senna: Bei einem Unfall zog er sich tödliche Kopfverletzungen zu. Eine Tragödie, die den anderen Fahrern schwer zusetzte.

Im Rennen um den Titel schien der Kerpener nun ohne nennenswerte Konkurrenz zu sein. Doch das Blatt wendete sich: Diverse Anschuldigungen gegen ihn wegen Regelverstößen kamen auf, Disqualifikationen und Sperren warfen den Fahrer im Klassement zurück. Während einerseits das Schlagwort vom »Schummel-Schumi« die Runde machte, wurden andererseits Vorwürfe laut, die FIA wolle den WM-Kampf künstlich spannend halten. Tatsächlich hatte Damon Hill aufholen können. Am 13. November in Adelaide lag er mit 91 Punkten nur noch einen Punkt hinter Schumacher. Und dann, in Runde 36 des spannenden Finales:

der Crash. Schumacher schied aus – und auch Hill. Durch einen Unfall wurde Schumacher zum ersten Mal Weltmeister. Seitdem hat er Sieg um Sieg eingefahren und gilt als erfolgreichster Fahrer der Geschichte. Nach seinem 90. Grand-Prix-Sieg in Monza gab er 2006 seinen Rücktritt zum Ende der Saison bekannt. Vier Jahre später gab er sein Comeback im Cockpit der legendären Silberpfeile von Mercedes. Podiumsplätze hat er inzwischen schon wieder eingefahren – auf den nächsten Weltmeistertitel warten die Fans indes. Den hatte in den vergangenen zwei Jahren ein anderer Deutscher für sich gepachtet: Sebastian Vettel.

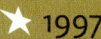 1997

Katastropheneinsatz – Hochwasser an der Oder

Das Hochwasser der Oder versetzte im **Juli 1997** ganz Deutschland in Sorge um Mensch und Natur entlang des Flusses. Vor allem die Bundeswehr sorgte dafür, dass es in Deutschland keine Todesopfer gab und der Schaden begrenzt blieb: Insgesamt 30 000 Soldaten waren am größten Einsatz der deutschen Nachkriegsarmee beteiligt.

Mit starken Niederschlägen in den tschechischen und polnischen Gebirgsregionen fing es an: Zentimeter um Zentimeter stieg der Pegel der Oder im Sommer 1997. Am 8. Juli gab es in Brandenburg eine Hochwasserwarnung, sechs Tage später herrschte die Alarmstufe I. Dann kamen die Wassermassen: Am 17. Juli stand der Pegel bei Ratzdorf mit 6,20 Meter fast 3,50 Meter über den langjährigen Sommerwerten. Und es kam jede Menge neuer Regen: Eine zweite Hochwasserwelle erfasste zwischen dem 18. und dem 21. Juli das obere Odereinzugsgebiet. Die stark aufgeweichten Deiche

1997

»Land unter« – nördlich von Eisenhüt-
tenstadt versinkt alles in den Fluten.

mussten einem Druck von sechs Tonnen je Quadratmeter stand-
halten. Das gelang nicht überall: Es kam zu Rissen, schließlich zu
Deichbrüchen.

Am 23. Juli brach der Deich
bei Brieskow-Finkenheerd auf
einer Breite von anfangs siebzig
Metern, später waren es zwei-
hundert. Nach einem weiteren
Deichbruch am 24. Juli, etwa
neun Kilometer weiter, war die
Überflutung der 5500 Hektar
großen Ziltendorfer Niederung
nicht mehr aufzuhalten. Menschen und Tiere waren zum
Glück bereits vorher evakuiert
worden. Am 30. und 31. Juli spitzte sich die Lage weiter zu: Im
nördlichen Oderbruch bei Hohenwutzen wurden 6500 Menschen evakuiert. Durch zwei Brüche war der Deich zusammenge-
stürzt, auf 150 Metern Länge waren mehrere rund 25 Meter breite
Löcher entstanden. Die Wahrscheinlichkeit, dass der Deich halten könnte, lag nur noch bei zehn Prozent. Doch dann geschah
das »Wunder von Hohenwutzen«: In einem Dauereinsatz der
Hilfsmannschaften konnte der Deich gehalten werden. Ununter-
brochen brachten Hubschrauber Sandsäcke, die die Soldaten in
der Bruchstelle aufschichteten. Doch die Gefahr war noch nicht
gebannt, die Situation stand auf Messers Schneide: Unter einer
Wasserfläche, größer als der Bodensee, drohten zahllose Nutzräu-
me, historische Siedlungen und Baudenkmäler zu verschwinden,
rund 20 000 Menschen fürchteten um ihre wirtschaftliche Existenz. In der Nacht zum 1. August begann man mit dem Bau eines
Schutzdamms bei Reitwein – auch hier packte die Bundeswehr
mit an. Sie waren die Helden der Stunde: Zeitweise waren 10 000
Soldaten gleichzeitig im Einsatz. Sie kamen aus mehr als siebzig
Verbänden aus allen Regionen Deutschlands – so schweißte die
Katastrophe nicht nur an den Bildschirmen, sondern auch in den
Reihen der Soldaten sieben Jahre nach der deutschen Vereini-
gung die Menschen in Ost und West zusammen.

★ 1999

»Auf nach Berlin« – der Umzug des Bundestags

Es war ein regelrecht geschäftsmäßiger Auftakt, ein Neubeginn fast ohne Pathos. Am **19. April 1999** fand im Berliner Reichstagsgebäude die erste Plenarsitzung des Bundestags statt: Das deutsche Parlament war zurück in der alten Hauptstadt.

1999

»Berlin ist von nun an politische Metropole Deutschlands, das umgebaute Reichstagsgebäude ist Sitz des Deutschen Bundestags«, erklärte der neue Hausherr, Parlamentspräsident Wolfgang Thierse. »Bundeswetter« überstrahlte die Zeremonie vor dem Portal mit der Inschrift »Dem Deutschen Volke« – von »Kaiserwetter« zu reden verbiete sich an einem solchen Tag, meinte ein Reporter süffisant. Bei der Eröffnung im Jahr 1894 hatte es sich Kaiser Wilhelm II. nicht nehmen lassen, das Haus der Volksvertreter persönlich zu beehren. Im tiefsten Inneren empfand er freilich nur Verachtung für das Parlament: »Reichsaffenhaus« hieß die kaiserliche Schmäh-Parole. Mehr als hundert Jahre später zog ein Plenum an seinen Arbeitsplatz, das für die Einheit der Deutschen in Frieden und Freiheit steht. Nicht der Monarch, sondern das Volk ist der Souverän.

Ohne großes Brimborium kehrte denn auch das frei gewählte Parlament heim nach Berlin. Die Menschen in der Metropole nahmen es gelassen, ein Volksfest gab es nicht. Und auch die zahllosen Bauarbeiten in der Umgebung gingen unbeirrt weiter. Bei der Hauptstadt-Debatte im Bundestag 1991 waren die Argumentationslinien quer durch die Parteien gegangen. »Lasst dem kleinen Bonn Parlament und Regierung. Bonn verliert mit Bundestag und Regierung viel. Berlin gewinnt mit Bundestag und Regierung viele neue Probleme«, gab Arbeitsminister Norbert Blüm (CDU) zu bedenken. Sein Fraktionschef Wolfgang Schäuble, vehementer Befürworter des Umzugs, hielt dagegen: Teilen heiße, »dass wir gemeinsam bereit sein müssen, die Veränderungen miteinander zu tragen, die sich durch die deutsche Einheit ergeben«.

Zuletzt hatte es nur noch um die Namensgebung ein heftiges Tauziehen gegeben. »Plenarbereich Reichstagsgebäude« lautete der von den Fraktionen verabschiedete Kompromiss. Trotzig ließ der Berliner Senat den Weg zum neuen Parlament mit »Reichstag – Sitz des Deutschen Bundestags« beschildern. Und bald nannten Politiker wie Journalisten den altehrwürdigen Bau wieder wie gewohnt. Über eines herrscht jedoch Einvernehmen bei allen Beteiligten und inzwischen auch bei der Bevölkerung: Die Heimkehr nach Berlin war ein entscheidender Schritt zur Vollendung der inneren Einheit.

★ 2003

Die Fußballerinnen holen den WM-Titel

Obwohl die deutschen Fußball-Nationalspielerinnen bis 2003 bereits fünfmal die Europameisterschaften gewonnen hatten, standen sie lange im Schatten der Männer, ihr Sport wurde belächelt – bis sie am **12. Oktober 2003** nach überragenden Leistungen während des Turniers in den USA das Finale der Weltmeisterschaft für sich entschieden.

2003

In der 41. Minute schossen die Schwedinnen das erste Tor, Deutschland glich sofort nach der Halbzeitpause aus. Das Spiel war völlig offen, beide Mannschaften hatten Chancen. Dann die sechste Minute der Verlängerung: Mittelfeldspielerin Renate Lingor schlug den Freistoß in den Strafraum – und Nia Künzer, nur acht Minuten zuvor eingewechselt, sprang höher als ihre Gegenspielerin, drückte den Ball mit der Stirn unter die Latte. Noch bevor die 23-jährige Torschützin zu Sinnen kam, begruben ihre schreienden Mitspielerinnen sie unter sich: Mit einem »Golden Goal« wurde Deutschland zum ersten Mal Frauenfußball-Weltmeister.

Knapp fünfzig Jahre zuvor war so etwas noch undenkbar: Die Herren des DFB hatten 1955 entschieden, dass Frauen auf dem Fußballplatz nichts verloren hatten, da sonst »der Körper und die Seele der Frau unweigerlich Schaden« erlitten. Und auch nach dem Start des offiziellen Frauenfußballs in den 1980er-Jahren wurde der Sport belächelt. In der deutschen Bundesliga spielten die Mädchen vor ein paar Hundert Zuschauern, wurden höchstens von der Lokalzeitung interviewt. Auch noch während der laufenden Frauenfußball-WM weckten die EM-Qualifikationsspiele der Männer-Elf größeres Interesse. Doch plötzlich schlugen die Erfolge der Damenkicker in den Medien ein: Im Halbfinale hatten die Frauen ihre Konkurrentinnen aus den USA entthront, die bisherigen Weltmeister – und das ausgerechnet in deren Heimatland. Das Spiel der deutschen Frauen wurde in den Himmel gelobt: Für manche hatten sie »das beste Frauenfußballspiel aller Zeiten« abgeliefert, standen auf gleicher Höhe wie die französische Nationalmannschaft in ihren besten Zeiten. Selbst die DFB-Herren zeigten Präsenz und »Bild« kommentierte: »Jetzt wird Frauen-Fußball zur Chefsache.« 13,5 Millionen Menschen verfolgten dann das Endspiel in Deutschland vor dem Bildschirm. Rund 10 000 Fans feierten die »Gold-Mädels« einen Tag später nach ihrer Rückkehr auf dem Frankfurter Römer.

Dem Frauenfußball in Deutschland gelang mit dieser Sternstunde endgültig der Durchbruch. Birgit Prinz, Torschützenkönigin der WM 2003, brachte es auf den Punkt: »Es hat zwar lange gedauert, aber wir müssen uns nicht mehr hinter den Männern verstecken.« Im Jahr 2007 verteidigten die deutschen Damen übrigens erfolgreich ihren Titel – mit einem 2:0 gegen Brasilien. Zwei Jahre später wurden sie zum neunten Mal Europameister. Und auch wenn das Ergebnis der WM im eigenen Land 2011 hinter den Erwartungen zurücklblieb – die Mannschaft schied im Viertelfinale aus –, brauchen sich die DFB-Damen nicht hinter ihren männlichen Pendants zu verstecken. Im Gegenteil: die müssen diese fantastische Bilanz erst einmal hinbekommen.

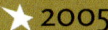 2005

»Wir sind Papst« – Ratzinger wird Benedikt XVI.

Am Nachmittag des **19. April 2005** wählte das Konklave den 265. Papst in der Geschichte der römisch-katholischen Kirche: Joseph Kardinal Ratzinger, von nun an Papst Benedikt XVI. Die Gläubigen in Deutschland waren stolz auf den ersten deutschen Papst seit fast 500 Jahren: Der Slogan »Wir sind Papst« traf den Nerv der Menschen.

Tausende Augenpaare starren in den wolkenverhangenen Himmel: Dringt da Rauch aus dem Kamin? Hunderte Kameras zoomen auf das Giebeldach der Sixtinischen Kapelle. Tatsächlich, der Schlot qualmt. Doch das Rätseln geht weiter, denn die Farbe der Rauchwölkchen ist schwer erkennbar: Sind sie schwarz als Zeichen für einen weiteren Wahlgang ohne Sieger, oder sind sie weiß und damit ein Signal, dass der neue Papst gewählt ist?

Erst das Läuten der Glocken beendet schließlich einige Minuten später die Ungewissheit. Die katholische Kirche hat ihr neues Oberhaupt: »Habemus Papam!« Knapp eine Stunde nach dem Rauchzeichen präsentiert sich Benedikt XVI. den Massen auf dem

313

Petersplatz in Rom. Es ist Joseph Ratzinger, im Jahr 1927 geboren in Marktl am Inn. Sein Werdegang: Priesterseminarist in Traunstein, Student in München und Freising, Professor in Bonn, Münster, Tübingen und Regensburg, Erzbischof in München und seit 1982 Chef der vatikanischen Glaubenskongregation in Rom.

Nach fast 500 Jahren kam mit ihm wieder ein Papst aus Deutschland in den Vatikan in Rom. Erste, eher verhaltene Reaktionen der deutschen Katholiken auf die Wahl des als konservativ geltenden »Hardliners« wurden schnell von spontanen Stolzbekundungen überlagert. Und eine bekannte Boulevardzeitung brachte es so auf den Punkt: »Wir sind Papst!«

> »Nach einem großen Papst Johannes Paul II. haben die Herren Kardinäle mich gewählt, einen einfachen und bescheidenen Arbeiter im Weinberg des Herrn.«
>
> ERSTE WORTE ALS PAPST AM 19. APRIL 2005 AN DIE ZAHLREICHEN MENSCHEN AUF DEM PETERSPLATZ

Mit nur vier Wahlgängen ging die Entscheidung für den neuen Stellvertreter Christi schneller vonstatten, als viele das vermutet hatten. Und schon bald kursierten anonyme Aufzeichnungen der eigentlich streng geheimen Wahl: Schon im ersten Wahlgang führte Ratzinger demnach mit 47 von insgesamt 115 Stimmen.

Überraschend auch: Entgegen allen Einschätzungen vor dem Konklave folgte nicht etwa der liberale Mailänder Carlo Maria Martini auf dem zweiten Platz, sondern mit zehn Stimmen der Argentinier Jorge Mario Bergoglio.

»Arbeiter im Weinberg des Herrn« – Papst Benedikt während einer Messe in Etzelsbach, 2011.

★ 2005

Die Wiedereröffnung der Frauenkirche

Als die Dresdner Frauenkirche nach ihrem elf Jahre dauernden Wiederaufbau am **30. Oktober 2005** festlich eingeweiht wurde, verfolgten Zigtausende in Dresden und Millionen vor den Fernsehschirmen den historischen Moment. Die Frauenkirche ist seither Symbol für bürgerliches Engagement und für Versöhnung zwischen einstigen Kriegsgegnern.

Mehr als 60 000 Menschen drängten sich an jenem Tag auf dem Dresdner Neumarkt, um die Weihe der wieder aufgebauten Frauenkirche zu feiern. Im Gebäude nahmen offizielle Vertreter und Förderer am Gottesdienst teil, den auch an den Fernsehschirmen Millionen verfolgten. Von einem »Wunder« sprachen viele, die beim Untergang Dresdens im Februar 1945 durch alliierte Bomben auch die Zerstörung der Frauenkirche miterlebt hatten.

Dass der Wiederaufbau in einer solchen Euphorie münden würde, war einige Jahre zuvor nicht abzusehen: Beim Start der Initiative durch Dresdner Bürger im Herbst 1989 liefen nicht nur die Denkmalschützer Sturm. »Monumentaler Nippes«, höhnte das Wochenblatt »Die Zeit«, Kritiker wollten die Ruine als Mahnmal gegen den Krieg erhalten. Die Amtskirche wehrte sich gegen ein viel zu großes, teures und unnötiges Gebäude.

Doch mit der Fürsprache von Helmut Kohl, der die Frauenkirche zum »Symbol eines deutschen Hauses unter europäischem Dach« erklärte, schlug die Stimmung um. Allerdings musste das Geld für den Wiederaufbau, zum Schluss waren es 180 Millionen Euro, erst beschafft werden – die Kassen von Freistaat, Stadt und Landeskirche waren leer. Es folgte eine beispiellose Spendensammlung, an der sich Wirtschaft und Medien, Ost- und Westdeutsche, Hunderttausende aus der ganzen Welt beteiligten. Auch die Briten halfen: Ein Londoner, der als Kind die deutschen Angriffe erlebt hatte, sammelte mehr als 700 000 Pfund, Queen Elizabeth spendete aus ihrer Privatschatulle.

Vor Baubeginn begann die Spurensuche: Jeder Stein im Trümmerberg wurde nach Maßen, Gewicht, Schäden und mutmaßlichem Platz im alten Bau katalogisiert. Trotz heftiger Kritik von Architekten sollten die Steine verbaut werden, die Zerstörung auch im Neubau noch sichtbar sein. Ein gutes Drittel der alten Steine war noch verwendbar, sie durchbrechen heute schwarzgrau die hellen Wände.

Am 13. Februar 2000, 55 Jahre nach der Zerstörung Dresdens, überreichte der Herzog von Kent das mit britischen Geldern finanzierte vergoldete Turmkreuz, an dessen Fertigung auch der Sohn eines der Bomberpiloten beteiligt war. 60 000 Menschen beobachteten, wie das »Versöhnungskreuz« im Juni 2004 auf die

Kuppel gesetzt wurde – Dresden hatte seine historische Silhouette wieder. Seither ragt weithin sichtbar ein starkes Symbol der Versöhnung in den Himmel.

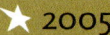 **2005**

Angela Merkel – die erste Bundeskanzlerin

Am **22. November 2005** wählte der Bundestag die CDU-Vorsitzende Angela Merkel zur Bundeskanzlerin. Zum ersten Mal in der Geschichte der Deutschen stand damit eine Frau an der Spitze des Staates. Die promovierte Physikerin war zudem die erste Ostdeutsche, die das wichtigste Amt der Bundesrepublik bekleidete.

Dabei hatte es am Wahlabend ausgesehen, als sollte aus ihrem Traum von der Kanzlerschaft doch nichts werden. Über Monate hatten alle Umfrageergebnisse auf einen klaren Sieg der CDU hingedeutet. Nun waren die Christdemokraten zwar knapp stärkste Kraft vor der SPD, doch es hatte sich eine Pattsituation ergeben: Keine der beiden großen Parteien konnte aus eigener Kraft eine Regierung bilden.

Zu allem Überfluss polterte Noch-Kanzler Gerhard Schröder in der »Elefantenrunde« am Abend dieses 18. September 2005, Merkel werde »keine Koalition unter ihrer Führung mit meiner sozialdemokratischen Partei hinkriegen«. Das sei eindeutig, und im Übrigen hätten die Deutschen in der Kandidatenfrage eindeutig votiert – nämlich für ihn, Schröder.

Eine klare Fehleinschätzung. Die Mehrheit der Deutschen wollte zumindest ein bisschen Wechsel, und sie wollte auch das »Mädchen aus Ost-Berlin«. Am 22. November 2005 wurde Angela

2005

Merkel mit den Stimmen der Großen Koalition aus CDU/CSU und SPD zur Bundeskanzlerin gewählt. Eine der erstaunlichsten Politkarrieren der an erstaunlichen Karrieren wahrlich nicht armen Republik hatte ihren Höhepunkt erreicht.

Dies verblüfft umso mehr, als Angela Merkel der für Spitzenpolitiker sonst unumgängliche »Stallgeruch« fehlt. Aufgewachsen als Tochter eines evangelischen Pfarrers in der DDR, spülte sie erst die friedliche Revolution von 1989 in die Politik. Damals suchte sie sich eine Partei aus wie eine Marmeladensorte und nicht wenige frühere Wegge-

> »Meine Karriere habe ich anfangs zum Teil nur deshalb gemacht, weil ich eine Frau bin und damals gerade eine Frau gebraucht wurde.«
>
> ANGELA MERKEL

fährten wunderten sich über ihre konservative Richtungsentscheidung.

Die Geschichte ihres Aufstiegs im vereinten Deutschland ist auch die Geschichte ihrer Unterschätzung. Sein »Mädchen« hatte Bundeskanzler Helmut Kohl sie noch halb spöttisch genannt, als er sie 1991 zum ersten Mal für die CDU als Ministerin in sein Kabinett geholt hatte. Erst die Krise der konservativen Partei nach der Spendenaffäre von 1999, in der Merkel sich klar und konsequent positionierte, brachte die Frau aus dem Osten ganz nach oben: zunächst errang sie den CDU-Vorsitz, dann folgte im Jahr 2005 der Kanzlerposten in der Großen Koalition. 2009 wurde Merkel im Amt bestätigt. Inzwischen gilt sie als die »mächtigste Frau Europas« – wenn nicht gar der Welt.

Merkel 1990 mit Fischern in ihrem Wahlkreis auf der Insel Rügen.

★ 2006

Das Sommermärchen –
WM in Deutschland

Selten schienen die Deutschen so mit sich selbst im Reinen wie im
Sommer 2006. Möglich machte es die Fußball-WM im eigenen Land. Als
Gastgeber eines großen Festes gewannen sie neues weltweites Anse-
hen. Und mit dem Erfolg ihrer Elf entdeckten sie plötzlich ein unver-
krampftes und fröhliches Verhältnis zu ihrer eigenen nationalen
Identität. Über Wochen feierte die Republik im schwarz-rot-goldenen
Rausch – selbst wenn es zum WM-Titel nicht reichte, sondern nur zum
»Weltmeister der Herzen«.

2006

Ausgelassene und unbefangene Fanfeste, friedliche und multikulturelle »Public Viewings«, offene und herzliche Gastfreundschaft, das alles hatte es so zuvor in Deutschland noch nicht gegeben. In aller Welt staunten die Menschen: Waren das noch die Deutschen? Der fröhliche Patriotismus in den Stadien, auf den Fanmeilen der Republik, die große schwarz-rot-goldene Party im ganzen Land zeigten: Die vermeintlich so miesepetrigen Deutschen konnten nicht nur feiern wie die Brasilianer, sie schienen sich inzwischen auch selbst zu mögen.

Es war der Fußball, der für diese revolutionären Umwälzungen den willkommenen Anlass lieferte. Als massenverbindendes Element beflügelte er wie von selbst das Gefühl der Einheit. Die proppenvollen Fanmeilen zeigten eine neue Art Verbrüderung jenseits aller politischen Lager: Wem es selbst noch schwerfiel, stolz auf sein Land zu sein, der konnte es jetzt zumindest ohne schlechtes Gewissen auf dessen Stellvertreter auf dem grünen Rasen sein. An unzähligen Autos flatterten Fähnchen – selbst überzeugte Linke trugen plötzlich Schwarz-Rot-Gold. Die Deutschen lernten, dass Patriotismus Spaß machen kann – und nichts mit dumpfem Nationalismus gemein haben muss. Für das nationale Selbstwertgefühl war die WM ein fundamentaler Einschnitt.

Noch wenige Monate zuvor hatte es indes so ausgesehen, als sollte wieder einmal die zwischen Nordsee und Alpen traditionell stark vertretene Fraktion der Meckerer, Miesmacher und Nörgler die Oberhand behalten. Seit die Weltfußballorganisation FIFA im Juli des Jahres 2000 die WM nach Deutschland vergeben hatte, waren in den zwölf Austragungsorten die Stadien mit Millionenaufwand umgebaut oder komplett neu errichtet worden, sodass sich moderne Spielstätten in bester Verfassung präsentierten.

Von den Nationalkickern ließ sich Ähnliches allerdings nicht behaupten. Die damals von Erich Ribbeck trainierten Spieler hatten bei der Europameisterschaft 2000 sang- und klanglos die Segel streichen müssen. Zwar schafften sie unter Rudi Völler bei der WM 2002 in Japan und Südkorea noch einmal den Vizeweltmeistertitel, doch konstatierten selbst wohlwollende Beobachter, dass dieser Erfolg nur mit viel Glück zustande gekommen war. Die EM 2004 in Portugal zeigte dann wieder einmal in aller Deutlichkeit, dass der deutsche Fußball im internationalen Maßstab bestenfalls noch Mittelmaß war.

Es mutete schon fast wie Kamikaze an, als der DFB im Juli 2004 Jürgen Klinsmann als neuen Bundestrainer präsentierte: einen Mann, der bis dahin noch nie als Trainer gearbeitet und gerade geäußert hatte, dass man den DFB-»Laden« mal ordentlich »auseinandernehmen« müsse. Klinsmanns Ankündigung, mit offensivem, aggressivem und risikofreudigem Spiel den Weltmeistertitel holen zu wollen, wurde von der deutschen Öffentlichkeit allenfalls mit einem milden Lächeln quittiert.

Kopfschüttelnd wurden auch die aus Klinsmanns Wahlheimat Amerika importierten Trainingsmethoden zur Kenntnis genommen: Die Fotos von Nationalspielern, die mit Gymnastikbändern im Entengang watscheln mussten, waren die Lachnummer der Saison. Zwar konnte das Team anschließend in einigen Vorbereitungsspielen tatsächlich das eine oder andere Mal glänzen, doch spätestens nach der desaströsen Vorstellung im März 2006 beim 1:4 gegen Italien war den meisten Deutschen die Vorfreude auf die WM gründlich vergällt. Laut einer Umfrage glaubten nur noch sieben Prozent, dass ihr Team tatsächlich Weltmeister werden könnte. Dafür rechnete ein Drittel der Befragten mit einem frühen Vorrunden-Aus.

> »Jürgen Klinsmann und seiner Mannschaft ist es gelungen, eine Begeisterung auszulösen, wie wir sie vielleicht nur bei der Wiedervereinigung erlebt haben.«
> GERHARD MAYER-VORFELDER

Es brodelte an den deutschen Stammtischen, und die Boulevardpresse forderte gar den Kopf von »Grinsi-Klinsi«. Das Projekt »Weltmeisterschaft« schien für ihn zum Himmelfahrtskommando zu werden. Von WM-Begeisterung im Lande keine Spur. Irgendwann in den Wochen vor dem Beginn der Weltmeisterschaft am 9. Juni 2006 musste ein Engel den Deutschen vermittelt haben, dass es so auch nicht gehen konnte. Die Welt war zu Gast bei Freunden – da konnten sie sich nicht als übel gelaunte Gastgeber präsentieren. Sie kauften Flachbildfernseher und Retrotrikots »Mythos 1954«, füllten die Chips- und Biervorräte auf – und freuten sich auf die WM. Und spätestens als Philipp Lahm in der sechsten Minute des Eröffnungsspiels gegen Costa Rica ein traumhaftes Tor erzielte und Deutschland damit früh auf die Siegerstraße brachte, war der Pakt zwischen Mannschaft und Fans besiegelt: Das »Sommermärchen« hatte begonnen.

Dieser Sieg in letzter Minute schweißte die Mannschaft zusammen. »Da ist in jedem von uns ein Vulkan ausgebrochen«, so Klinsmann später. »Von da an sind wir auf einer Welle der Euphorie gewesen.« Diese Welle trug die Mannschaft über Ecuador (3:0) und Schweden (2:0) ins Viertelfinale, wobei sie teilweise begeisternden Fußball zeigte: schnell, direkt, mit Mut zum Risiko – der Ball zu Gast bei Freunden.

In der Runde der letzten acht wartete dann der erste wirkliche Top-Gegner: Argentinien, als WM-Geheimfavorit gehandelt. Mit

Hurra-Fußball war gegen diese »abgebrühten« Südamerikaner nichts zu gewinnen, das wusste Klinsmann. Nur mit den althergebrachten Tugenden, nämlich »högschder Disziplin« (Co-Trainer Joachim Löw), gelang es der DFB-Elf, den sicher kombinierenden Gegner einigermaßen in Schach zu halten.

Als aber die Gauchos kurz nach der Halbzeitpause ein Tor schossen, schien die Sache gelaufen. Doch die Deutschen kämpften sich noch einmal zurück ins Spiel: Klose köpfte in der achtzigsten Minute das 1:1. Dabei blieb es auch in den beiden Häften der Verlängerung. Nun musste das Elfmeterschießen entscheiden.

Pakt zwischen Publikum und Team – das Abspielen der Hymne vor dem Spiel gegen Argentinien.

Jubel nach der entscheidenden
Parade von Jens Lehmann.

Was nun folgte, waren die
vielleicht magischsten Momente des Turniers: Die einsamen
Duelle Schütze gegen Torwart.
Jens Lehmann, der Schluss-
mann des DFB-Teams, war gut
gerüstet – mit einem ominösen
Spickzettel, auf den Torwart-
trainer Andy Köpke die Elfme-
ter-Vorlieben der gegnerischen
Spieler gekritzelt hatte.

Dass der letzte Schütze der
Argentinier, Cambiasso, da gar
nicht darauf stand, war egal. Allein mit dem demonstrativen
Blick auf das Papier hatte Jens
Lehmann seinen Gegner so aus
dem Konzept gebracht, dass der
ihm den Ball wie auf Bestellung
in die Arme jagte. Das riss nicht
nur das Publikum im Berliner Olympiastadion zu Jubelstürmen
hin – ganz Deutschland feierte den Triumph enthusiastisch.

Eine bittere Pille mussten die Deutschen allerdings noch
schlucken. Als Sündenbock für eine Rangelei zwischen deutschen
und argentinischen Spielern nach dem Abpfiff wurde ausgerechnet der beste deutsche Feldspie-
ler Torsten Frings nachträglich
für das nächste Spiel gesperrt.
Es entbehrte nicht einer gewissen Boshaftigkeit, dass ausgerechnet italienische Medien
der FIFA entsprechende Beweis-
bilder zugeleitet hatten – denn
Italien war der Gegner der DFB-
Elf im Halbfinale. Zum ersten Mal trug die Euphorie in Deutschland nicht mehr nur freundliche Züge.

»Es stand darauf: Du musst mindestens zwei Elfmeter halten. Wenn er
so konzentriert ist, dann vergisst er
manchmal Sachen. Deshalb haben
wir es ihm aufgeschrieben.«

OLIVER BIERHOFF ÜBER DEN
»SPICKZETTEL« VON JENS LEHMANN

Am 52. Jahrestag des »Wunders von Bern« kam es dann zum

325

Weltmeisterlicher Jubel – am Ende reichte es »nur« zu Platz drei.

Duell der großen beiden Fußballnationen, die beide bereits jeweils dreimal die begehrte WM-Trophäe gewonnen hatten. Es war ein zähes Ringen um das eine Tor, das vielleicht schon die Entscheidung bedeuten konnte. Die ersten neunzig Minuten endeten torlos, auf ein 0:0 schien auch die Verlängerung zuzusteuern. Doch völlig untypisch für die »Squadra Azzurra« setzte Italiens Trainer Lippi jetzt auf Offensive und wechselte zwei Stürmer ein. Die Partie begann zu kippen – eine Minute vor dem Abpfiff fiel das glückliche Tor für Italien. Bittere Zugabe für die Gastgeber, traumhaftes Extra für die Tifosi: In der Nachspielzeit erhöhte del Piero noch auf 2:0. Italien war im Endspiel in Berlin, für Deutschland blieb nur das »kleine Finale« in Stuttgart. Das Land trug Trauer.

Aus dem siebten Fußballhimmel war man in nur drei Minuten auf den harten Boden der Tatsachen zurückgeworfen worden. Doch die Deutschen überwanden den Augenblick der Schockstarre schnell und feierten einfach ausgelassen weiter: »Stuttgart ist viel schöner als Berlin«, lautete die Parole der Stunde. Und in der baden-württembergischen Landeshauptstadt zeigten unsere deutschen Kicker dann noch einmal den Fußball, der das ganze Land vier Wochen lang begeistert hatte.

»Ich habe das so genossen, nach dem Argentinien-Spiel die Kanzlerin im Arm zu halten. Ich hätte das gerne noch ein zweites Mal getan. Aber die Italiener haben mir einen Strich durch die Rechnung gemacht. Das werde ich ihnen nie vergessen.«

FRANZ BECKENBAUER

Nach dem 3:1-Erfolg über Portugal wurde der dritte Platz so frenetisch gefeiert, als wäre man tatsächlich gerade Weltmeister geworden. Die Fröhlichkeit der Deutschen trug die Nationalelf, und das erfolgreiche Spiel der Fußballer beflügelte das ganze Land. Die Nation hatte sich verändert.

Oscar für den Film »Das Leben der Anderen«

Die Aufmerksamkeit der internationalen Filmbranche richtete sich am **25. Februar 2007** auf einen deutschen Film und damit auch auf ein Kapitel deutscher Geschichte: Das Stasi-Drama »Das Leben der Anderen« gewann den begehrten Oscar.

Die Spannung steigt – fünf Kandidaten sind in der Kategorie »Bester fremdsprachiger Film« nominiert. Dann verkündet die Schauspielerin Cate Blanchett die Entscheidung: »The Oscar goes to: Germany!«, ruft sie. Der Regisseur des Films springt auf: Florian Henckel von Donnersmarck, gerade einmal 33 Jahre alt, hat mit seinem Abschlussfilm die begehrteste Trophäe der Filmwelt gewonnen – als dritter deutscher Film überhaupt nach »Die Blechtrommel« (1980) und »Nirgendwo in Afrika« (2003).

Der Film spielt Mitte der 1980er-Jahre in Ost-Berlin: Stasi-Hauptmann Gerd Wiesler soll den Schriftsteller Georg Dreymann und dessen Lebensgefährtin Christa-Maria Sieland, eine Theaterschauspielerin, ausspionieren. Was als weitere Sprosse auf der Karriereleiter geplant war, stürzt Wiesler zusehends in einen moralischen Konflikt: Er verliebt sich in die Schauspielerin, taucht ein in das »Leben der Anderen« mit Kunst, Literatur, freien Gedanken. Wiesler schafft es allerdings nicht, das zerstörerische System aufzuhalten, das bereits in Gang gekommen ist, und wird ebenso dessen Opfer wie die observierten Künstler.

Von Donnersmarck ist nicht nur Regisseur des Films – auch die Geschichte stammt aus seiner Feder. Er habe ein realistisches Sittenbild der DDR gezeichnet, so Wolf Biermann. »Sein Film ist intelligent, spannend, politisch hoch aktuell und voller Emotionen, die jeder Zuschauer auf der Welt mitempfinden kann«, lobte Hauptdarsteller Ulrich Mühe. »Es ist auch ein Märchen – und ein Märchen verkauft sich gut«, formulierte die Hauptdarstellerin Martina Gedeck dagegen eher kritisch.

In der Tat wurde besonders die Wandlung des linientreuen Stasi-Spitzels zum »guten Menschen« als unrealistisch bewertet. Doch der Erfolg gab dem selbstbewussten Filmautor am Ende recht – neben der goldenen Statuette und 70 Millionen

Ulrich Mühe als Stasi-Hauptmann Gerd Wiesler.

Euro Einspielergebnis bleibt auch der wichtige Beitrag, den »Das Leben der Anderen« zur Aufarbeitung jüngster deutscher Geschichte geleistet hat.

Unser Star für Oslo

Fast drei Jahrzehnte lang musste sich die deutsche Fangemeinde des europäischen Gesangswettbewerbs gedulden, bis am späten Abend des **29. Mai 2010** endlich feststand: Lena Meyer-Landrut hatte mit ihrem unbedarften Charme und einem eingängigen Lied die Trophäe des Eurovision Song Contest für Deutschland geholt – zum zweiten Mal überhaupt nach Nicoles Sieg im Jahr 1982.

Schon Minuten bevor alle Punkte vergeben waren, lag die junge Sängerin uneinholbar in Führung. Schließlich heimste sie mit ihrem Song »Satellite« 246 Punkte ein und setzte sich gegen 24 Konkurrenten durch. Zwar galt die Hannoveranerin im Vorfeld bei den Wettbüros als Favoritin; dennoch überraschte ihr großer Vorsprung: Auf dem zweiten Platz lag die Türkei mit nur 170 Punkten. »Lovely Lena« im kleinen Schwarzen hatte ganz Europa verzaubert: Sie bekam Punkte aus fast allen Ländern. Und Estland, Dänemark, Spanien, die Slowakei, Lettland, Finnland, Norwegen, Schweden und die Schweiz verkündeten sogar: »Germany, twelve points – Allemagne, douze points.«

Die Abiturientin konnte ihren Sieg kaum fassen: »Oh my God, this is so crazy!«, rief sie spontan, als sie mit Deutschlandfahne in der Hand das Siegerlied ein zweites Mal sang. Die gerade 19-Jährige erlebte, wovon gestandene Musiker ihr Leben lang träumen – dabei war sie erst wenige Monate zuvor in einer von TV-Moderator Stefan Raab initiierten Casting-Show entdeckt worden. Bereits

329

im Verlauf der mehrwöchigen Show »Unser Star für Oslo« weckte die Schülerin Hoffnungen auf eine hohe ESC-Platzierung. Denn schon früh war Lena Meyer-Landrut die Favoritin der Buchmacher: Sie begeisterte Jury und Publikum mit ihrer frischen und originellen Art mindestens so wie mit ihrem Gesang.

Bereits nach dem Sieg bei der Casting-Show brach Lena Meyer-Landrut Rekorde bei Downloads und Single-Verkäufen: Ihr eingängiges Lied »Satellite« hatte, davon waren nicht nur Experten überzeugt, das Zeug zum internationalen Hit.

> »Wow! Verdammte Axt, ist das geil! Dankeschönst, Leni.«
>
> EINTRAG VON LENA MEYER-LANDRUT IM GOLDENEN BUCH DER STADT HANNOVER VOM 30. MAI 2010

Der Mentor der jungen Sängerin – Stefan Raab – beteiligte sich mit »Unser Star für Oslo« nicht zum ersten Mal an dem traditionsreichen europäischen Gesangswettbewerb. Zu Zeiten, in denen der Schlager-Grand-Prix in Deutschland nur noch zur Persiflage taugte, traf Raab mit skurrilen Spaßbeiträgen den Nerv vor allem des jüngeren Publikums. 1998 brachte der Schlagerbarde Guildo Horn in schrägem Outfit Raabs Song »Guildo hat euch lieb« auf die Bühne, zwei Jahre später trällerte der TV-Tausendsassa persönlich im goldglitzernden Anzug und mit riesiger Brille auf der Nase das sinnfreie Stück »Wadde hadde dudde da?« Max Mutzke, ebenfalls Sieger einer Casting-Show aus der Ideenschmiede Raabs, stand im Jahr 2004 hingegen bereits für eine neue Ära der deutschen Auftritte beim Eurovision Song Contest: ernstgemeinte Popsongs, die von Jury und Publikum mit recht guten Wertungen belohnt wurden. Aber erst Lena Meyer-Landrut setzte dem Ganzen mit »Satellite« schließlich die Krone auf.

Eine glückliche Lena Meyer-Landrut singt noch einmal ihren umjubelten Siegertitel »Satellite«.

331

Nachwort

Aus über tausend Jahren ereignisreicher deutscher Geschichte sind hundert Sternstunden der Deutschen in diesem Buch versammelt – ein emotionaler Streifzug durch die Epochen, ein Kaleidoskop aus Ereignissen, die unser Land entscheidend geprägt haben. Wir wären nicht da, wo wir heute sind, ohne all diese Wegmarken.

Heute, im Jahr 2009, jähren sich viele dieser bewegenden Momente: Wir feiern neunzig Jahre Frauenwahlrecht, sechzig Jahre Bundesrepublik und zwanzig Jahre Mauerfall, um nur einige zu nennen. Drei Sternstunden, die in ihrer gesellschaftlichen Bedeutung einzigartig waren und bis heute auf unser Land wirken. Für die Menschen, die diese Sternstunden selbst miterlebt haben, mag deren Bedeutung unmittelbar zu greifen gewesen sein. Für andere ist sie nur in der Rückschau nachzuvollziehen.

Aber eben diese Rückschau ermöglicht es uns, Geschichte als fortlaufenden Prozess zu begreifen. Historische Abläufe, politische Entscheidungen oder Erfindungen sind ohne vorangehende Entwicklungen nicht denkbar. Und es bedarf Menschen, die bereit sind, für ihre Überzeugungen einzustehen – gegen Kritik und Anfeindung – und willens, für ihren Einsatz schlimmstenfalls den höchsten Preis zu bezahlen.

Für die Zeitgenossen von Gutenberg etwa war es eine Sensation, bedruckte Seiten in Händen zu halten; inzwischen haben virtuelle Contents den Stellenwert des Gedruckten teilweise schon verdrängt. Aber ohne die bahnbrechende Erfindung des Buchdruckers aus Mainz wären auch die digitalen Welten nicht möglich. Auch Lilienthal, Zeppelin oder Röntgen ernteten mit ihren Erfindungen zunächst Spott und Misstrauen – aber ohne sie wäre die heutige Luft- und Raumfahrt, die sich anschickt, nach dem Mond den Mars zu erobern, nicht vorstellbar. Und die Geschichte der Medizin hätte auch einen anderen Verlauf genommen.

Die deutsche Teilung und ihre Jahrzehnte später erfolgte Überwindung – auch sie ist kein alleinstehendes Moment in der Geschichte, sondern nur verstehbar aus den Folgen des vorangegangenen Weltkriegs und dem späteren Zusammenbruch der östlichen Blockstaaten. Die friedliche Revolution der Bürger der DDR hat einmal mehr gezeigt, dass es mutige Menschen vermögen, mit ihrem Einsatz den Lauf der Geschichte zu ändern.

Oder denken wir an des Deutschen liebstes Kind, das Automobil: Es steht nach über einem Jahrhundert des Booms vielleicht vor seiner wichtigsten Bewährungsprobe in der Geschichte. Denn in Zukunft wird sein Wert wohl nicht mehr nur in Pferdestärken und Stundenkilometern gemessen werden, sondern in seiner Ökobilanz. Der Niedergang eines ganzen Industriezweiges, die Vernichtung Tausender Arbeitsplätze und die Zerschlagung traditionsreicher Marken haben unseren Blick auf die Wirtschaft verändert. Wer weiß, vielleicht entwickelt sich aber aus dem Umgang mit dieser Krise, die seit Herbst 2008 die ganze Welt fest im Griff hat, in der Rückschau ebenfalls eine Sternstunde.

Es ist an uns und den nachfolgenden Generationen, die zukünftigen Sternstunden der Deutschen zu bestimmen. In den vergangenen zwei Jahren hat es einige Ereignisse gegeben, die durchaus das Potenzial haben, als solche Sternstunden in die Geschichte einzugehen. Ob sie letztlich als Glanzlichter unserer Geschichte bestehen werden, muss die Zukunft zeigen. Gleichwohl herrscht Einigkeit darüber, dass die Menschheit in der Pflicht steht, die Welt auch für die kommenden Generationen zu bewahren – ihre reiche Kultur, ihre bewegende Geschichte, ihre faszinierende Schönheit.

Bildnachweis

Guido Knopp
Stauffenberg

*Die wahre Geschichte.
In Zusammenarbeit mit Anja
Greulich und Mario Sporn.
240 Seiten mit 45 Abbildungen.
Piper Taschenbuch*

Er gilt als Lichtgestalt des deutschen Widerstands. Die Bombe, die er in Adolf Hitlers Hauptquartier deponierte, hätte Krieg und Völkermord ein Ende bereiten können. Doch was ist Mythos an Claus Schenk Graf von Stauffenbergs Geschichte? Was belegbar an jenem Tag, der wie kein anderer Gegenstand von Legenden wurde? Anhand von bislang unbekannten Dokumenten sowie den Aussagen von Zeitzeugen, die in diesem Buch erstmals zu Wort kommen, zeichnet Guido Knopp ein Bild Stauffenbergs, das die Realität hinter den oft zitierten Mythen zeigt.

Guido Knopp
Das Weltreich der Deutschen

*Von kolonialen Träumen, Kriegen und Abenteuern. In Zusammenarbeit mit Anja Greulich, Alexander Hogh, Ricarda Schlosshan und Mario Sporn. 352 Seiten mit 168 Abbildungen.
Piper Taschenbuch*

Sie kamen als Abenteurer, Kaufleute oder Generäle. Sie suchten das Paradies auf Erden, den bloßen Profit oder die blutige Auseinandersetzung. Und sie stießen auf eine ihnen fremde, meist aber intakte Stammeskultur. Ob Südwest-Afrika, die Südsee oder Ostafrika: Was die Deutschen in »ihren« Kolonien erlebten, entsprach kaum jedem kolonialen Traum, den sie in ihrer Heimat geträumt hatten. Anhand ausgewählter Einzelschicksale erzählt Guido Knopp die wechselvolle Geschichte vom »Weltreich der Deutschen«.

Ein aufschlussreicher Blick auf die deutsche Kolonialgeschichte – reich bebildert und spannend erzählt.